圓覺經 講義

活眼 韓 定 燮 講義
天眞 金 益 淳 編撰

불교통신교육원

머 리 말

圓覺은 우주인생의 근본이며 천지만물의 근원이다. 원래 그것은 색깔도 없고 모양도 없이 시간의 흐름을 용납지 않는 것이었으나 사람들이 그것을 보자 생각을 일으키고 情을 붙여서 大方廣의 圓覺이 모나게 되고 편협해진 것이다. 그러나 體가 변해 그렇게 된 것은 아니다. 보는 자의 情이 스스로 어리석어졌을 뿐이다.

情이 나면 性이 迷해져서 지혜가 멀어진다. 지혜가 멀어지면 생각 따라 染淨·善惡·聖凡의 구별이 생긴다.

보살은 體性은 깨달았지만 아직도 감정이 남아 있으므로 覺有情이라 하고 부처는 그 깨달음이 아주 철저하여 남고 버릴 것이 없게 되므로 覺無情이라 한다.

淨善은 불보살의 길이고 染惡은 범부 중생의 길이다. 邪를 깨닫고 正에 나아가면 범부가 성현되고 迷情이 깨달음의 경계에 이르러가면 중생이 부처가 된다. 그러므로 범부와 성현이 깨달음에 있고 부처와 중생도 마찬가지다.

깨달음의 길에도 本覺이 있는가 하면 不覺·始覺이 있고 圓覺이 있으니 本覺은 타락 이전의 不變覺이고 不覺은 本覺이 있는 줄도 모르는 凡夫의 생각이며 始覺은 善友의 인도나 自覺的 길을 통하여 비로소 本覺에 나아가는 것이다.

그러나 나만 깨닫고 남만 깨닫게 해가지고서는 이 세상이 완전한 깨달음의 세계를 형성할 수 없다. 自覺覺他 覺行圓滿의 도리를 실천하는 것이 원각경이라 할 수 있다. 사찰 전문 강원에서는 沙彌과정과 四集과정을 마친 뒤에 四教科에 가서 배우는 경이 원각경이나 본 대학에서는 대학과정에서는 대충 공부하고 대학원과정에서 전문적으로 공부하게 되어 상세히 해설된 원각경 강의를 출판하게 된 것이다.

학문의 길은 멀고 먼 길이다. 언어와 문자를 익혀야 하고 거기 이론과 실제를 겸해야 한다. 그래도 세속적인 학문은 어느 정도 軌道가 있고 한계가 있다. 그러나 출세속적인 학문은 無形無狀한 것이라 끝도 없고 갓도 없다.

禪家에서 공부인을 경책하는 말에 첫째가 신심이요 둘째가 의심이요 셋째가 분심이라 하였다.

첫째의 信心은 圓覺에 대한 신심이다. 원래 우리의 본 마음은 廣大圓滿無碍하여 大悲心으로 꽉 차있는 것인데 거기에 편파적인 감정과 고집스러운 의지, 어리석은 구름을 일으켜 사바세계의 忍苦土를 작만하게 되었다. 迷雲이 일기 이전의 樂土에 대한 확고부동한 신념을 가지고 나아가되 의심이 철저해야 한다. 어찌하여 내가 그런 마음을 일으키게 되었는가 말이다.

이 의심이 밝혀지면 자연 분심이 나타나게 된다. 三世諸佛과 歷代祖師가 나와 똑같은 범부였었는데 나는 무얼 하다가 지금까지 깨닫지 못하고 輪廻世界에 浮沈하고 있는가. 이를 반성하고 채찍질하며 원각경 12보살님들의 문답을 따라 上·中·下 根機대로 공부해 가노라면 누구나 圓覺의 大道에 나아가 太平聖代를 누릴 것이다.

2007년 3월 15일

편 찬 자 합장

목 차

제1편 총론(總論)

제1편 총론(總論)

Ⅰ. 내용의 개요(概要)

1. 전체적인 내용의 개요

≪대방광원각수다라요의경(범명：Mahāvaipulya-pūrṇabud-dha-sūtra-prasannārtha-sūtru)≫은 ≪원각수다라요의경≫ 혹은 ≪원각경≫이라고 약칭하기도 한다.

어느 때에 바가바(婆伽婆)께서 신통대광명장(神通大光明藏)에 드시어 그 삼매 중에서 일체 여래의 광명이 장엄한 속에 계시니 이것이 바로 모든 중생의 청정각지(淸淨覺地)였다.

몸과 마음이 적멸(寂滅)하여 본제(本際)에 평등하니 시방이 원만하여 불이(不二)의 이치를 수순하사 그 둘 아닌 경지에서 모든 정토를 나투어 큰 보살 십만인과 더불어 한 곳에 계시었다. 그 가운데 문수・보현・보안・금강장・미륵・청정혜・위덕자재・변음・정제업장・보각・원각・현선수보살 등이 상수가 되어 모든 보살과 더불어 모두 함께 삼매(三昧)에 들어 다같이 여래의 평등법회에 안주하였다.

이때에 부처님이 이상의 열두 보살의 물음을 따라 대원각(大圓覺)의 묘한 이치를 설하신 것이 원각경 내용이다.

2. 각 장(章)의 개요

(1) 문수보살장(文殊菩薩章)

제1장 문수보살장에서는 문수보살이 자리에서 일어나 부처님께 이 회상의 대중을 위하여, 여래의 본기인지(本起因地)인 청정한 법행(法行)과 모든 보살들이 대승에 청정심을 일으켜, 모든 번뇌의 병을 어떻게 멀리 여윌 수 있으며, 또 말세 중생들이 대승을 수행함에 있어 삿된 견해에 떨어지지 않고 수행할 수 있는 방법을 물었다. 이에 부처님은,

"위없는 법왕, 큰 다라니 문이 있으니 이름이 원각이다. 이로부터 일체의 청정한 진여・보리・열반과 바라밀을 유출하여 보살을 교수(敎授)한다. 일체 여래가 인지(因地)에 이 원조청정(圓照淸淨)한 깨달음의 상(相)에 의하여 무명을 영구히 끊어야만 바야흐로 불도를 이루게 된다.

그러면 어떤 것이 이 무명(無明)인가? 일체 중생들이 무시로부터 갖가지로 뒤바꾸고 잘못된 것이 마치 방향에 미(迷)한 사람과 같아서 망녕스리 사대색신을 자기의 몸으로 알고 육진(六塵)의 그림자를 자기의 마음으로 오인하여 마치 눈병난 사람이 허공속에서 불꽃과 제2의 달을 보는 것과 같다.

그러나 진실로 허공에는 불꽃이 없으나 눈병환자는 허공꽃이 있다고 망녕되이 고집하나니, 이 망녕된 집착으로 말미암아 허공의 성품(性)을 모를 뿐 아니라 실화(實花)가 생긴 곳인 화초(花草)도 모르게 된다. 이와 같이 망녕된 집착으로 인하여 거듭 생사에 윤회하게 되나니 이것을 무명(無明)이라 한다. 사실 이 '무명'은 실체가 있는 것이 아니어서 비유컨대 꿈을 꿀 때에는 꿈속 경계의 사실이 없지 않지만은 꿈을 깨고 나면 아무 것도 없는 것과 같다.

허공꽃이 허공에서 멸(滅)하지만 그러나 진실로 멸한 곳이 있다고 말할 수 없다. 왜냐하면, 허공꽃은 눈병 때문이었지 본래 생한 곳이 없기 때문이다. 이와 같이 일체 중생이 '무명' 가운데에서 허망하게 생멸을 보게 되니 이것이 바로 생사윤회다. 누구나 인지(因地)에서 원각을 닦는 자는 모든 현실이 허공 꽃인

줄로만 알면 곧 생사윤회가 없어질 뿐만 아니라, 또한 몸과 마음이 생사를 받을 것도 없다. 이는 바로 유작필멸(有作必滅), 없는 것이 아니라 본래 성품이 없기 때문이다. 저 지각(知覺) 자도 허공과 같으니 허공과 같은 줄 아는 자여야 깨끗한 깨달음(淨覺)에 수순한다. 왜냐하면, 허공성이며 항상 움직이지 아니하며, 일어나고 멸함이 없고 보고 앎이 없는 까닭이다. 법계의 성품은 시방에 원만하나니 이것이 곧 인지법행(因地法行)이다. 그러므로 말세의 중생이 이에 의하여 수행하면 삿된 견해에 떨어지지 아니 한다." 하였다.

(2) 보현보살장(普現普薩章)

제2장 보현보살장에서는 보현보살이 부처님께 "말세중생들이 원각의 청정한 경계를 얻어 듣고 어떻게 수행하여야 합니까?" 하고 물었다.

말하자면 중생들이 환(幻)인 줄 아는 자의 몸과 마음도 또한 환이라면 어떻게 환으로써 도리어 환을 닦을 수 있겠는가. 또 만일 모든 환의 성품이 일체가 다 멸진한다면 곧 마음조차 없어질 것인데 수행할 자는 누구며, 여환(如幻)을 어떻게 수행하며, 반면에 중생들이 수행하지 않고 생사 중에서 항상 환화(幻化)에 처하여 여환의 경계를 알지 못하고 망상심으로써 어떻게 해탈할 수 있을 것인가. 또 말세 중생에게는 무슨 방편을 지어야 점차로 수행하여 모든 중생으로 하여금 모든 환을 영원히 여의게 할 것인가?

이에 부처님은 보현보살의 이 같은 물음을 받고,

"일체 중생들의 갖가지 환화(幻化)가 모두 원각묘심에서 생겨난 것이 마치 허공의 꽃이 허공으로부터 있는 것과 같다." 하시고, "환화(幻化)는 비록 멸하였으나 허공의 성품은 파괴되지 않는다. 중생의 환심(幻心)도 도리어 환심에 의하여 멸하지만 원각의 묘심은 움직이지 않는다" 하였다. 환에 의하여 깨달음을 설명하는 것도 마찬가지란 말이다. 그러니까 만일 깨달음이 있다고 말하여도 환이며 깨달음이 없다 하여도 또한 마찬가지다.

그러니까 말세 중생이 마땅히 일체 환화경계를 멀리 여의고 환화를 멀리 여의었다는 마음도 멀리 여의어야 한다는 것이다. 그 멀리 여윈 것도 또한 환이기 때문이다. 이렇게 여윈 것을 원리(遠離)한 것까지도 또한 멀리 여의어서, 더 여윌래야 여윌 수 없는 경지에 이르면 비로소 모든 환을 멸진하게 된다는 것이다. 이것은 마치 두 나뭇가지를 마찰시켜 일어난 불로 나무를 다 태워버리고 끝내는 연기까지 사라져 버리는 것과 같다. 환으로써 환을 닦는 것도 또한 이와 같나니 모든 환은 비록 다해도 원각의 참된 마음은 없어지지 않는다는 것이다.

그러므로 환을 아는 사람은 곧 여윌 것이다. 방편을 지을 필요가 없다(知幻卽離不依方便), 환을 여의면 곧 깨달음이 오므로 또한 점차도 없다(離幻卽覺, 亦無漸次). 말세 중생이 이렇게 수행하면 모든 환을 멀리 여의고 원각을 증득할 것이다" 한 것이다.

이것이 보현장자의 대의이다.

(3) 보안보살장(普眼菩薩章)

제3장 보안보살장에서는 보안보살이 부처님께

"말세 중생들을 어떻게 사유(思惟)하며 주지(住持)하여야 합니까?"

하고 물으니 부처님께서 다음과 같이 답변하였다.

"말세 중생들이 여래의 깨끗한 원각을 구하고자 하면 먼저 사마타행(奢摩他行)에 의하여 금계를 굳게 가지고 대중처소에서 항상 이러한 관념을 지으라.

이 몸은 사대가 화합한 것이니 털과 이빨·발톱·손톱, 가죽과 근육, 뼈와 골수, 때와 빛깔 등은 모두 지대(地大)로 이루어지고, 침과 콧물, 피와 고름, 진액과 거품, 담과 눈물, 정기와 오줌·똥 등은 함께 수대(水大)로 이루어졌으며, 따뜻한 기운은 화대(火大)이고, 움직이고 굴러가는 것 등은 풍대(風大)로 각각 돌아간다. 사대가 각각 흩어지고 나면 이제 죽은 이의 몸은 어느 곳에 있는가? 이 몸의 상은 사대에 속하고 마음의 성품은 여섯 티끌에 귀속하여 몸과 마음이 본래 환과 같다.

중생의 환신(幻身)이 멸하므로 환심(幻心)도 멸하며, 환심이 멸하므로 환진(幻塵)도 따라 멸하며, 환진이 멸하므로 환멸도 또한 멸하며, 환멸이 멸하므로 비환(非幻)은 멸하지 않나니 마치 거울에 때가 다하고 밝음이 나타나는 것과 같다.

말세 중생들이 모든 환을 증득하여 그림자의 상이 멸하므로 문득 무방청정(無方淸淨)을 얻게 되나니, 갓없는 허공이 둥근 깨달음(圓覺)을 현발(現發)한 것과 같다. 깨달음이 둥글게 밝음으로 마음이 청정함을 나투며, 마음이 청정하므로 견진(見塵)이 청정하며, 견진이 청정하므로 안근(眼根)이 청정하고, 안근이 청정하므로 알음알이(識)가 청정하며, 알음알이가 청정하므로 문진(聞塵)이 청정하며, 문진이 청정하므로 이근(耳根)·알음알이(識塵)가 깨끗하고, 식진이 깨끗하므로 각진(覺塵)이 청정하나니 이와 같이 내지 코·혀·몸·뜻도 청정하느니라.

선남자여, 근(根)이 청정하므로 색진(色塵)이 청정하고, 색이 청정하므로 성진(聲塵)이 청정하며, 냄새·맛·느낌·법도 또한 그러하다.

선남자여, 6진이 청정한 까닭에 땅 기운이 청정하며, 땅 기운이 청정한 까닭에 물기운·불기운·바람 기운도 또한 그와 같으며, 이와 같이 4대가 청정하므로 12처·18계·25유가 청정하며, 이 모두가 청정한 까닭에 10력과 4무소외·4무애혜·18불공법·37조도법이 청정하며, 내지 팔만사천 다라니문이 모두 청정하며, 일체 실성(實性)이 청정한 까닭에 한 몸이 청정하고, 한 몸이 청정한 까닭에 많은 몸이 청정하며, 많은 몸이 청정한 까닭에 시방 중생의 '둥근 깨달음이'이 청정하며, 또 한 세계가 청정한 까닭에 많은 세계가 청정하며, 많은 세계가 청정한 까닭에 진허공 삼세가 일체 평등하게 청정하여 지느니라. 이렇게 평등부동한 '둥근 깨달음'을 성취하게 되느니라.

그러므로 마땅히 알라. 보살은 법에 얽매이지도 않으며, 법을 벗으려고도 아니하고, 나고 죽음을 싫어하지도 아니하며, 열반을 사랑하지도 아니하며, 계율 가짐을 공경하지도 아니하며, 계율 파함을 미워도 아니하고, 오래 익힌 이를 중히 여기지도 않으며, 처음 배우는 이를 가벼이 여기지도 아니하나니 왜냐하면 일체가 다 '둥근 깨달음'이기 때문이다. 말세 중생이 마음을 닦아 성취한 사람은 닦을 것도 없고, 성취할 것도 없나니 '둥근 깨달음'이 널리 비추어서 적멸이 둘이 아니기 때문이다. 그 가운데 백천만억 불가설인 아승지 항하사 제불세계가 마치 허공꽃이 어지러이 일어나고, 꺼짐과 같이 불즉불리(不卽不離)하며 무박무탈(無縛無脫)하여 중생이 본래 부처 이룸인지라, 생사와 열반이 어젯밤 꿈과 같나니 말세 중생은 이와 같이 수행하라."

하였다.

(4) 금강장보살장(金剛藏菩薩章)

제4장 금강장보살장에서는 금강장보살이 부처님께 물었다.

"첫째, 만약 중생이 본래 성불하였다면 무엇 때문에 다시 일체의 '밝음 없음'이 있으며,

둘째, 만약 '밝음 없음'이 중생에게 본래 있다면 어떤 인연으로 여래가 다시 본래 성불할 수 있습니까?

셋째, 시방의 이생(異生)이 본래 성불하고 다시 '밝음 없음'을 일으켰다면 일체여래는 어느 때에 다시 일체의 번뇌를 일으킬 수 있습니까?"

위의 물음을 세칭 '강장삼혹(剛藏三惑)'이라 한다. 부처님은 이에

"선남자여, 일체세계의 시종 생멸과 취산기지(聚散起止)가 생각생각에 상속하여 순환 왕복하는 갖가지의 취사(取捨)가 모두 윤회인 것이다. 이 윤회심으로써 '둥근 깨달음'을 분별하려 하면 저 원각의 성품마저도 따라 유전(流轉)과 같아지는 것이 마치 구름이 달리매 달이 움직이는 것 같고, 배가 가면 언덕이 옮겨지는 것과 같다."

말하고,

"눈병으로 허공꽃을 보았지만 이 꽃이 본래 있는 것이 아니고, 금광속의 금이 광(鑛)을 녹임으로써 비로소 생겨진 것이 아니고, 본래부터 있었던 것과 같이 우리들의 '둥근 깨달음'의 성품이 본래 갖추어져 있는 것도 마찬가지다. 그러니 사유심(思惟心)으로 깨달음의 경계를 헤아리려 하면 이는 마치 반딧불로 수미산을 태우려 하는 것과 같다."

하였다.

(5) 미륵보살장(彌勒菩薩章)

제5장 미륵보살장에서는 미륵보살이 자리로부터 일어나 부처님께

"말세 일체 중생들에게 두려움 없는 도의 안목을 베풀어 여래의 위없는 지견(知見)을 깨닫게 하소서."

하니, 부처님께서 미륵보살의 물음을 받고,

"선남자야, 일체 중생이 무시제(無始際)로부터 갖가지 은애와 탐욕이 있으므로 말미암아 윤회가 있게 된다. 태·난·습·화인 4생이 모두 음욕으로 인하여 성명(性命)을 받나니 마땅히 알라. 윤회의 근본은 애욕인 것이다. 욕(欲)이 들어 애성(愛性)을 도와 발하게하므로 능히 생사로 하여금 상속케 하나니 욕은 사랑을 인하여 생기고, 명은 욕(欲)으로 말미암아 있게 된다. 그러므로 애욕은 인이 되고 애명은 과(果)가 된다. 이 역순의 대상으로 말미암아 지옥과 아귀 등의 업을 짓게 되는 것이다.

선남자야, 일체 중생이 탐욕으로 말미암아 '밝음 없음'을 발휘하여 다섯 가지 성품의 차별을 연출하며 두 가지의 장애를 일으키나니, 그 하나는 이장(理障)으로 올바른 지견을 장애하는 것이고, 다른 하나는 사장(事障)으로 생사를 상속시키는 것이다.

다섯 성품이란, 성문(聲聞)·연각(緣覺)·보살(菩薩)·여래(如來)·외도(外道)를 말한다.

말세중생들이 이 '크고 둥근 깨달음'에 믿는 마음을 일으켜 보살의 청정대원을 발하되

'이제 선지식을 만나 외도와 이승(二乘)의 길을 만나지 않고 모든 장애를 끊고 해탈의 법선에 올라 <큰 둥근 깨달음>을 증득하라' 하시었다."

(6) 청정혜보살장(淸淨慧菩薩章)

제6장 청정혜보살장에서는 청정혜보살이 5성들의 증득하는 바 차별을 물으니,

"선남자야, '둥근 깨달음'의 자성은 성(性)의 차별이 없다. 그런데 이 5성 차별은 모든 성품을 좇아 일어난다. 그러니 취(取)도 증(證)도 없는 줄 알라. 실상 중에는 보살도 중생도 없기 때문이다. 정해(淨解)로 장애를 삼는 것은 범부의 수순각성(隨順覺性), 견해(見解)로 장애를 삼는 것은 미입지자(未入地者)의 수순

각성, 장애되는 마음으로써 스스로 모든 장애를 멸함은 기입지자(己入地者)의 수순각성이며, 일체의 장애가 곧 구경각이다. 득념(得念)과 실념(失念)이 해탈(解脫) 아님이 없고, 법을 이루고 법을 파하는 것이 모두 열반이고, 지혜와 우치가 모두 반야며, 보살과 외도의 성취한 법이 동일한 보리(菩提)며, 무명과 진여가 다르지 않고, 계·정·혜(戒·定·慧)와 음·노·치(婬·怒·痴)가 함께 범행(梵行)이며, 중생과 국토가 동일 법성이며, 지옥 천당이 모두 정토며, 유성(有性)과 무성(無性)이 함께 도를 이루고, 일체 번뇌가 본래 해탈이며, 법계해혜(法界海慧)로 모든 상을 두루 비추어 아는 것은 마치 허공과 같은 여래의 수순각성이다."

하였다.

(7) 위덕자재보살장(威德自在菩薩章)

제7장 위덕자재보살장에서는 위덕자재보살이 부처님께 수행의 방법을 묻자,

"선남자야, 무상묘각이 시방에 두루하여 여래를 출생해서 일체법과 더불어 동체 평등하여 모든 수행에 있어 실로 둘이 없으나 방편의 수순에는 그 수가 무량하니, 이를 요약하여 사마타(奢摩他), 삼마발제(三摩鉢提), 선나(禪那)의 세 가지로 나눈다.

모든 생각은 맑고 고요하여 정혜(靜慧)가 발생하여, 몸과 마음의 객진(客塵)이 영멸하고, 적정경안(寂靜輕安)하므로 시방세계의 모든 여래가 그 가운데에 나타나는 것이 마치 거울 가운데 그림자가 나타나는 것 같나니 이것이 '사마타'이다.

정각심(淨覺心)으로써 심성과 근진이 모두 환화로 인하여 모든 환을 일으킴을 지각(知覺)하고, 모든 환을 변화하여 환의 무리를 개오케 하니 환의 일어남을 말미암아 안으로 대비경안(大悲經安)을 발하여 행을 일으켜 점차로 증진해가면 이것을 '삼마발제'라 한다. 정각심(淨覺心)으로써 환화(幻化)와 모든 정상(淨相)을 취하지 않고, 거리낌과 거리낌 없는 경계를 초월하여 수용세계(受用世界)와 몸과 마음의 상이 진역(塵域)에 있음이 마치 그릇 가운데 종소리가 밖으로 흘러나옴과 같다. 번뇌와 열반에 서로 걸리지 아니하여 적멸경안(寂滅輕安)한 것이 적멸한 경계를 따라 자타의 신심으로 능히 미치지 못함을 '선나'라 이름한다.

그러니 마치 이것은 어떤 사람이 백천만억의 아라한과 벽지불과를 성취시키더라도 다른 사람이 이 '둥근 깨달음' 법문을 듣고 일찰나경에 수순하여 닦아 익힘만 같지 못하다."

하였다.

(8) 변음보살장(辨音菩薩章)

제8장은 변음보살이 부처님께

"'둥근 깨달음'의 문에는 몇 가지의 닦아 익히는 길이 있습니까?" 물으니,

"보살과 말세 중생들의 닦아 익히는 문에 25종의 청정정륜(淸淨定輪)이 있으니 곧 사마타(靜)와 삼마발제(定)와 선나(禪那)가 그것이니 이 세 가지 행을 홑(單)으로 한 가지 행만 닦는 사람이 3인이 있고, 세 가지 행을 복수(複修)하는 사람이 21인이 있으며, 세 가지 행을 원수(圓修)하는 사람이 1인이 있다."고 하였다.

(9) 정제업장보살장(淨諸業障菩薩章)

제9장 정제업장보살장에서는 정제업장보살이 부처님께 이 회상에 모인 대중과 말세 중생들을 위하여 장래의 안목을 베풀어 주시기를 청하니,

"일체 중생이 무시로부터 아상·인상·중생상·수자상인 사상을 일으켜 중생세계를 벗어나지 못하였다."

하고

"아상은 모든 중생의 마음 속에 증득한 바의 중생심이니 비유하면 어떤 사람이 건강할 때는 이 몸까지도 잊었다가 몸이 아플 때 침과 뜸을 뜨면 비로소 곧 내가 있음을 아는 것과 같고 인상(人相)은 모든 중생의 마음 속에 증득한 것을 이름 함이니, 내가 있음을 깨친 자는 다시 나를 알려하지 않기 때문이다.

또 중생상은 마음에 스스로 증득함과 깨침이 미치지 못하는 것이니, 비유하면 어떤 사람이 '나는 중생이다' 하면 곧 알라. 저 사람이 말한 중생이라 하는

것은 나도 아니고 그도 아니라는 것을.

수자상은 모든 중생의 마음 비침이 깨끗하여 알고 있던 바를 깨닫는 것이니, 일체 업의 지혜로 스스로 보지 못함이 오히려 목숨과 같은 것이니 깨달음과 깨달은 바가 저 티끌을 여의지 못한 것이 마치 끓는 물에 얼음이 녹는 것같이 나를 두고 나를 깨달은 것도 마찬가지다. 이와 같이 아인 등의 네 가지 전도된 상을 확실하게 알아 번뇌를 모두 제거하고 청정한 각해(覺海)에 깨달아 들어가는 것이다."

하였다.

(10) 보각보살장(普覺菩薩章)

제10장 보각보살장에서는 보각보살이 부처님께 "말세의 중생들이 부처님 가신지 점차 오래되어 성현들은 숨어 나타나지 않고 삿된 법이 더욱 치성할 것이니 이때 수행인들이 어떤 사람을 구하여 어떤 법을 닦고, 어떤 행을 행하여야 할 것인지" 말씀해 주시고, 또 "어떤 병을 제거하고 어떻게 발심하여야 눈먼 무리로 하여금 사견에 떨어지지 않게 할 수 있습니까?"

하고 물으니

"선남자야, 말세의 중생이 수행함에는 마땅히 일체에 지견이 바른 사람을 구하여 신명을 아끼지 않고 공양하여야 하고, 또한 네 가지 병이 없어야 하나니

첫째, 짓는 병(作病)이니 생각에 갖가지의 행을 지어서 '둥근 깨달음'을 구하고자 하면, 이 '둥근 깨달음'의 성품은 지어서 얻는 것이 아니므로 병이 되느니라.

둘째, 맡기는 병(任病)이니 생각하기를 열반과 생사는 본래 일어나고 멸함이 없으므로 일체 모든 법성에 일임하여 '둥근 깨달음'을 구하고자 하면, 저 '둥근 깨달음'의 성품은 맡겨서 있는 것이 아니므로 병이라 하느니라.

셋째, 그치는 병(止病)이니 자기의 마음 속에 모든 망녕된 생각을 길이 쉬어서 일체의 성품을 얻어 적연 평등한 것으로써 '둥근 깨달음'을 구하고자 하면, 저 '둥근 깨달음'의 성품은 그쳐 합하는 것이 아닌 까닭으로 병이라 하느니라.

넷째, 멸하는 병(滅病)이니 생각에 일체 번뇌를 영원히 끊으면 몸과 마음이

끝내는 공하여 있는 곳이 없거니 어찌 육근의 허망한 경계가 있겠는가. 일체가 영원히 적적한 것으로써 '둥근 깨달음'을 구하고자 하면, 저 '둥근 깨달음'의 성품은 고요한 상이 아니므로 병이라 하느니라.

이러한 생각으로 관(觀)을 짓는 자는 올바른 관이라 할 것이고, 만일 달리 관하는 자는 삿된 관이라 하느니라."

하였다.

(11) 원각보살장(圓覺菩薩章)

제11장 원각보살장에서는 원각보살이 부처님께

"말세 중생이 어떻게 안주하여 '둥근 깨달음'의 경계를 닦으며, 이 '둥근 깨달음' 가운데 삼종정관(三種淨觀)은 어떤 것으로 그 머리를 삼아야 합니까?"

물으니,

"도량을 건립하고서 기한을 정하되 장기(長期)는 일백 이십일, 중기(中期)는 일백일, 하기(下期)는 팔십일로 하라. 처음의 삼칠일동안 시방 제불의 명호를 부르면서 슬피 참회를 구하여 좋은 경계를 만나 마음에 가볍고 편안함을 얻거든 이어 마음을 거두어 부처님 전에 '저희 아무개 등이 보살승에 걸터앉아 적멸행을 닦아 청정한 실상에 들어가 <크고 둥근 깨달음>으로써 나의 가람을 삼아 몸과 마음이 평등성지에 편안히 주하게 하려 하나이다' 하라. 그리고 사마타를 닦으려면 먼저 시방의 불 보살을 생각하고 그리워하며 큰 원을 발할 것이며, 선나를 닦으려거든 먼저 수식관을 취하여, 심중에 생・주・이・멸의 생각과 나눔의 가지런함의 머리수를 알아야 한다. 이와 같이 삼종방편에 의해 수행하면 마침내는 백천만억 세계의 한 방울의 빗방울까지를 다 알게 됨이 마치 수중의 물건을 눈으로 보는 것과 같다. 무릇 모든 중생이 삼종방편을 두루 닦아 부지런히 정진하면 여래가 세상에 출현하심과 같다."

말씀하시고 끝으로 이상의 산문의 뜻을 묶어 게송으로 읊으셨다.

(12) 현선수보살장(賢善首菩薩章)

마지막 장인 현선수보살장에서는 현선수보살이

"이 경의 이름을 무엇이라 하며, 어떻게 받들어 가질 것인가."

묻고, 중생들이

"이를 닦아 익히면 어떤 공덕을 얻고, 경 가진 사람들을 어떻게 보호하며, 유포하면 어떤 경지에 이르겠는가?"

묻자,

"이 경은 백천만억 항하사 제불이 설하신 것이므로 삼세 여래가 수호하는 바이며, 시방 보살들이 귀의할 대상이며, 십이부 경전의 안목이니

이 경 이름을 다섯 가지로 부르라 가리켜 주셨다.

① 대방광원각다라니경(大方廣圓覺陁羅尼經)

② 수다라요의경(修多羅了義經)

③ 비밀왕삼매경(秘密王三昧經)

④ 여래결정경계경(如來決定境界經)

⑤ 여래자성차별경(如來自省差別經)

이 경은 오직 여래의 경계를 다루었으므로 단지 여래만이 경의 내용을 능히 다 말씀하실 것이다. 그러므로 보살이나 중생이 이에 의지하여 수행하면 부처님의 경지에 이르게 된다.

이 경은 돈교대승(頓敎大乘)이므로 돈기(頓機) 중생들이 이를 쫓아 개오(開悟)하나 일체 중생들도 모두 섭수하나니 마치 큰 바다가 작은 강물을 사양하지 아니하며, 내지 모기나 등에, 아수라까지도 그 물을 마시는 자는 모두 배부름을 얻는 것과 같느니라.

가사 어떤 사람이 백천 항하사 중생을 교화하여 아라한과를 얻게 하더라도 다른 어떤 한 사람이 이 경의 반 게송만이라도 타인을 위하여 해설해 주는 것보다 못하느니라."

이 경법을 듣고 마음으로 믿어 의혹치 아니하는 이는 한 부처님과 두 부처님의 처소에서 복덕을 닦음이 아니라, 항하사 부처님 처소에서 선근을 심은 것이

니라 함을 듣고, 이 모임 가운데의 화수・취쇄・니람파・금강 등 팔만금강신장과 대범천왕・이십팔천왕・수미산왕・호국천왕 등과 길반다 등 십만 귀왕들이 곧 자리를 쫓아 일어나 부처님 발에 정례하고 나서는,

"세존이시여! 우리들도 이 경을 지니는 사람을 조석으로 보호하여 그로 하여금 퇴굴치 않게 하겠사오며, 만일 경을 지닌 사람이 살고 있는바 한 유순 안의 경계에 어떤 귀신이 침범함이 있으면 우리가 마땅히 그로 하여금 부수어 먼지와 같이 하리다."

하였다.

부처님께서 경을 설하여 마치시니 일체보살과 천룡・귀신・팔부권속・제천 등 일체 대중들이 부처님의 설한 바를 듣고, 모두 환희하여 믿어 받들어 가져 행하였다.

3. 본 경의 번역(飜譯)

≪원각경≫을 번역한 역자와 번역 연대에 대해서 여러 가지 학설이 있다. 당의 지승(智昇)이 지은 '개원석교록(開元釋教錄) 제9'(T2154, K55, P565, A)에, "사문 불타다라는 번역하여 각구(覺求)라 하는데 북인도 계빈국(罽賓國)사람이다. 동도 백마사에서 ≪원각요의경(圓覺了義經)≫ 일부를 번역하였으나 그 시기는 알 수 없다. 다만 도를 넓히는데 생각을 두었을 뿐 다른 생각이 없었기 때문이다."

沙門佛陀多羅唐云覺求 北印度罽賓國人也. 於東都白馬寺譯圓覺了義經一部 此經近出 不委何年 且弘道爲懷務甄詐妄 但眞詮謬 豈假具知年月耶

또 지승의 ≪속고금역경도기(續古今譯經圖記)≫ 제1(T2152, K55, P369, A)과 당의 원조(圓照)가 지은 ≪정원신정석교목록(貞元新定釋教目錄)≫ 제12권(T2157, K55, P865, A)에도 ≪개원석교록≫과 동일하게 말하고 있으며,

종밀(宗密)의 ≪원각경대소(圓覺經大疏)≫ 권상 2(쌍계사판 이석본 제3권 11장

5행)에 북도장해사(北都藏海寺)의 ≪도전법사소(道詮法師疏)≫를 인용하여,

"가습미라 삼장 법사인 불타다라가 장수 2년(당 중종 A.D. 693)인 용집계사(龍集癸巳)에 범본을 가지고 신소(新都, 동도)에 이르러 백마사에서 번역, 4월8일에 번역을 마치니 그 량이 양권(兩卷) 28지(紙)였으며, 도어(度語)·필수(筆授)·증의(證義)·윤문(潤文) 등 모든 대덕 스님들은 별록(別錄)에 갖추어 밝혔다."

고 하였으나 이것은 어느 책을 의지하여 썼는지 알 수가 없다.

그런데 혹자는

"도전의 말은 믿을 수 없다. 후세인의 날조한 것인지도 알 수 없기 때문이다. 만약 하는 사람, 장수 2년에 백마사에서 번역하였다면 그로부터 2년 후(천책만세 원년 695)에 명전(明全) 등이 측천무후의 칙명에 의하여 지은 ≪대주간정중경목록(大周刊定衆經目錄)≫ 전 15권에 수록이 되어야 할 것인데 그것이 수록되어 있지 않기 때문이다. 그러므로 이 경은 천책만세(天冊萬歲) 이후에 역출된 것이 아닌가 생각된다."

하였다. 그리고 쌍계사판 ≪원각경종밀소≫(제3권 11장 좌 1행)에

"어떤 사람이 풀어 말하기를 증의대덕(證義大德)은 경조황보씨(京兆皇甫氏), 원씨(苑氏), 사문복례(沙門復禮), 회소(懷素) 등이다."

하였고, 또 천복사(薦福寺) ≪견지법사소(堅志法師疏)≫ 4권에도

"역주와 연월이 ≪도전소≫와 동일하나 오직 천축국 삼장 가습미라만이 다름을 알 수 있다."

하였다.

규봉(圭峯)스님이 종남산 풍덕사(豊德寺)에서 잡경들을 정리하다가 한 권의 ≪원각경≫을 보니 너무나 오래된 경전이라 좀이 먹었을 뿐 아니라 더욱이 낡아 헤어져서 경 후미의 2,3장만을 겨우 알아볼 수 있었다. 그런데 그 간기(刊記)에

"정관 20년 세차 정미 7월 을유 삭 15일 기해(貞觀二十年歲次丁未七月乙酉朔十五日己亥)에 담주보운도량(潭州寶雲道場)에서 역필하였다 하는데(정관 20년은 646년이고, 정미년은 647년이다) 번어사문(翻語沙門)은 라후담서(羅睺曇捿)이고, 집필제자(執筆弟子)는 강둔각(姜遁恪)이며, 증의대덕(證義大德)은 지희(智晞)·법굉(法紘)·혜전(慧全)·보증(寶證)·도의(道義)라 하였으나 그 진위를 알 수 없다."

하였다. 혹자는 또 "정관 20년(646)에 이미 번역되었으나, 일찍이 왕에게 주문(奏聞)되지 않았으므로 남방에 체류되어 북방 장경에는 아직 입장(入藏)되지 못하고 있다가, 장수(長壽) 2년(693)에 유포되었는지도 알 수 없다. 만일 그렇지 않다면 이것은 후인들의 조작이라 하지 않을 수 없다"고 하였다.

4. 본 경의 전역(傳譯)

(1) 안심사 판(광주 무등산 안심사)

세조 9년(1464) 간경도감판을 기초 본으로 하여 1570년(선조 3년 隆慶 4년) 전남 광주 무등산 안심사에서 복각(覆刻)한 것이다.

간기(刊記) : 융경 4년 경오(庚午, 1570) 5월 전라도 무등산 안심사 중간

체재(體裁) : 상하 1책, 사주단변(四周單邊) 매엽 8행 16자 주쌍행(註雙行) 자경(字徑) 약 1.5cm 무괘(無罫) 내향흑어미(內向黑魚尾) 간혼(間混) 하문어미(荷紋魚尾)

(2) 안심사 판(전북 완주군)

규봉의 ≪원각경소≫에 대하여 세조가 구결을 붙여 성화 원년(1465, 세조 10년)에 각조한 인본(印本)을 기본으로 하여 만력 3년(1575, 선조 8년) 전라북도 고산 안심사에서 복각한 것이다.

간기 : 황명(皇明) 만력 3년(1575) 정월 망전유일(望前有日) 전라도 고산 안심사 개판(開板)

체재 : 2권 10책 사주단변, 매엽(每葉) 9행 17자, 자경 대자(大字) 약 20cm, 중자 약 1.8cm, 소자 약 1.0cm 유괘, 백구(白口) 내향흑미, 간혼, 화문어미.

(3) 쌍계사 판 : 하동 쌍계사판

간기 : 만력 39년 신해(1611, 광해군 3년) 여름. 지리산 능인암(能仁庵) 간. 이진우(移鎭于) 쌍계언(雙溪焉)

화주 : 성림(性林)

교정 : 영운(靈雲)

발문 : 매헌후예(梅軒後裔)의 발문에 의하면 1610년에 시작하여 1611년에 마쳤다고 하였다.

(始自庚戌之歲, 立役辛亥之夏, 訖工於秋)

체재 : 6권, 사주단변, 매엽 9행, 매행대자 16자, 중자 20자, 소자 20자, 자경 대자 약 2cm, 중자 약 1.5cm, 소자 약 1cm, 유괘, 유흑구어미(有黑口魚尾)

판수 : 324판 648엽.

(4) 영정사 판(밀양군 表忠寺)

간기 : 순치 18년 신축(1661, 현종 2년) 6월 경상도 밀양지 재약산(載岳山) 영정사 개판유진(開板留鎭)

화주 : 탄영(坦英) · 충희(冲熙) · 도영(道英)

체재 : 쌍계사 판을 기본으로 하여 부각한 것이다.

참고 : 표충사가 창건 당시(신라)에는 재약산 영정사라고 했다가 이조 초기에 와서는 그 산 중에 약초가 많다 하여 재약산으로 고쳤다가 선조 때 천황산 표충사(表忠祠, 書院)으로 개칭되었으며 그 후 표충사(表忠寺)로 고쳐졌다.

(5) 용복사 판(경기도 연천군)

간기 : 숭정(崇禎) 7년 갑술(1634, 인조 12년) 중하(仲夏) 경기도 삭녕군 지수산 용복사 개판.

화주 : 혜순(惠淳)

각수(刻手) : 조운(祖云) 외 12명

체재 : 쌍계사 판을 기초로 하여 부각한 것이다.

(6) 선암사 판(전남 승주군 선암사)

간기 : 순치(順治) 12년 을미 국추(菊秋, 1655, 효종 6년)
전남 승주군 조계산 선암사 개판 유진.

체제 : 쌍계사 판을 기초로 하여 부각한 것이다.

참고 : 작자 미상의 발문에 의하면 1654년 갑오 1월에 시작하여 1655년 을미 12월에 이르러 조판사업을 마쳤다고 하였다.
始役於靑駒(甲午)之孟春 畢功於乙未之臘이라 하였다.

(7) 건봉사 판

이는 1758년 경성 사자관교(寫字官校)에서 새겨서 건봉사(乾鳳寺)에 진장(鎭藏)한 것이다.

간기 : 此板於廣州楊子山天眞寺得而鍊之京城寫字官校書館書而刻之移藏於乾鳳寺則乾隆戊寅(1758, 영조 34년)始己印終.

체재 : 48판 85장 10책(冊)

(8) 건봉사 판(송광사 法喜 소장)

간기 : 함풍(咸豊) 11년 신유(1861, 철종 12년) 납월, 금강산 건봉사 장판(藏板)

간주 : 정선(定善)

간수 : 완기(玩琦)

판수 : 26판 52엽

참고 : 숭정가경 6년 신유(1801 정조원년)에 화은호경(華隱護敬)이 쓴 서문이

붙어 있다.

(9) 봉암사 판

이것은 함허 득통(1376∼1433) 스님이 봉암사에서 원각주해 상·중·하 3권을 지어 그 때 곧 판각한 듯하나 아직 그 책을 보지 못하였고, 그 후 1883년에 새긴 판이 유행하고 있다.

간기 : 광서(光緖) 8년 임오(1882, 고종 19년) 8월 감로사 식(識)

체제 : 3권 1권, 사주쌍변, 매엽 10행 매행 20자, 자경(글자크기) 약 1.5cm

판수 : 62판, 123엽

(10) 삼장회역판 ≪대방광원각경≫ 全

서울 봉익동 대각사에서 백용성(白龍城) 스님이 국역하여 1924년에 출판한 것이다.

간기 : 불기 2468년(1924) 5월14일

면수 : 177면

(11) 윤수한, 손규택 판

수한(守漢), 규택(圭宅) 두 스님의 원력으로 명나라 때 통윤(通潤)이 지은 ≪원각경근석(圓覺經近釋)≫을 삽입(揷入)하여 1961년에 출판한 것이다.

간기 : 불기 2505년 신축(1961) 중양절.

간주 : 윤수한, 손규택

면수 : 123면, 노루지(紙) 화장본(華裝本)

(12) 법보원 판

1964년에 신소천(申素天) 스님이 국역 출판한 것이다.
간기 : 불기 2508년(1964) 8월30일 초판
불기 2530년(1986) 6월30일 10판
면수 : 467면

(13) 동국역경원 판

1974년 김월운 스님이 국역 출판한 것이다.
간기 : 불기 2518년(1974) 7월20일 초판
면수 : 168면

(14) 형설사 판

1982년 부산 해동선원 강만성 스님이 선(禪)적인 측면에서 국역 출판한 것이다.
간기 : 1982년 12월26일 발행
면수 : 583면

5. 본 경에 대한 시비(是非)

이 원각경의 내용을 보면 의아스러운 부분이 적지 않다.

첫째, ≪대방광원각수다라요의경≫이라는 제명부터가 그러하다. 만약 수다라(sūtra)가 계경(契經)의 범어 명칭이라면 ≪요의경≫이라는 경자는 필요가 없을 것이다. 그런데 제목 중에 2개의 경자를 포함하고 있어 한 경전의 표제로는 체재가 정연하지 못하다.

또 위덕자재장과 변음장에서 제시한 사마타·삼바발제·선나에 대한 삼관(三觀)의 설은 ≪대불정수능엄경≫에 나오는 묘사마타(妙奢摩他)·삼마(三摩)·선나(禪那)와 같고, 동 경 제9권 이하(50종 변마장)에서는 광범위하게 5온(蘊)을 들어 선나에서 나타난 경계와 같고, 또 삼마제와 사마타를 설명한 것과 같다.

앞의 문수장에서 밝힌 허공 꽃과 제2월(第二月)의 비유도 ≪능엄경≫ 제2권과 제4권이 비슷하다.

또 원각이라는 어구도 ≪능엄경≫의 "각비원각관(各非圓覺觀)"과 일치한다.

그러므로 이 경은 ≪능엄경≫에 의한 바가 많다고 하지 않을 수 없다. 게다가 종밀(宗密)은 ≪원각경략소≫ 권상에서 이 경의 의지(義旨)가 ≪대승기신론≫의 내용과 서로 연관됨이 있다고 하고, 청정혜장의 "此名凡夫의 隨順覺性", "此名菩薩未入地者의 隨順覺性" 그리고 동 5권 "此名菩薩已入地者의 隨順覺性" 동 5권과 "此名如來의 隨順覺性"이 ≪기신론≫의 不覺(凡夫이니 十信)과 상사각(相似覺 ; 未入地者이니 三賢)과, 수분각(隨分覺 ; 已入地者이니 十地)과 구경각(究竟覺 ; 如來이니 無上覺)에서 취해 설한 것이라 할 수 있다."고 하였다.

그러므로 ≪능엄경≫은 옛부터 위경(僞經)이라는 설이 있으며 ≪기신론≫ 역시 중국에서 찬술한 것이 아닌가? 하는 의심이 농후한 것이다. 이에 따라 이 경의 역출년대가 분명하지 않으며, 역주인 불타다라의 행적조차 명백히 드러나 있지 않은 것은 물론이고, 흔히 의위(疑僞)의 경론에 의하여 그의 의지(義旨)를 서설한 것을 볼 수 있으므로 이 ≪원각경≫도 범본의 역출이 아니고 중국 당나라 초기에 위찬(僞撰)한 것이라고 주장하는 사람도 있다.

그 실예로 ≪보경기(寶慶記)≫에 영평 도원(道元)이 그 스승인 장옹여정(長翁如淨)과 문답한 가운데,

"≪능엄경≫과 ≪원각경≫은 재가의 남녀들이 이를 독송하며 이것으로써 서래조사의 도라 여기고 있다"고 하고, '두 경을 열람하여 그 글을 추심해본 결과 다른 대승경전과 내용이 같지 않음을 발견하였습니다. 제경의 승묘한 의세는 찾아볼 수 없고 오히려 육사외도 등의 견해와 같은 부분이 있으니 필경에 이를 어떻게 결정하겠습니까' 하고 물으니,

"이 두 경은 예부터 의심나는 바가 많다고 하여 송대부터서는 위경으로 낙인

한 바 있다" 하였다.

이상은 문구적인 고증으로 몇 가지 예를 들어 설명 하였으나 다만 이것은 학문적 입장에서 논술한 것이므로, 눈 밝은 사람들은 스스로 보고 판단할 것이다.

옛부터 ≪범망경≫은 나집의 소출이고, ≪기신론≫은 진제의 유포한 바며, ≪능엄경≫은 방융의 소작이라 하여 믿는 사람이 적지 않았다. 그런데 명(明)대의 운서(雲棲) 스님은 ≪능엄경≫의 위찬설에 대하여, "설사 부처님의 직설이 아니더라도 내용의 의지를 살펴보면 부처님보다 오히려 더욱 훌륭한 사람이 지었다고 하지 않을 수 없다"고 하여, ≪능엄경≫의 위찬설에 대해 극구 부인하셨으며, 또한 본경의 청정혜보살장에서도 부처님이 말씀하시기를 "선남자야, 일체의 장애가 곧 구경각이니 바른 생각을 얻거나 잃거나 해탈 아닌 것이 없으며, 이루어지는 법과 파괴되는 법이 모두가 열반이며, 지혜와 어리석음이 통틀어 반야이며, 보살과 외도가 성취한 법이 모두가 보리이며, ……중략…… 일체 번뇌가 마침내 해탈이며, 법계에 두루하는 지혜로써 모든 현상을 굽어보는 것이 마치 허공의 꽃 같으니, 이것은 여래가 '둥근 깨달음'의 성품에 수순하는 것이라 한다"고 하셨으니, 보살이나 외도들이 성취한 법이 모두 보리의 법이라는 말이다. 이는 어느 경이거나 내용의 뜻이 진실하냐, 진실하지 못하느냐 하는 것이 문제이지, 설한 자와 지은 자 등은 중요하지 않다는 암시이기도 하다.

제2편 본문 역해(譯解)

규봉종밀선사서(圭峰宗密禪師序)

원형이정(元亨利貞)은 하늘의 덕이니 일기(一氣)에서 비롯되었고, 상락아정(常樂我淨)은 부처님의 덕이니 심(心)에 근본한다. 일기(一氣)를 오로지 하여 치유하고 일심을 닦아 도를 성취한다. 마음은 충허(沖虛)하면서도 묘수(妙粹)하여 신령스럽게 밝고 빛남으로써 가는 것도 없고 오는 것도 없다. 삼제(三際)에 밝고 밝게 통하여 쓰되 내외중간이 없이 온 세계에 통철(通徹)한다. 멸하지도 않고, 생하지도 아니하므로 4산(生老病死)이 해롭게 하지 못하고 성(性)도 여의고 상(相)도 여의어 오색(五色)에 어두운 것이 없다. 생사의 무리 가운데 있어서도 여의주를 문 용이 홀로 창해에 빛나는 것과 같고, 열반의 언덕에 안기는 것은 둥근 달이 푸른 하늘에 홀로 빛나는 것과 같다.

크고 크도다. 만 가지 법이 이로부터 비롯되고 만 가지 법이 인연 따라 나서 허망하다. 온갖 법이 유식(唯識)이라 따로 난 법이 없다. 몽환(夢幻)과 같은 식(識)이여, 오직 한 마음 뿐이로다. 마음이 고요히 앎으로 이름하여 원각(圓覺)이라 한 것이다.

원각은 청정하여 다른 것을 용납하지 않는다. 그러므로 덕용(德用)이 끝이 없어 모두 한 가지 성품이다. 성품에서 일어나서 상(相)이 되니 경계와 지혜가 분명하고, 상이 성품을 얻어 원융하므로 몸과 마음이 확실하게 들어난 것이 비유하면 해인(海印)과 같다. 저 큰 하늘에 뛰어나서 넓고 넓으며 빛나고 빛나서 생각으로 헤아릴 수 없다. 우리 부처님께서 이를 얻고, 미혹에 빠진 중생들을 어여삐 여겨 '기특하다' 탄식하시고, 세 번 큰일을 생각하여 10력을 오로지 하여 보리수 아래서 마군을 항복받고 네 가지 한량 없는 마음을 일으켜 제집 속에 들어있는 보배를 보여주셨다.

그러나 제 머리에 미혹하고 제 아버지를 버리고 도망친 사람들이 깨닫는데 쉽고 어려움이 있으므로 선원각장(仙苑覺場)에서 돈점(頓漸)의 교(敎)를 일으켰다.

점교(漸敎)를 가르칠 때는 오시(五時)가 달라 공(空)과 유(有)가 서로 나타났다. 그러나 돈교(頓敎)는 진제(眞諦), 속제(俗諦)의 다름이 없이 유영절대(幽靈絶待)하였다. 지금 이 경은 돈교에 속하므로 여래께서 적광토(寂光土)에 들어가 범부와 성인이 한 근원임을 보이시고 수용신을 나타내어 주반(主伴)이 똑같이 모이게 되었다. 문수사리가 처음 본기인(本起因)을 묻고 박가지존(薄伽至尊)이 구경(究竟)의 과(果)를 나타내시니, 여기 진제(眞諦)가 비추어서 꿈 속의 형상들을 없애주었다.

아상(我相)과 인상(人相)이 없는 줄만 알면 누가 윤회(輪迴)를 받을 것인가. 여러 가지 환화(幻化)가 깨닫는 마음에서 난다. 환(幻)이 다하면 깨닫는 마음이 원만해지고 마음이 통하면 법이 변만해진다. 마음이 본래 부처나, 생각이 일어남으로써 표침(漂沈)한다.

언덕은 실로 옮겨가지 아니하는 것인데 배가 가므로 달이 달리듯 한다. 망녕된 생각을 당장 없애면 허공에 꽃이 피지 않고 애욕의 근원이 점점 다하면 금은 다시 흙이 되지 않는다. 참된 이치에는 닦고 증하는 것이 없고 지혜에는 계차(階差)가 있는 것 같으나, 전전의 잘못만 깨달으면 그대로 이름이 불위(佛位)가 된다.

하물며 망련된 기멸(起滅)을 잊으면 덕이 원만하게 밝아지지 않겠는가. 그러나 마구간에서 나온 좋은 말이 이미 채찍의 그림자를 보고, 티끌에 묻힌 큰 보배를 다스릴 방법을 베푼 까닭에 삼관(三觀)을 훤히 밝혔다. 이에 진짜와 가짜가 다 들어났고 모든 윤(輪)을 서로 엇바뀌어 단·복·원(單·復·圓)을 닦게 된다.

4상(相)이 신령한데 잠기면 깨달음이 막혀 어기지 못하고 4병(病)이 몸에서 나오면 마음꽃이 발명하게 된다.

다시 장・중・하(長・中・下)의 세 기간을 두고 생각을 이기고 생각을 거두어 수행을 더하되 별(別)과 편(偏)을 서로 익혀 혹장(惑障)을 녹여 없앴다.

지혜로운 몸을 성취하여 지극히 마음이 고요해지고 깨달음이 편만해지면 백천세계에 부처님의 경계가 나타나게 된다. 그러므로 5종(種)의 이름을 들으면 미진찰토(微塵刹土)에 가득 찬 보배를 보시한 복보다 뛰어나다고 한 것이다.

이 경의 반 게(偈)만 뜻을 해설하여도 갠지스강의 모래알수와 같은 소승보다 훌륭하다고 하였다. 그러니 진실로 법을 갖지 아니할 수 없고 중생들에게 이 법을 가르치지 아니할 수 없다. 슬프다, 파협(巴峽)의 노래에 화(和)한 사람은 많으나 날뛰기를 뛰는 원숭이와 같이하고, 백설(白雪)의 곡조에 응한 자 드무나 요의가 용장(龍藏)에 숨어 있는 것 같다.

종밀(宗密)이 어려서는 노(魯)나라의 글을 읽고 젊어서는 천축(天竺)의 글을 토론하여, 고기 잡는 그물에 심약하여 오직 찌꺼기에 맛을 붙이더니, 다행히 늘그막에 바늘과 겨자가 서로 맞는 것 같이 선(禪)은 남종(南宗)을 만나고, 교(敎)는 이 경을 만나 말 한마디에 마음을 깨달아 통달하니 한 경 가운데서 뜻이 하늘에 비치었다.

먼저는 도가 떳떳치 못한 것으로서 모든 행이 영원성이 없다하더니, 이제 마음이 곧 부처인 것을 깨닫고 보니 그대 또한 부처가 되었다. 그러나 부처의 종자를 가르친다고 많이 듣는 것을 의지하여 백성(百城)의 서적들을 찾아 강하였는데, 넘치는 것은 그래도 도안법사의 학(學)이라 은혜 입은 것이 많았다.

다시 친우들을 만나 부처님의 은혜에 크게 감격하여 오랫동안 빈도가 외롭게 지냈던 것을 슬퍼하여, 장차 법시(法施)를 베풀고자 반야를 채집하고 화엄(華嚴)을 윤관(綸貫)하고, 비니(毘尼)를 이끌어 유식(唯識)을 발명하였다. 그러나 의원의 방문이 만 가지나 되므로 그 가운데 적당한 것을 가려 다스리게 하고, 바다의 보배가 천 가지이지만 먼저 여의주를 구하는 것과 같다. 살펴보면 대개 글이 풍부하고 뜻이 넓은 것은 진실로 잡화(雜華, 화엄경)만 못하지만, 체(體)를 가르쳐 중생을 깨우치는 것은 원각에 짝할 것이 없었다.

그래서 모든 논을 자세히 참구하고 백가의 학설을 반복하여 그 그릇들을 이익케 하여 소(疏)를 짓고 해(解)를 지었으니, 은근히 성인의 뜻에 맞춰 지극히 생각하고 정미롭게 연구하여 뜻이 성상(性相)을 갖추도록 한 뒤 아울러 선에 돈점(頓漸)까지 겸하게 하였다.

그러나 상·중·하품의 근성이 다르므로 지금 법곡(法曲)을 잡아 그 뜻을 쉽고 간략하게 정리하고 다시 정요(精要)를 뽑아 본 경에 주를 달았으니, 일과 이치에 꼭 맞추어서 날로 손익을 가려보라. 그러나 칼날을 놀리는 선비는 옆을 보아 구할 것 없고, 돌이켜 비추어 보고자 하는 이도 따로 얼굴을 돌려보지 아니하여도 될 수 있게 노력하였다.

대방광(大方廣)의 대(大)는 끝도 갓도 없이 큰 것을 말하고,
방광(方廣)은 바르게 함용(含容)한 것이고,
원(圓)은 덕이 두루하지 아니함이 없는 것이고,
각(覺)은 영원(靈源)이 어둡지 아니한 것이다.
수다라(修多羅)는 모든 경을 총칭한 말이고,
요의(了義)는 따로 이 글을 찬탄한 것이며,
경(經)은 의화(義華)를 관천(貫穿)하여 모든 품을 섭화(攝化)한 것이다.
그러므로 이름을
≪대방광원각수다라요의경(大方廣圓覺修多羅了義經)≫이라고 한 것이다.

규봉 종밀 근서(圭峰 宗密 謹序)

약소주서(略疏注序)

대개 혈기(血氣)에 속한 것은 반드시 앎이 있고 앎이 있는 것은 근본이 같으니 이것이야말로 진정명묘(眞淨明妙)하고 허철령통(虛徹靈通)하여 회연(回然)히 독립자존(獨立自存)한다. 그러므로 이것은 중생의 본원이 되는 까닭에 심지(心地)라 하고, 모든 부처님께서 증득하신 것이므로 보리(菩提)라 하며, 서로 사무쳐 융섭(融攝)하므로 법계(法界)라 하고, 적정(寂靜)하여 항상 즐거우므로 열반(涅槃)이라 한다. 탁하지 않고 흐르지(漏) 않으므로 청정(淸淨)하다고 하고, 망녕되지 않고 변하지 않으므로 진여(眞如)라 한다. 허물을 여의고 그릇됨이 끊어졌으므로 불성(佛性)이라 하고, 착함을 지키고 악함을 막는 까닭에 총지(摠持)라 한다. 은밀히 감추고 보호하는 까닭에 여래장(如來藏)이라 하고, 현관(玄關)을 초월한 까닭에 밀엄국(密嚴國)이라 하며, 온갖 덕을 다 갖추고 어두움을 밝혀 홀로 비추는 까닭에 원각이라 한다. 그러니 알고 보면 모두가 한마음이다.

이것을 어기면 범부가 되고 따르면 성인이 되며 이것이 가려 막히면 곧 생사가 시작되고 깨달으면 윤회(輪迴)를 쉬게 된다.

친히 구한다면 지관(止觀)과 정혜(定慧)가 되고 그것을 넓혀 중생을 구제하면 육도만행(六度萬行)이 된다. 원각으로서 지혜를 삼으면 바른 지혜가 되고 그것으로 인(因)을 삼으면 바른 인(因)이 된다. 그러므로 결국 따지고 보면 한법인 것이다.

종일토록 원각(圓覺)해도 원각을 맛보지 못하는 자는 범부이고, 원각을 증득코자 하되 원각을 다하지 못하는 것이 보살이 되며, 원각이 구족하여 원각으로 생활하는 자는 여래이다.

원각을 여의면 육도(六度)가 없고, 원각을 버리면 삼승(三乘)도 없으며, 원각이 아니면 여래가 없고 원각을 빠뜨리면 진법도 없으니 모든 길이 하나인 것이다. 3세 모든 부처님께서 깨달으신 것은 다 이것을 깨달으신 것이고, 여래께서 한 가지 큰일을 위하여 세상에 나셨다 한 것도 다 이것을 위한 것이니, 부처님께서 말씀하시기를 "법을 가르치는 데는 현교와 밀교가 있고, 뜻을 세우는 데는 넓고 간략함이 있으며, 때를 따라서는 먼저하고 뒤에 한 것이 있고, 또 근기에 나아가서는 깊고 얕음이 있다"고 하였으니 상근기의 원만한 지혜가 아니면 누가 능히 크게 깨달을 수 있겠는가.

그러므로 여래께서 저 광명장(光明藏)에서 12인의 큰 제자와 함께 은근히 연설하시어 널리 가피를 내려 그 법을 인정함으로써 모든 경의 근본이 되게 한 것이다.

규봉선사는 하택(荷澤)의 직손이며 남인의 상수제자인 도원(道圓) 화상에게 법을 얻은 분이다. 하루는 대중을 따라 주민 임관(任灌)의 집 재(齊)에 가서 아랫자리에 앉아 이 경을 받았다. 책을 다 읽기도 전에 원각의 깊은 뜻을 깨닫고 감격하여 눈물을 흘리며 돌아와 깨달은 바를 스승께 고하니 도원 화상이 어루만지며 "너는 마땅히 원돈의 교를 크게 펴라" 하시고, 또 "이 경은 모든 부처님이 너에게 주신 것이다" 하였다.

선사는 이미 남종의 밀인을 이어 ≪원각현기(圓覺懸記)≫를 받고 ≪대장경≫의 경율(經律)을 열람하고 유식(唯識)·기신(起信) 등의 논에 다 통하였다. 이어 화엄법계(華嚴法界)의 고삐를 잡고 저 원각의 묘장(妙場)에 편히 안주하여 단번에 5교(教)의 다른 것을 연구하고 이에 자세한 소(疏)를 지으니 대소 3권과 대초 3권, 약소 2권, 소초 6권, 도량수증의 18권이 세상에 나와 유행하게 되었다.

그 가르침이 원만하고 본 법이 철저하여 뜻을 해석하는 데는 나무를 쪼개는 것 같고 관(觀)에 들어서는 밝은 빛이 어두운 방에 촛불을 밝힌 것 같았다. 그의 말은 이치를 다하여 헛되지 않고 그 글은 교를 도와 구차히 꾸미지 아니하였다. 그의 장점은 배척한 글이 없어 사람들을 병들게 하지 않고 모르는 것을 안다고 하여 가슴에 숨기는 일이 없었다. 탕탕하도다 경의 안목이여, 35조의 골수이며 생령(生靈)의 근본이고 3세의 달도(達道)이니 후세에 비록 작자가 있더라도 이를 지낼 자가 없을 것이다.

4의(依)의 1이요, 정토를 친히 듣는다 하더라도 그 뜻을 다한 것이 어찌 이와

같겠는가. 어떤 사람이 말하기를

"도는 형체가 없어서 보려하여도 능히 볼 수 없고 방소(方所)가 없어서 행한다 하여도 능히 이르지 못한다. 하물며 문자이겠느냐. 다만 성품에 있을 뿐이니 어찌 구구한 말로써 그 뜻을 펼 수 있겠는가."

하니, 답하여 이르기를

"슬프다. 이는 넉넉히 말로써 하지 못하겠다. 앞에 말하지 않았던가. 여러 가지 덕을 크게 갖추고 군혼(群昏)을 빛나게 하여 홀로 비추는 자가 원각이라 하니, 원각은 능히 일체의 법을 유출하고 일체의 법은 일찍이 원각을 여의지 아니한 것인 줄 알겠다. 대개 경·율·논 3장의 글이 중국에 전해진 것이 5천여 권이나 되는데, 논하고 보면 오직 모두가 계·정·혜(戒·定·慧)에 지나지 않고 계·정·혜를 닦아 구한다는 것은 오직 원각일 뿐이다. 그러면 어찌하여 한 법 원각을 가지고 만 행을 베풀어서 구한다고 하는가. 중생의 근기가 다르기 때문이다."

그러므로 ≪대장경≫이 다 ≪원각경≫이고 이 소(疏)가 그대로 대장소(大藏疏)가 된다. 5천여 축의 글을 빌려서 몇 권의 소로써 통합하니 어찌 지극히 간략하지 않고 번거롭다 하겠는가. 급기야 언어의 도가 끊어지고 사상(思想)이 휴식하여 능소(能所)를 잊고 영상(影像)을 멸한 연후에야 얻게 될 것이니 말에서만 찾지 말라.

슬프다. 생령이 6도 윤회하되 귀신은 유수(幽愁)의 고(苦)에 있고 조수(鳥獸)는 놀라고 달아나는 걱정이 있으며, 수라(修羅)는 화를 잘 내고, 제천(諸天)은 즐거움을 누릴 뿐, 가히 마음을 정리하여 깨달음에 나아갈 수 있는 것은 그래도 사람뿐이다. 사람들이 하지 않아서 그렇지 하지 못하는 것은 아니다. 알고도 하지 않는 것이야 난들 어찌 하겠는가.

배휴(裵休)는 항상 선사의 옆에 있으면서 선사의 그윽한 말씀을 받아 자효(自効)함이 없이 오직 그 법만 찬탄하여 널리 대중에게 폈으니 그 나머지는 본서(本序)에 갖추어져 있다.

充集賢殿大學士 裵休撰 金紫光祿大夫守中書侍郎尙書門下平章事

제1장 서분(序分)

1. 본 경(經)의 연기(緣起)

【원문】 如是我聞 하사오니 一時 에 婆伽婆 께서 入於神通大光明藏
여 시 아 문 일 시 바 가 바 입 어 신 통 대 광 명 장

하사 三昧正受 하시니 一切如來光嚴住持 시며 是諸衆生淸淨
삼 매 정 수 일 체 여 래 광 엄 주 지 시 제 중 생 청 정

覺地 였다. 身心 이 寂滅 하신 平等本際 이시며 圓滿十方 하신
각 지 신 심 적 멸 평 등 본 제 원 만 시 방

不二 에 隨順 하사 現諸淨土 하사 與大菩薩摩訶薩 十萬人
불 이 수 순 현 제 정 토 여 대 보 살 마 하 살 십 만 인

으로 俱 하시었다.
구

【역문】 이와 같이 내가 들었다. 어느 때 바가바께서 신통대광명장에 드시어 삼매를 바르게 누리시니, 일체 여래께서 빛으로 장엄해 계신 곳이며, 중생들의 청정한 본각자리이며, 몸과 마음이 적멸한 평등한 본래자리였다. 온 세계에 가득 차 있으면서도 불이를 따라 불이의 경계에서 온갖 정토를 나타내 큰 보살마하살 10만 인과 함께 하시었다.

【해설】 모든 경전의 조직형태는 거의 모두가 첫머리에 '이와 같이 내가 들었다(如是我聞)'로부터 시작된다. 이것을 6성취라 한다. 6성취란 여섯 가지 논리적 근거가 있다는 말이니, 신·문·시·주·처·중(信·聞·時·主

·處·衆)이 그것이다.

부처님께서 돌아가시기 전에 유촉한 바 있다. '뒤에 경전을 결집할 때는 이렇게 이렇게 하라' 하라고 말이다. 그래서 부처님 생전에 20여 년을 곁에서 모시고 따르던 아난 존자가 부처님 생전에 설법을 생생하게 기억하여 대중 앞에서 외우면 대중들이 확인하여 후세에 전하는 형식을 취했다. 그리고 아난이 자기가 송출한 경이 불타께서 설하신 법을 들은 것이라는 사실을 명확히 할 필요가 있어 이렇게 한 것이다.

부처님께서 입멸하시기 백여 일 전에

"내가 앞으로 얼마 있다가 갈 것이니 의심스러운 것이 있으면 뒤에 후회하지 말고 물으라."

하여 아난 존자가 네 가지를 물었다.

첫째 "부처님께서 돌아가시면 누구를 의지하여 살아야 합니까?"

"자신을 등불로 알고 법을 의지해서 살며 다른 것을 의지해서 살지 말라."

둘째 "비구가 여인을 어떻게 대하면 좋겠습니까?"

"나이 많은 사람은 할머니·어머니·누님으로 대하고 비슷한 사람은 도반, 손아래 사람은 동생·딸·손녀로 생각해라."

셋째 "악성 비구들은 어떻게 대해서 다스려야 합니까?"

"아무 말 없이 네 할 일만 하라."

넷째 "부처님의 경법을 편집할 때 앞에다 무엇이라 쓰면 좋겠습니까?"

"이와 같이 내가 들었다. 언제 어디에서 누가 누구누구와 함께 무슨 법문을 하였는데 그 때의 감흥이 어떠하였다."

그래서 이 네번째 유언대로 모든 경서를 편집할 때는 그 앞에 "如是我聞一時佛"하는 6하원칙을 놓게 되었다.

여기에서 주성취(主成就)에 해당하는 '바가바(婆伽婆)'는 부처님의 존칭이니, ≪불지론(佛地論)≫에서는 "자재(自在)·치성(熾盛)·엄식(嚴飾)·명칭(名稱)·길상(吉祥)·존귀(尊貴)의 여섯 가지 덕상을 갖추었으므로 바가범(婆伽梵)이라 한다"고 하였고, ≪지도론(智度論)≫에서는 "유덕(有

德)・교분별(巧分別)・유성(有聲)・능파(能破)의 네 가지 뜻이 있으므로 바가바라 한다"고 하였으니, 모두가 법신진체(法身眞體)의 덕상들을 가리킨 것이다.

"신통대광명장(神通大光明藏)은 처성취(處成就)에 해당한다. 다른 경전에서는 흔히 영추산이나 기원정사 같은 곳이 거론되지만 여기의 경우는 다르다. 공간적인 장소가 아니라 법성정토(法性淨土)를 가리킨 까닭이다. 이 경지(境地)에는 분별업식(分別業識)의 장벽이 없으므로 신통이라 하고, 항상 밝아서 어둡지 않으므로 광명이라 하고, 그 광명은 한계가 없으므로 대라 하고, 염정제법(染淨諸法)을 포용하므로 장이라 한다. 이 신통대광장(神通大光藏)은 일명 여래장(如來藏)이라고도 한다. 성(性)과 상(相)의 분별을 여의고 본체(本體)와 법계(法界)가 일여(一如)해지는 것이 그대로가 이 신통대방광명장에 드는 것이기 때문이다.

'삼매(三昧)'는 범어의 Samādhi를 음역한 것이다. 정수(正受) 또는 정사(正思)라 번역한다. 신통대광명장에 드는 것이 그대로가 삼매의 경지이다. 어찌 따로 누릴 삼매가 있겠는가 하여 원전에는 삼매정수(三昧正受)라 범한(梵漢)을 병거해서 삼매의 법미(法味)를 바로 수용한다는 뜻으로 기술했다.

그러면 우리들은 어찌하여 이 신통대광명장에 들어가서 삼매의 법락을 누리지 못하는가. 우리들은 4대로 구성된 이 몸에 집착하여 '나'와 '내것'이란 관념의 장벽에 갇혀있기 때문에 본래부터 자기에게 구족한 법락을 망각한 것 뿐이다. 그러므로 방거사는 말하기를 "마음이 통하면 법도 통하여 안팎의 세계에 자취가 끊긴다. 내 마음에 걸림이 없기만 하면 신통치 못할까 근심할 것이 있겠느냐"고 하였다.

이 삼매의 경지에는 바가바(婆伽婆) 한 분 뿐 아니라 온 세계 일체 여래와 중생들이 함께 계신 곳이라 했으니, 무명의 봉부(葑蔀) 속에 있으므로 중생이라 하고, 법신(法身)을 증득하였으므로 부처라 하며, 몸과 마음의 차별이 없으므로 적멸(寂滅)이라 하고, 높고 낮은 계위(階位)가 없으므로 평등이라 하고, 피차의 상대가 없으므로 불이(不二)라 하고,

한계가 없으므로 본제(本際)라 하고, 거슬리지 않으므로 수순(隨順)이라 한다.

불이의 경계에서 온갖 정토를 나투시고, 거기에서 큰 보살마하살들과 함께 계셨다 하니, 이 정토는 법성정토(法性淨土)이다. 여래가 중생의 본체를 여의지 않고서 중생들의 수준에 맞추어 나타내는 국토가 이 불이(不二)의 청정국토인 것이다.

법신(法身)과 화신(化身), 정토(淨土)와 예토(穢土)는 모두가 일심(一心) 위에 건립된 것인데 본 경이 법신·정토설을 표방하는 이유는 무엇인가. 조공(肇公)은 말하기를 "정토와 예토는 중생의 근기에 맞추어 나타난다. 청정한 이에게는 보옥(寶玉)이 나타나고, 부정한 이에게는 거력(巨礫)이 나타난다. 좋고 나쁨이 중생에게 있을지언정 일정한 국토가 따로 없다"고 하였으니, 이 경은 청정한 지상보살(地上菩薩)들을 대상으로 한 대동경전(大東經典)이므로 ≪정토설경(淨土說經)≫이다.

그렇다면 이와 같이 지상보살을 상대로 하는 ≪정토설경≫이 어찌하여 이 예토에서 유통되었는가. ≪불지론(佛地論)≫에 말하기를 "≪정토설경≫은 지상보살을 연유한 것이나 아난에 의해 결집 유통됐다. 지전(地前)의 보살이 보기에는 화신불(化身佛)이 예토에 계시고, 지상의 대상이 보기에는 법신불(法身佛)이 정토에 계신다. 설법하시는 부처님의 용자(容姿)와 음성은 똑같으나 수법자(受法者)의 근기에 따라 견해가 다르다. 그러므로 아난이 중생으로 하여금 수승한 정토설법에 대하여, 흠모하는 마음을 내어 속히 불과(佛果)를 증득할 희원(希願)을 내게 하기 위하여 지상보살이 보는 편으로 결집하였다"고 하였으니, 성인들이 후생을 위하는 깊은 뜻에 감개무량할 뿐이다.

보살은 Bhodhisattva의 음역이고 각유정(覺有情)이라 번역한다. 보살은 위로는 불지(佛智)를 구하고 아래로는 중생을 교화하여 유정(有情)을 깨우쳐 주는 서원이 장대하다. 그러한 큰 행원을 발하여 불국정토를 장엄하므로 큰 보살이라 했는데, 그러한 분들이 10만 인이나 함께 모였다는 것이다.

2. 청법대중(聽法大衆)

【원문】 其名曰 文殊師利菩薩 普賢菩薩 普眼菩薩 金剛藏菩薩
기명왈 문수사리보살 보현보살 보안보살 금강장보살

彌勒菩薩 淸淨慧菩薩 威德自在菩薩 辨音菩薩 淨諸
미륵보살 청정혜보살 위덕자재보살 변음보살 정제

業障菩薩 普覺菩薩 圓覺菩薩 賢善首菩薩等이 而爲
업장보살 보각보살 원각보살 현선수보살등 이위

上首하여 與諸眷屬으로 皆入三昧하여 同住如來의 平等
상수 여제권속 개입삼매 동주여래 평등

法會하였다.
법회

【역문】 그 이름은 문수사리보살·보현보살·보안보살·금강장보살·미륵보살·청정혜보살·위덕자재보살·변음보살·정제업장보살·보각보살·원각보살·현선수보살 등이 우두머리가 되어 여러 권속들과 함께 삼매에 들어 여래의 평등한 법회에 같이 하였다.

【해설】 부처님 회상에 모인 10만 보살 가운데서 우두머리가 되는 12명의 보살을 열거하고, 그들은 모두가 권속들과 함께 여래의 평등법회에 같이 머물렀다고 하였다. 여래의 평등법회는 곧 대광명장(大光明藏)이다. 여기에는 범성(凡聖)의 근원이 같고, 주반(主伴)이 교영(交影)하므로 대등한 입장에서 평등법회에 머무른다고 한 것이다.

제2장 정종분(正宗分)

1. 문수보살장(文殊菩薩章)

(1) 문수보살이 여래의 인지(因地)를 묻다

【원문】 於是 에 文殊師利菩薩 이 在大衆中 하다가 卽從座起 하여
어시 문수사리보살 재대중중 즉종좌기

頂禮佛足 하고 右繞三匝 하고 長跪叉手 하여 而白佛言 하사되
정례불족 우요삼잡 장궤차수 이백불언

大悲世尊 이시여 願爲此會 의 諸來法衆 하사 說於如來 의 本
대비세존 원위차회 제래법중 설어여래 본

起淸淨 한 因地法行 하시고 及說菩薩 이 於大乘中 에 發淸
기청정 인지법행 급설보살 어대승중 발청

淨心 하여 遠離諸病 하시어 能使未來末世衆生 의 求大乘者
정심 원리제병 능사미래말세중생 구대승자

로 不墮邪見 케 作是語已 하시고 五體投地 하여 如是三
불타사견 하소서 작시어이 오체투지 여시삼

請 하시고 終而復始 하였다.
청 종이부시

【역문】 이때 문수사리보살이 대중 가운데 있다가 곧 자리에서 일어나 부처님의 발에 정례하고, 오른쪽으로 세 번 돌고, 두 무릎을 세워 꿇고, 합장하고 부처님께 사뢰었다.

"대비하신 세존이시여, 바라옵건대 이 모임에 모여 온 진리의 대중들을 위하여 여래께서 본래 일으키셨던 청정한 인지법행을 말씀해 주십시오. 그리고 보살들이 대승법에 대하여 청정한 마음을 일으키어 모든

병을 여의는 방법을 말씀하시어 오는 세상, 말세중생으로서 대중을 구하는 이들로 하여금 삿된 견해에 빠지지 않게 해주옵소서."

이렇게 말하고는 5체를 땅에 던져 이렇게 거듭 세 번 청하고 다시 처음과 같이 하였다.

【해설】 이상으로써 본 경의 서분이 끝나고, 여기서부터 정종분(正宗分)에 들어간다. 정종분이란 곧 본론이다. 이 경의 중심 부분이 정종분에 해당된다. 위에서 말한 바와 같이 이 경에는 12보살이 잇달아 나와서 청법하는데, 제1의 문수장(文殊章)은 한 경의 주안(主眼)인 본기인지(本起因地)를 밝히고, 제2 보현장(普賢章) 이하 제11의 원각장(圓覺章)까지는 근기 따라 닦아 증득하는 과정을 상세히 기술하고, 마지막 현선수장(賢善首章)은 유통분(流通分)으로서 한 경의 결론에 속한다.

문수사리는 Mañjusri의 음역이다. 묘길상(妙吉祥)이라 번역한다. 지혜가 으뜸인 불제자로 추앙되는 분이기 때문에 맨 먼저 여래의 본기인지(本起因地)를 들어 청법대중의 신해(信解)를 바르게 한 것이다.

예로부터 제자가 법을 물을 때엔 먼저 다섯 가지 위의를 갖추는 것을 원칙으로 한다. ① 자리에서 일어나고, ② 부처님 발에 머리를 숙여 절하고, ③오른쪽으로 세 번 돌고, ④ 두 무릎을 세워 길게 꿇고, ⑤ 합장하고서 정중히 여쭙는 것이다. 여기서 길게 무릎을 꿇는다 한 것은 호궤(胡跪)라고도 한다. 두 종지굽을 땅에 대고 다리를 높이 세우고 위태롭게 앉는 자세요, 합장은 두 손을 가슴에 모으는 자세이다.

본장의 물음은 대체로 두 가지 내용이 담겨있다.

첫째, 여래의 인지발심(因地發心)을 물은 것이니, 여래께서 성불하기 전, 발심하셨을 때에 어떠한 마음으로 어떤 행을 닦아서 정토에 태어나 불과(佛果)를 이루셨는가 하는 것이고,

둘째, 보살이 보리를 구하려면 대승법에 대하여 어떻게 발심하며, 어떻게 하여야 모든 병을 여의겠는가 한 것이다. 이 두 가지를 말씀해 주셔서 말세중생들로 하여금 사견에 빠지지 않게 해주십시오 하는 것이다.

(2) 세존의 답

① 청허(請許)

【원문】

爾時에 世尊이 告文殊師利菩薩言하시되 善哉善哉로다
이시 세존 고문수사리보살언 선재선재

善男子여 汝等이 乃能爲諸菩薩하여 諮詢如來因地法
선남자 여등 내능위제보살 자순여래인지법

行하고 及爲末世一切衆生의 求大乘者로 得正住持하여
행 급위말세일체중생 구대승자 득정주지

不墮邪見케 하니 汝今諦聽하라 當爲汝說하리라 時에 文殊
불타사견 여금제청 당위여설 시 문수

師利菩薩이 奉敎歡喜하여 及諸大衆으로 默然而聽하였다.
사리보살 봉교환희 급제대중 묵연이청

【역문】 이때 세존께서 문수사리보살에게 말씀하셨다.

"착하고 착하다. 선남자야, 그대들은 지금 보살들을 위하여 여래의 인지법행을 묻고, 또 말세에 일체 중생들로서 대승을 구하는 이로 하여금 바른 자리에 머물러서 사견에 떨어지지 않게 하리니, 그대들은 자세히 들으라. 마땅히 그대들을 위하여 말해 주리라."

그 때 문수사리보살이 분부를 받잡고 기뻐하면서 대중들과 함께 조용히 귀를 기울였다.

【해설】 가장 적절한 질문을 했으므로 거듭거듭 '착하다' 하시고, 곧 말씀해 주실 것을 약속하신다. 이에 대중은 주린 이가 밥을 구하듯 간절한 마음으로 법음을 기다리게 된다.

② 즉답(卽答)

가. 무상법왕(無上法王)

【원문】 善男子 여 無上法王 이 有大陁羅尼門 하니 名爲圓覺 이라
선남자 무상법왕 유대다라니문 명위원각

流出一切清淨 한 眞如 와 菩提 와 涅槃 과 及波羅蜜 하여
유출일체청정 진여 보리 열반 급바라밀

敎授菩薩 하나니 一切如來 의 本起因地 에 皆依圓照淸淨覺
교수보살 일체여래 본기인지 개의원조청정각

相 하여 永斷無明 코자 方成佛道 하나니라
상 영단무명 방성불도

【역문】 "선남자야, 위없는 법왕의 큰 다라니문이 있으니 이름이 원각이다. 일체 청정한 진여와 보리와 열반과 그리고 바라밀을 흘려내서 보살들을 교수하시나니, 일체 여래께서 본래 일으켰던 인지는 모두가 이 청정한 원각을 원만히 함으로써 영원히 무명을 끊고 불도를 이루었느니라.

【해설】 본체(本體)를 두루 말씀하신 단원이다. 법왕은 부처님을 이른다. 한량없는 법문의 바다에 자재하므로 법왕이니 그 위에 무엇이 또 있겠는가. '다라니(陁羅尼)'는 Dhārani의 음역으로서 총지(摠持)라 번역한다. 많은 것을 총괄해서 유지한다는 뜻이다. 원각의 본체에는 갠지스강의 모래알 수효와 같은 공을 구비해 있기 때문이다. 여기에다 '문(門)'자를 달았는데 이 원각대다라니(圓覺大陁羅尼)는 일체 염정법(染淨法)을 내고 들이는 관문이란 뜻으로 이해된다.

더럽지 않으므로 청정(淸淨)이요, 허망하거나 변함이 없으므로 진여(眞如)요, 무명(無明) 속에서도 항상 밝으므로 보리(菩提)요, 생사에 따르면서도 본체는 요동함이 없으므로 열반이요, 여섯 가지 바라밀로써 생사의 이 언덕을 초월하기 때문에 바라밀이라 한다. 이러한 법들은 모두가

보살들로 하여금 원각의 경지에 들게 하는 작용이 있기 때문에 보살들을 교수한다고 하였다.

그러므로 부처님들도 모두가 성불하기 전 인지(因地)에서는 보살의 입장에서 이 청정원각(淸淨圓覺)을 원만히 비추어 아는 수행에 의해 무명을 영원히 끊고서야 오늘의 부처가 된 것이다.

나. 무명(無明)의 정체(正體)

【원문】 云何無明고 善男子야 一切衆生이 從無始來로 種種顚
운하무명 선남자 일체중생 종무시래 종종전

倒함이 猶如迷人이 四方易處하듯 妄認四大로 爲自身相
도 유여미인 사방역처 망인사대 위자신상

하고 六塵緣影으로 爲自心相하나니 譬彼病目이 見空中華
육진연영 위자심상 비피병목 견공중화

와 及第二月이니라 善男子여 空實無華고로 病者妄執이니
급제이월 선남자 공실무화 병자망집

由妄執故로 非唯惑此虛空自性이라 亦復迷彼實華生處니
유망집고 비유혹차허공자성 역부미피실화생처

由此하야 妄有輪轉生死하나니 故名無明이니라.
유차 망유륜전생사 고명무명

【역문】 어떤 것이 무명인가. 선남자야, 일체 중생이 끝없는 옛부터 여러 가지로 잘못된 것이, 마치 어리석은 사람이 4방을 잘못 바꾸어 생각하는 것 같이, 4대를 잘못 알아 자기의 몸이라 하고, 6진의 그림자를 자기의 마음이라 하는 것 같다. 비유하면 눈병난 사람이 허공에서 꽃이나 제2의 달을 보는 것 같다. 선남자야, 허공에는 실제로 꽃이 없는데 눈병 난 사람이 허망하게 집착한다. 허망에 집착한 까닭에 허공과 같은 제 성품을 잘못 알 뿐 아니라 실제의 꽃이 나오는 자리까지도 모르나니, 이런 까닭으로 허망하게 생사에 헤매게 되는 것이다. 그러므로 무명이라 한다.

【해설】 위에서 무명(無明)을 끊어야 부처가 된다고 하시고, 여기에서 다시 그 무명의 실체가 무엇인가를 밝히신 곳이다. 무명이란 말할 것도 없이 어리석음이다. 이 무명의 어리석음은 언제부터라고 할 수 없는 옛부터 우리들 중생세계에서 우리를 어두움 속으로 끌어들인다.

원각대다라니문(圓覺大陁羅尼門)에는 중생과 부처의 차별이 없이 모두가 청정원각(淸淨圓覺)을 갖추고 있다고 했는데, 중생들은 어찌하여 이 광명을 등지고 무명에 끄달려 헤매는가. 이렇게 설문하고는 스스로 해석을 내리되, 중생이 언제부터인지 모를 옛부터 갖가지로 뒤바뀌어서 대광명장(大光明藏) 대신 무명에 싸여 마치 어리석은 사람이 갑자기 낯선 고장에 가면 동·서·남·북을 분간하지 못하여 동을 서라고 여기는 경우와 같다 하고, 무명은 실체가 있는 것이 아니라 미혹한 자신이 잘못 알았을 뿐이라 하였다. 동을 서라고 생각한 것은 분명 잘못이다. 그러나 나중에 동을 동으로 바로 알았다 한들 동이 딴 곳에서 온 것이 아니라 동은 언제나 동인 것이다.

우리는 4대로 뭉쳐진 몸을 '나'라 하고, 육진(六塵)을 대상으로 하여 받아들여진 그림자, 즉 관념(觀念)을 마음이라 국집한다. 4대와 6진의 그림자가 본래 대광명장임을 모르고 그에게 변현(變現)된 가변적인 것만을 '나'라거나 내 마음이라 하니 ≪능엄경≫에서 말한 바와 같이 "바다 전체를 버리고 거품 하나를 바다로 여기니 가엾은 일이구나" 하신 일이 새삼 생각난다. 이것이 뒤바뀐(顚倒) 것이다.

눈병이 있어서 허공의 꽃이나 달 곁에 제2의 달이 보인다. 허공에는 꽃도 제2의 달도 본래 없다. 그러나 눈병 때문에 그런 것이 보인 것이다. 원각자성(圓覺自性)에는 몸도 마음도 나타나 있지 않다. 그런데 무명 때문에 몸과 마음이 있다고 생각하고, 그 생각 때문에 죽고 나는 현상에 국집되어 공연히 생사의 끝없는 바다를 헤매게 된 것이다.

무명의 정체는 이와 같이 실재하지 않으면서도 우리가 미혹해 있는 한 우리로 하여금 끝없이 생사에 윤회하게 되는 것이다.

다. 무명을 없애는 방법

【원문】 善男子 여 此無明者 도 非實有體 니라 如夢中人 하여 夢時
선남자 차무명자 비실유체 여몽중인 몽시

非無 타가 及至於醒 하면 了無所得 이니 如衆空華 가 滅於
비무 급지어성 요무소득 여중공화 멸어

虛空 하면 不可說言 有定滅處 이니라 何以故 오 無生處故
허공 불가설언 유정멸처 하이고 무생처고

이니 一切衆生 이 於無生中 에 妄見生滅 하되 是故 로 說
일체중생 어무생중 망견생멸 시고 설

名轉輪生死 이니라.
명전륜생사

善男子 여 如來因地 에 修圓覺者 가 知是空華 하면 則無
선남자 여래인지 수원각자 지시공화 즉무

轉輪 하라 亦無身心 이 受彼生死 이니 非作故無 라 本性
전륜 역무신심 수피생사 비작고무 본성

無故 니라.
무고

【역문】 선남자야, 이 무명이란 것은 실제로 본체가 있는 것이 아니다. 마치 꿈을 꾸는 사람이 꿈 속에서는 없지 않다가 깬 뒤에는 아무 것도 없는 것 같다. 또, 뭇 허공꽃이 허공에서 사라졌을 때에 사라진 곳이 일정하게 있다고 할 수 없는 것과도 같다. 왜냐하면 난 곳이 없기 때문이다. 일체 중생들은 태어남이 없는 가운데서 허망하게도 생멸이 있다고 여긴다. 그러므로 생사에 헤맨다고 하느니라.

선남자야, 여래의 인지에서 원각을 닦는 이가 이러한 허공꽃을 알면 윤회 전생하는 것이 없어지고, 생사에 끄달릴 몸과 마음도 없게 된다. 이것은 애써서 없어지는 것이 아니라 본 성품이 없는 까닭에 없는 것이다.

【해설】 위에서 무명의 실체가 무엇인가를 따졌던 바 실체가 없었다. 만일 무명이 실체가 있다면 지혜로 비쳐 볼 때에 사라지지 않아야 한다. 무명은 삼성(三性)에서 의타기성(依他起性)에 해당한다. 그를 순종하면 미(迷)하고 그를 거슬리면 깨달을 뿐이다. 꿈을 꾸건 깨어나건 본인의 본체와는 관계가 없다. 미(迷)하여 무명이 되건 깨달아 시각(始覺)에 이르르건 원각본체(圓覺本體)와는 관련이 없다. 다만 꿈에서 깨어나듯 무명을 벗어나야 할 뿐이다.

그러나 무명이 멸한다 하더라도 멸하는 실체가 있는 것도 아니다. 허공에서 헛꽃이 멸했을 때, 일정한 장소가 있지 않는 것 같이 무명이 멸하는 데도 실제가 없다. 왜냐하면, 본래 난 곳이 없기 때문이다. 그러하니 중생들은 생멸 없는 가운데서 공연히 미혹을 낸다고 하여 생사 속에 헤매인다.

위에서 말씀하시기를 무명을 영원히 끊어야 불도를 이루리라고 하신 것을 좀더 구체적으로 설명하신다. 문수가 묻기를 "여래의 본기인지(本起因地)에는 어떤 행을 닦으셨는가" 해서 "원각(圓覺)을 닦는다"고 하였으나 원각은 실제로 닦는 것이 아니다. 중생들은 눈병 때문에 허공꽃을 보고 실제로 있다 함으로써 꽃을 따라 헤매이듯, 무명 때문에 몸과 마음이 실제로 있다고 하여 생사에 헤매인다. 그러나 여래는 지혜로써 바르게 관찰하여 무명이 본래 없음을 여실히 본다. 그러면 몸과 마음이 생사를 따라 헤매게 할 무명이 없다. 이는 본래 없는 것이지 애써서 없어지는 것이 아니다. 옛 조사의 말씀에 '성문(聲聞)은 언제나 생사를 끊으려 하지만 끊으려는 그 마음이 도적임을 모르더라'고 하였으니, 억지로 없앤다고 되는 것이 아님을 알 수 있다. 그러므로 무명을 영원히 끊어야 불도를 이룬다는 말씀은 일반적으로 보통하고 있는 말이라 하겠다.

라. 병상(病相)의 비유

【원문】 彼知覺者(피지각자)도 猶如虛空(유여허공)하며 知虛空者(지허공자)도 卽空華相(즉공화상)이기에

亦不可說 無知覺性 이니 有無俱遣 이라야 是則名爲淨覺隨
역불가설 무지각성 유무구견 시즉명위정각수

順 이니라 何以故 오 虛空性故 며 常不動故 며 如來藏中
순 하이고 허공성고 상부동고 여래장중

無起滅故 며 無知見故 며 如法界性 이 究竟圓滿 하여 徧
무기멸고 무지견고 여법계성 구경원만 변

十方故 이니 是則名爲因地法行 이니라 菩薩因此 하여 於大
시방고 시즉명위인지법행 보살인차 어대

乘中 에 發淸淨心 하여 來世衆生 도 依此修行 하면 不墮
승중 발청정심 내세중생 의차수행 불타

邪見 하리라.
사견

【역문】 원각을 아는 것도 마치 허공과 같고, 허공인 줄 아는 것도 허공 속의 꽃과 같다. 원각의 성품을 아는 자가 없다고도 말할 수 없다. 그러니 있고 없음을 모두 벗어나야 비로소 청정한 원각을 수순했다 할 것이다. 왜냐하면 성품이 허공과 같기 때문이며, 항상 요동하지 않기 때문이며, 여래장 속에서는 일어나고 멸함이 없기 때문이며, 알거나 보는 것이 없기 때문이며, 법계의 성품이 끝내 원만하여 세계에 두루 하기 때문이다. 이것을 일러 인지법행이라 한다. 보살은 이것을 의지하여 대승법에 청정한 마음을 일으킬 것이며 말세의 중생들도 이것을 의지하여 닦고 실천하면 사견에 빠지지 않는다.

【해설】 위에서 "허공꽃을 알면 헤매임이 즉시에 없어진다"고 하셨는데 이 말씀이 도리어 병이 되어, 자갈을 금으로 아는 자가 없지 않을 것을 염려하여 깨달음의 자취를 털어버리신 것이다. 즉 허공의 꽃과 같음을 알아야 된다 함으로써 '알음' 즉 지각(知覺)의 실체가 있다고 국집하기 쉽다. 그러나 원각(圓覺)의 본체는 허공과 같아서 지각이 있다면 그는 환지(幻知)요, 진지(眞知)는 아니다. ≪기신론(起信論)≫에 말씀하시기를 "망념

(妄念)을 여읜 형태란 허공과 같다"고 하였다. 그렇거늘 지각상(知覺相)이 있다고 한다면 이는 완전히 군더더기를 정수리 위에다 붙이는 격이니, 허공꽃이다. 그렇다고 이 원각성(圓覺性)에 지각(知覺)이 없다고 한다면 이는 목을 끊고서 살기를 바라는 짓이다. 역시 허공꽃이다. 그러므로 지각이 있다 없다 하는 분별을 모두 여의어야 올바른 수행으로서 정각(淨覺)을 수순(隨順)하는 것이다. 영가진각 선사(永嘉眞覺禪師)는 이 대목에 대해 말하기를 "지각(知覺)이 있거나 없는 것으로써 지각의 자체를 삼으면 무명을 수순하는 것이지, 정각(淨覺)을 수순하는 것이 아니다. 이쪽 저쪽을 모두 물리쳐야만 청정각성(淸淨覺性)을 수순하는 것이다"고 하였다.

왜냐하면 청정각성은 요료상지(了了常知)하는 것이어서 일찍이 미혹했던 바가 없을 뿐 아니라 깨달은 바도 없다. 항상 적멸한 모습은 허공과도 같아서 동요가 없기 때문이며, 동요가 없는 이유는 허공은 생사 유무와 기멸(起滅)의 영향을 받지 않고, 알거나 본다는 작용이 없이 온 누리에 두루했기 때문이다.

이러한 원각진체(圓覺眞體)를 증득하면 이를 일러 정각(正覺)을 이루었다 하는 것이니, 이것이 곧 여래께서 발심 수행하던 인지(因地)이다. 보살이 이에 의해 청정각상(淸淨覺相)을 뚜렷이 비추는 일로써 인행(因行)을 삼으면 옳거니와 그렇지 않으면 사견에 떨어질 것이고, 내세 중생들도 이 청정원각(淸淨圓覺)에 의해 발심하면 바른 자리에 머무르거니와 그렇지 않으면 역시 사견에 떨어진다.

③ 게송(偈頌)

【원문】 爾時에 世尊이 欲重宣此義하사 而說偈言하시되
이시 세존 욕중선차의 이설게언

文殊汝當知하라 一切諸如來는 從於本因地하여 皆以智
문수여당지 일체제여래 종어본인지 개이지

慧覺 으로 了達於無明 이니 知彼如空華 하면 即能免流轉
혜 각 요 달 어 무 명 지 피 여 공 화 즉 능 면 유 전

이니라 又如夢中人 이 醒時不可得 이니라 覺者如虛空 하여
우 여 몽 중 인 성 시 불 가 득 각 자 여 허 공

平等不動轉 이니 覺徧十方界 하면 即得成佛道 하리라 衆幻
평 등 부 동 전 각 변 시 방 계 즉 득 성 불 도 중 환

滅無處 하듯 成道亦無得 이니 本性圓滿故 니라 菩薩於此中
멸 무 처 성 도 역 무 득 본 성 원 만 고 보 살 어 차 중

에 能發菩提心 하며 末世諸衆生 도 修此免邪見 이니라.
능 발 보 리 심 말 세 제 중 생 수 차 면 사 견

【역문】 이때 세존께서 이 뜻을 거듭 펴시기 위해 게송으로 말씀하셨다.
문수야, 마땅히 알아라.
여러 부처님들이 본래 발심한 인지로부터
모두가 지혜의 깨달음으로써
무명을 분명히 깨치셨느니라.

그것이 허공의 꽃인 줄 알면
즉시 유전에서 벗어나나니,
마치 꿈꾸는 사람이
깨고 나면 아무 것도 없는 것과 같다.

깨달아 안다는 것 허공과 같아
평등하여 요동함이 전혀 없나니,
깨달음이 온 세계에 두루하므로
즉시에 불도를 성취하리라.

뭇 허환이 멸하면 흔적이 없듯

불도를 이룬다는 것 역시 그러니
본 성품이 본래부터 원만하기 때문이다.

보살이 이에 의해
보리심을 낼 것이며,
내세의 중생들도
이 법을 닦으면 사견을 면하리라.

【해설】 위에서 누누이 말씀하신 일을 다시 게송으로 말씀하여 명심하게 하고 또 기억하기 쉽게 하신다. 게송에는 두 가지가 있으니, 위의 장행(長行)에서 언급된 것을 거듭 송(頌)하는 것을 응송(應頌)이라 하고, 장행에 없던 것을 게송으로만 말하는 것을 고기송(孤起頌)이라 한다.

이 게송들의 말씀은 여래께서 본래 발심하실 때는 누구나가 모두 지혜의 깨달음을 기점으로 하여, 무명이 본래 실체가 없는 것이 마치 허공의 꽃 같은 줄 아는 것으로써 보리심의 시초를 삼는다. 과연 그 무명이 허공의 꽃인 줄 알면 뉘라서 그 허공꽃에 흔들리겠는가. 마치 꿈꾸던 사람이 꿈을 깨면 꿈 속에서 보던 것이 하나도 없는 것과 같다. 꿈을 꾼들 본래의 사람이 어디로 간 것이 아니며 꿈을 깨었다 해도 별다른 사람이 더 생긴 것도 아니다. 그저 본래의 자기일 뿐이다.

이 본래의 자기는 미(迷)했다고 하여도 유전하지 않고, 미혹에서 깨었다 해도, 오직 하나의 진가가 평등성지(平等性智) 위에 올연(兀然)이 독존(獨存)할 뿐이다.

이 올연히 독존하는 원각진체(圓覺眞體)는 온 세계에 두루하나니, 이를 일러 '첫 발심(發心)이 곧 성불(成佛)'이라 한 것이다. 그러므로 보살이나 말세의 중생들은 이에 의해 수행의 근간을 삼아야 할 것이다.

2. 보현보살장(普賢菩薩章)

(1) 보현보살이 수행의 실제를 묻다

【원문】

於是 에 普賢菩薩 이 在大衆中 하다가 卽從座起 하여 頂禮
어 시 보 현 보 살 재 대 중 중 즉 종 좌 기 정 례

佛足 하시고 右繞三匝 하여 長跪叉手 하면 而白佛言 하되 大
불 족 우 요 삼 잡 장 궤 차 수 이 백 불 언 대

悲世尊 이시여 願爲此會 의 諸菩薩衆 과 乃爲末世一切衆生
비 세 존 원 위 차 회 제 보 살 중 내 위 말 세 일 체 중 생

의 修大乘者 로 聞此圓覺 의 淸淨境界 하사옵고 云何修行 하리잇고
수 대 승 자 문 차 원 각 청 정 경 계 운 하 수 행

世尊 이시여 若彼衆生 이 知如幻者 의 身心亦幻 인댄 云何
세 존 약 피 중 생 지 여 환 자 신 심 역 환 운 하

以幻 으로 還修於幻 이리이고 若諸幻性 이 一切盡滅 인댄 則無
이 환 환 수 어 환 약 제 환 성 일 체 진 멸 즉 무

有心 이어니 誰爲修行 이기에 云何復說修行如幻 이니고 若諸
유 심 수 위 수 행 운 하 부 설 수 행 여 환 약 제

衆生 이 本不修行 인대 於生死中 에 常居幻化 하와 曾不了
중 생 본 불 수 행 어 생 사 중 상 거 환 화 증 불 요

知如幻境界 하오리니 令妄想心 으로 云何解脫 하리잇고 願爲末世 의
지 여 환 경 계 영 망 상 심 운 하 해 탈 원 위 말 세

一切衆生 하시고 作何方便 하여 漸次修習 하시사 令諸衆生 을
일 체 중 생 작 하 방 편 점 차 수 습 영 제 중 생

永離諸幻 이러시고 作是語已 하시고 五體投地 하사 如是三請 에
영 리 제 환 작 시 어 이 오 체 투 지 여 시 삼 청

終而復始 하시었다.
종 이 부 시

【역문】 이때 보현보살이 대중 가운데 있다가 곧 자리에서 일어나 부처님의 발에 정례하고, 오른쪽으로 세 번 돌고 두 무릎을 세워 꿇고 손을 합장하고 사뢰었다.

"대비 세존이시여, 바라옵건대 이 모임에 온 보살들을 위하시고, 또 말세의 중생들로서 대승을 닦으려는 이들을 위하여 말씀해 주옵소서. 이 원각의 청정한 경계를 듣고서 어떻게 수행하여야 합니까?

세존이시여, 저 중생들로서 환(幻)과 같은 줄 아는 자인대 그의 몸과 마음도 환이거늘 어떻게 환으로써 환을 닦으리까? 만일 온갖 환이 다 멸한다면 몸과 마음까지 없어질 것인데 무엇으로 수행하겠기에 환과 같은 삼매를 닦으라 하십니까?

만일 중생들이 애초부터 수행하지 않는다면, 생사 속에서 항상 환화에 묻혀 있어 환과 같은 경계임을 전혀 알지 못하리니, 망상심에서 어떻게 벗어나리까? 바라옵건대 말세의 여러 중생들을 위하여 말씀해 주옵소서.

어떤 방편과 순서로 닦고 익혀야 그 중생들로 하여금 온갖 허환을 영원히 여의게 하리이까."

이렇게 말하고는 5체를 땅에 던져 이렇게 거듭 세 번 청하고, 다시 처음과 같이 하였다.

【해설】 앞의 문수장에서 이미 여래의 인지법행(因地法行), 즉 당장 깨치는 법문을 말씀하실 때에 허공인 줄 아는 것도 허공꽃이라 하고, 또 뭇 환(幻)이 멸하면 흔적이 없듯 불도를 이룬다는 것도 그와 같다 하니, 이에 따라 수행인들이 생각하기를 환(幻)을 알기만 하면 그만이지 더 닦을 필요가 어디에 있겠는가? 생각하게 된다. 이는 분명 잘못된 생각이다. 위에서 말한 것은 원각본체(圓覺本體)를 똑바로 알게 하기 위한 것이지 수행인들이 모두 그 경지를 체험한 것은 아니다.

이 원각의 본체를 실제로 체험하자면 응분의 수행을 쌓아야 한다. 이 수행이란 것은 이미 안 환(幻)의 실체를 제거하는 작업이다. 환(幻)은 요술 같은 것으로서 실제에는 없지만 있는 것처럼 보이게 하는 현상이다.

이에 수행문의 으뜸인 보현보살이 모든 수행인들의 생각을 대신하여 세 가지 질문을 한다. 모두가 환의 실체를 제거하는 방법이다.

첫째, 수행을 하는 본래의 뜻은 무명을 끊고 보리를 얻자는 것인데 이미 말하기를 "허공꽃인 줄을 알면 즉시에 윤회전생이 없어진다" 하고, 또 말하기를 "뭇 환(幻)이 멸하면 흔적이 없어지듯 불도를 이룬다는 것도 그와 같도다" 하니, 이는 원각의 청정한 경계에는 티끌 한 점 설 수 없고, 닦아 증득한다는 일도 공연한 것이 분명하거늘 어찌하여 원각을 닦으라 하는 것이다.

그러므로 묻기를 저 중생들이 무명이 환과 같은 줄 이미 알았다면 그의 몸과 마음도 모두가 환일 것이다. 이미 모두가 환이라면 그대로 내버려둘 것이지, 환의 지혜를 일으켜서 환의 무명을 끊고 환의 부처를 이루려 할 필요가 없지 않는가 한 것이다. 그러므로 규봉(圭峰)스님은 이것을 '환환하수문(幻幻何修問)'이라 과(科)했다.

둘째, 닦을 필요가 없을 뿐 아니라 닦으려 해도 닦을 수가 없지 않는가 하는 것이다. 환과 같은 지혜가 없으니 몸과 마음도 없다. 마음이 없다면 무엇으로 육도만행(六度萬行)을 닦겠기에, 모든 환 같은 삼매를 닦아서 모든 환을 제하라 하는가. 이와 같이 닦을 것이 없는데 닦으라는 것은 완전히 헛공부를 강요하는 것이 아닌가 하는 것이다. 규봉스님은 이를 일러 '단멸수수문(斷滅誰修問)'이라 하였다.

셋째, 중생들이 본래 부처라는 천진(天眞)만을 믿고 항상 허환(虛幻) 속에 있으면서 닦지 않는다면, 그들은 영원히 환을 벗어날 수 없지 않겠는가 하는 것이니, 규봉스님은 이것을 일러 '차불수지실(遮不修之失)'이라고 하였다.

이들 세 가지, 즉 닦을 필요가 없다고 하는 이, 닦을 수 없다고 하는 이, 자기의 천진(天眞)을 믿고 닦지 않으려는 이들은 어떤 방편과 어떤 순서와 어떤 수행을 쌓아야 모든 환을 영원히 여의겠습니까 한 것이다.

(2) 세존의 답

① 청허(請許)

【원문】 爾時에 世尊이 告普賢菩薩言하시되 善哉善哉로다 善男
이시 세존 고보현보살언 선재선재 선남

子여 汝等이 乃能爲諸菩薩과 及末世衆生하여 修習菩薩
자 여등 내능위제보살 급말세중생 수습보살

如幻俱三昧할 方便漸次하여 令諸衆生으로 得離諸幻케
여환구삼매 방편점차 영제중생 득리제환 하나니

汝今諦聽하라 當爲汝說하리라 時에 普賢菩薩이 奉敎歡喜
여금체청 당위여설 시 보현보살 봉교환희

하여 及諸大衆으로 默然而聽하였다.
급제대중 묵연이청

【역문】 이때 세존께서 보현보살에게 말씀하셨다.

"착하고 착하다. 선남자야. 그대들은 보살들과 말세의 중생들을 위하여 보살이 환과 같은 삼매를 닦아 익힐 방편과 순서를 물어서 중생들로 하여금 모든 환을 여의게 하는 법을 물었구나. 자세히 들어라. 말해 주리라."

그 때 보현보살이 분부를 받잡고 기뻐하면서 대중들과 함께 조용히 귀를 기울였다.

【해설】 부처님께서 보현보살의 물음이 가장 적절하다고 칭찬하신 것이니 위의 문수장의 예와 같다.

② 즉답(卽答)

가. 환화(幻化)는 실체가 없다

【원문】 善男子야 一切衆生의 種種幻化가 皆生如來圓覺妙心
선남자 일체중생 종종환화 개생여래원각묘심

이니 猶如空華가 從空而有하니라 幻華雖滅이나 空性不壞
유여공화 종공이유 환화수멸 공성불괴

하나니 衆生幻心도 還依幻滅하여 諸幻이 盡滅이라도 覺
중생환심 환의환멸 제환 진멸 각

心不動하니라 依幻說覺도 亦名爲幻이며 若說有覺도 猶
심부동 의환설각 역명위환 약설유각 유

未離幻이며 說無覺者도 亦復如是니 是故로 幻滅이 名
미리환 설무각자 역복여시 시고 환멸 명

爲不動이니라
위부동

【역문】 "선남자야, 일체 중생의 갖가지 환화가 모두 여래의 원각묘심에서 나왔느니라. 마치 허공꽃이 허공에서 생긴 것과 같다. 허공꽃은 멸할지라도 허공의 본공은 멸하지 않으니, 중생의 허환한 마음도 환에 의하여 사라지나 모든 환이 다 사라지더라도 본각의 마음은 동요치 않는다. 환에 의해 깨달음을 말할지라도 역시 환이며, 깨달음이 있다고 말할지라도 역시 환을 여의지 못한 것이며, 깨달음이 없다고 말할지라도 역시 그렇다. 그러므로 환이 사라져야 요동치 않는 경지라 하느니라.

【해설】 환화(幻化)는 모두가 실체가 없는 것들이다. 환(幻)은 요술이요, 화(化)는 허깨비이다. 이들은 곧 중생의 오음(五陰)·사대(四大)·십력(十力)·사무외(四無畏) 등을 전체적으로 말한 것이다. 나온다는 말은 원각묘심(圓覺妙心)에 의해서 염연기(染緣起)를 내고, 진여(眞如)의 훈습(薰習)을

따라 10력·4무외 등 정연기(淨緣起)를 낸다. 그러므로 이 염정의 연기가 인연 따라 나는 현상을 의상조사는 '불수자성수연성(不守自性隨緣成)'이라 했다. 마치 허공꽃이 눈병이 나면 생기고 눈병이 없어지면 사라지나 허공 자체는 생멸치 않는 것과 같이, 중생들의 환화도 무명을 따르면 염연법(染緣法)이 생기고 진여를 따르면 정연법(淨緣法)이 생기나 본각심체(本覺心體)는 추호도 요동함이 없기 때문이다. 그러므로 환이 다하면 심체(心體)까지 없어지리라 하겠는가.

위에서 보현이 세 가지 의문을 들어 물었는데 부처님은 그 물음에 답하기 앞서서 우선 환화가 어디에서 생겼는가를 밝혀 다음 문답의 근거를 마련했으니, 중생의 환화는 모두가 원각묘심에서 나온다고 하신 것이다. 이 환화는 허공꽃이 허공에서 생겼다가 다시 허공에 의해 사라지듯 환은 환과 같은 마음에 의해 생겼다가 다시 환과 같은 마음에 의해 멸한다 하여, 보현의 첫째 물음인 '환(幻)으로써 환(幻)을 닦으리까' 하는 말에 답한 것이다.

다음에 모든 환(幻)이 다하면 각심(覺心)은 요동치 않는다고 하여 보현의 둘째 물음에 답하시니, "허공꽃이 허공에 멸하더라도 허공 본체는 무너지지 않듯 각심(覺心)에 의해 생긴 환(幻)을 다 멸하더라도 본각(本覺)의 당체(當體)는 요동치 않는다"고 하신 것이다.

그러나 각(覺)이 움직이지 않는 경지를 입으로는 '공(空)'을 말하나 걸음걸음은 '유(有)'에 집착하는 자로서 한낱 구두선(口頭禪)에 불과하다. 그런 이의 분상(分上)에서 각을 말한다면 이것이 환에 의해 각을 말하는 것이다. 이때의 각은 각이 아니라 환인 것이다. 왜냐하면 환망(幻妄)과 상대하는 각이기 때문이다. 설사 환망(幻妄)을 상대하지 않는 절대한 각이 있다고 할지라도 그런 분별을 일으키는 자체가 역시 환인 것이다. 그렇다고 해서 대망(對妄)의 각과 절대의 각이 모두 없어진다 할지라도 역시 환을 여의지 못한 것이다. 왜냐하면 요동 없는 본각의 경지는 이러쿵 저러쿵 말로 따질 수 있는 것이 아니기 때문이다.

그러므로 3조 승찬(僧燦) 선사는 그의 신심명(信心銘)에서 말하기를

"털끝만한 차이가 있어도 하늘과 땅의 격차를 이룬다" 하였다. 그리하여 말세 중생들이 이런 사실을 안다고 어찌 자기의 천진(天眞)만을 믿고 수행에 힘쓰지 않겠는가, 하는 뜻을 비치어 보현의 셋째 물음에 답하셨다.

나. 경계를 떠나라

【원문】 善男子야 一切菩薩과 及末世衆生은 應當遠離 一切幻化
선남자 일체보살 급말세중생 응당원리 일체환화

虛妄境界이니 由堅執持遠離心故로 心如幻者도 亦復遠離
허망경계 유견집지원리심고 심여환자 역부원리

하며 遠離爲幻도 亦復遠離하며 離遠離幻도 亦復遠離이니
원리위환 역부원리 이원리환 역부원리

得無所離하여 卽除諸幻이니라 譬如鑽火에 兩木相因하여
득무소리 즉제제환 비여찬화 양목상인

火出木盡하면 灰飛煙滅이니 以幻修幻도 亦復如是하니 諸
화출목진 회비연멸 이환수환 역부여시 제

幻이 雖盡이라도 不入斷滅이니라 善男子야 知幻卽離라
환 수진 불입단멸 선남자 지환즉리

不作方便이오 離幻卽覺이라 亦無漸次니라 一切菩薩과 及
부작방편 이환즉각 역무점차 일체보살 급

末世衆生이 依此修行이니 如是하여 乃能 永離諸幻이니라
말세중생 의차수행 여시 내능 영리제환

【역문】 선남자야, 일체 보살과 말세 중생들이 온갖 허망한 환화의 경계를 멀리 여의어야 하나니, 멀리 여의려는 마음을 굳게 집착하기 때문에 마음이 환과 같은 것도 멀리 여의어야 하며, 환을 여의었다는 생각도 멀리 여의어야 하고, 환을 멀리 여의었다는 생각을, 다시 멀리 여의었다는 생각까지 또한 멀리 여의어서 더 여읠 것이 없게 되면 모든 환이 없어진다. 비유하면 불을 구할 때, 두 나무를 서로 비벼 불이 나서 나무가

타 없어지면 재는 날아가고 연기까지 사라지는 것과 같이, 환으로써 환을 닦는 것도 이와 같아서 모든 환은 다하나 아주 끊어 없어지는 것이 아니다. 선남자야, 환을 알면 곧 여의게 되나니 방편을 지을 필요가 없고, 환을 여의면 곧 깨닫는지라 차례도 없느니라. 일체 보살과 말세의 중생들이 이에 의해 수행하여야 되나니 그렇게 하면 모든 환을 여의게 될 것이다.

【해설】 앞의 문수장에서는 환(幻)을 아는 것을 주안으로 했고, 이곳의 보현장에서는 환을 여의는 것을 주안으로 했다. 위에서 보살의 물음 중, 앞의 두 가지는 이미 이야기 했으나 마지막 물음, 즉 '중생들이 수행을 쌓지 않으면 환화 속에서 어떻게 벗어나겠는가' 한 것에 대해서는 이제야 거론된다.

그러므로 첫머리부터는 허망한 환화의 경계를 멀리 여의라 한 것이다. 환화를 알면 그만이지 더 닦을 필요가 어디에 있는가 하는 생각을 말라는 말이다. 보조국사(普照國師)는 말하기를 "얼음이 곧 물인 줄 알았지만 햇빛을 받아야 녹아지고, 범부가 곧 부처임을 깨달았으나 수행을 쌓아야 부처가 된다"고 하였다.

멀리 여의는 데는 다섯 계단이 있으니,

첫째는 일체 환화(幻化)의 경계를 멀리 여의고 한 것이니, 티끌(塵)을 없애라는 것이다. ≪능엄경(楞嚴經)≫에서 말한 "시끄럽고 고요한 두 모습이 전혀 나지 않는다"한 것에 해당한다.

둘째는 마음이 환 같은 것도 멀리 여의라고 한 것이니, 감관(根)을 없애라는 것이다. ≪능엄경≫에서 "말하고 듣는 이와 들을 바가 다했다"고 한 것에 해당한다.

셋째는 환을 멀리 여의었다는 생각도 멀리 여의라고 한 것이니, 지혜(智慧)의 자취를 없애라는 것이다. ≪능엄경≫에서 "말한 깨닫는 이와 깨달을 바가 다했다"는 것에 해당한다.

넷째는 환을 멀리 여의었다는 생각을 다시 멀리 여의었다는 생각까지 또한 멀리 여의라고 한 것은 '공'을 없애라는 것이니, ≪능엄경≫에서 말한 "'공'과 공할 바가 다 감했다"는 것에 해당한다.

다섯째는 더 여읠 것이 없게 되면 모든 환이 제(除)해진다고 한 것은, ≪능엄경≫에서 말한 "생멸(生滅)이 다 멸하면 적멸(寂滅)이 나타난다"는 것에 해당한다.

다음에 인용한 비유는 고대에 불을 구하기 위해 두 개의 나무쪽을 힘차게 비벼 그 마찰에 의해 불을 얻던 풍속에 의한 것인데, 불이 나서 타고 나무가 다 없어지고 재가 날아가고 연기까지 사라졌다고 할 때에 나무는 마음과 경계에 견주고, 불은 마음과 경계를 인식하는 묘한 지혜에 견주었다. 지혜가 생김으로써 마음과 경계가 공해지는 것은 불이 일어나서 두 개의 나무가 다 타서 없어지는 것과 같다. 그러나 나무가 다 탔더라도 재가 남아 있다면 그것 또한 자취를 남기는 것이고, 재가 다 했지만 연기가 남았다면 그것 또한 퀴퀴한 냄새가 아닐 수 없다. 그러므로 몽땅 없어져야 한다.

지혜가 생겨서 마음과 경계가 공해졌다 하여도 지혜의 여흔(餘痕)이 남았으면 그 지혜는 병이다. 그러므로 지혜도 공하게 해야 하고, 지혜가 공해졌더라도 공해졌다는 흔적이 남았으면 그것 또한 병이다. 그러므로 '공'까지도 없애야 된다.

나무에서 불이 나서 나무를 태우고, 재가 날아가고, 연기가 사라진 뒤엔 불의 본성(本性)이 일정한 장소가 있지 않다는 것과, 영원히 멸하는 것이 아니라는 것을 쉽게 알 수 있다. 왜냐하면 언제 어디에서나 인연만 만나면 불이 났다 사라졌다 하기 때문이다. 온갖 환화를 끝까지 멸해서 티끌·감관·지혜·공까지 모두 사라진 뒤엔 각성(覺性)이 단멸(斷滅)에 들지 않는 것임을 누구나 쉽게 알 것이다. 이것이 곧 보살과 말세 중생들의 수행이며, 방편, 절차이며, 원각이다. 이 밖에는 따로 절차도 수행도 없다고 하셨다.

③ 게송(偈頌)

【원문】 爾時 에 世尊 이 欲重宣此義 하사 而說偈言 하였다. 普賢汝
이시 세존 욕중선차의 이설게언 보현여

當知 하라 一切諸衆生 의 無始幻無明 은 皆從諸如來 의
당지 일체제중생 무시환무명 개종제여래

圓覺心建立 이니 猶如虛空華 가 依空而有相 하다가 空華若
원각심건립 유여허공화 의공이유상 공화약

復滅 하면 虛空本不動 이니라 幻從諸覺生 이나 幻滅覺圓滿
부멸 허공본부동 환종제각생 환멸각원만

이니 覺心不動故 니라 若彼諸菩薩 과 及末世衆生 이 常應
각심부동고 약피제보살 급말세중생 상응

遠離幻 하면 諸幻悉皆離 하리니 如木中生火 에 木盡火還滅
원리환 제환실개리 여목중생화 목진화환멸

이니라 覺則無漸次 며 方便亦如是 이니라.
각즉무점차 방편역여시

【역문】 이때 세존께서 이 뜻을 거듭 펴시기 위해 게송으로 말씀하셨다.
보현아, 마땅히 알라.
일체 중생들의 끝없이 오랜 환의 무명은
모두가 여래의 원각에서 생겼으니,
마치 허공꽃이 허공에서 생긴 것과 같느니라.

허공꽃이 사라져 없어져도
허공은 조금도 변동치 않나니,
환이 원각에서 생겼기에 환이 멸하면 깨달음이 원만해지나
본각의 마음은 요동치 않느니라.

보살과 말세 중생들이 환을 멀리 여의어야 되나니
환들을 모두 다 여의면

나무에서 불이 나 나무를 태우고
불까지 꺼진 것 같이 하여야 되느니라.
깨달음에는 차례가 없고
방편이란 것도 역시 그러하니라.

【해설】 일체 중생의 무명 뿐 아니라 부처님까지도 여래의 원각에서 나왔다. 그러나 나왔다는 실체가 따로 있는 것이 아니니, 마치 허공꽃이 눈병 때문에 생긴 것과 같다. 그 허공꽃이 어찌 실체가 있으랴. 눈병이 낳으면 허공꽃은 저절로 없어지나 허공은 본래부터 아무런 변이 없다. 허공꽃이 멸한 뒤엔 본래의 허공일 뿐이다.

환이 각에서 생겼다가 멸하고 나면 그대로가 각이다. 각에는 추호도 요동이 없다. 이와 같이 각에 이르르면 아무런 점차(漸次)도 없다. 점차가 있다면 사람의 근기의 차이에 있을 뿐이다. 그러므로 고인이 말하기를 "도(道)가 사람을 멀리하는 것이 아니라 사람들이 스스로 멀리 한다"고 하였다.

3. 보안보살장(普眼菩薩章)

(1) 보안보살이 마음 쓰는 방편을 묻다

【원문】

於是에 **普眼菩薩**이 **在大衆中**하다가 **卽從座起**하여 **頂**
어시 보안보살 재대중중 즉종좌기 정

禮佛足하시고 **右繞三匝**하사 **長跪叉手**하고 **而白佛言**하시되
예불족 우요삼잡 장궤차수 이백불언

大悲世尊이시여 **願爲此會**의 **諸菩薩衆**과 **及爲末世**의 **一**
대비세존 원위차회 제보살중 급위말세 일

切衆生 하사 演說菩薩 의 修行漸次 하소서 云何思惟 하며 云
체 중 생 연 설 보 살 수 행 점 차 운 하 사 유 운

何住持 하며 衆生未悟 어든 作何方便 하여 普令開悟 하리 世
하 주 지 중 생 미 오 작 하 방 편 보 령 개 오 이까 세

尊 이시어 若彼衆生 이 無正方便 과 及正思惟 하면 聞佛如來
존 약 피 중 생 무 정 방 편 급 정 사 유 문 불 여 래

의 說此三昧 하사 心生迷悶 하여 卽於圓覺 에 不能悟入 하오
설 차 삼 매 옵고 심 생 미 민 즉 어 원 각 불 능 오 입 리니

願與慈悲 하사 爲我等輩 와 及末世衆生 하사 假說方便 하소서
원 여 자 비 위 아 등 배 급 말 세 중 생 가 설 방 편

作是語已 하시고 五體投地 하사 如是三請 하시고 終而復始 하였다
작 시 어 이 오 체 투 지 여 시 삼 청 종 이 부 시

【역문】 이때에 보현보살이 대중 가운데 있다가 곧 자리에서 일어나 부처님의 발에 정례하고, 오른쪽으로 세 번 돌고 두 무릎을 세워 꿇고, 합장하고 부처님께 사뢰었다.

"대비하신 세존이시여, 바라옵건대 이 모임에 온 보살들과 말세의 일체 중생들을 위해서 보살들이 닦고 익힐 차례를 말씀해 주옵소서. 어떻게 생각하며, 어떻게 살아가야 하나이까. 중생들이 깨닫지 못하거든 어떤 방편을 써야 다같이 깨닫게 하오리까? 세존이시여, 중생들이 바른 방편과 바른생각이 없다면 부처님께서 이런 삼매를 말씀하시는 것을 들을 때에 아찔하는 마음을 내어 원각에 깨달아 들지 못하리니, 바라옵건대 자비를 베푸시어 저희들과 말세 중생들을 위하여 간단히 방편을 말씀하여 주옵소서."

이렇게 말하고는 5체를 땅에 던져 세 번 청하고 다시 처음과 같이 하였다.

【해설】 자고로 이 보안장은 ≪원각경≫의 대표적인 법문으로 알려져서 오랫

동안 애송(愛誦)되었다. ≪화엄경≫의 보현행원품(普賢行願品)과 ≪법화경≫의 관세음보살 보문품 등과 함께 가장 많이 알려진 글귀이다.

이 보현장에서 환을 여의어야 된다는 것을 강조하여 수행인의 근본자체를 보이었다. 여기에서 근거가 뛰어난 돈기(頓機)라면 더 이상 횡설수설할 필요가 없겠으나, 병혹(病惑)에 심천(深淺)이 있는 까닭에 위 보현장에서 계시한 바와 같이 환을 알면 곧 여의나니 방편을 쓰지 않고, 환을 여의면 곧 깨달아서 차례로 닦을 것도 없다고 하신 말씀에 대해 문호(門戶)와 계제(階梯)를 좀 더 구체적으로 시설하였다. 그러니까 처음의 보안(普眼)・금강장(金剛藏)・미륵(彌勒)・청정혜(淸淨慧) 등 4장은 상근기의 수행법으로서 관행(觀行)의 총상(總相)을 설했고, 다음 위덕자재(威德自在)・변음(辯音)・정제업장(淨諸業障)・보각(普覺) 등 4장은 중근기의 수행법으로서 관행의 별상(別相)을 설했으며, 마지막으로 원각의 일장(一章)은 하근기의 수행법으로서 도량을 마련하여 정진하는 방편을 설했다. 그 중 이 보안장은 관행을 통하여 즉시 부처님의 경지에 이르는 법을 설시하신 곳이다. 보안보살의 물음 속에 어떻게 생각하리까 한 것은 "어떻게 마음씨를 써야 몸과 마음이 환인 줄을 분명히 알겠는가"를 물은 것이고, 어떻게 머무르리까 한 것은 "어떻게 멀리 여의어야 이 본각의 마음이 본래부터 요동치 않음을 깨닫겠습니까. 만일 끝내 깨닫지 못하는 이가 있다면 어떤 방편을 지어야 이 보안설문에 들 수 있겠습니까? 중생들이 바른 방편과 생각이 없다면 여래께서 신통대광명장삼매(神通大光明藏三昧)를 말씀하시더라도, 도리어 어리둥절해서 깨닫지 못하게 되리라"고 하니, 법은 크고 근기가 작기 때문이다. 그러므로 차례가 없는 법에 차례를 시설하여야 하겠다는 뜻에서 보안이 청문한 것이다.

(2) 세존의 답

① 청허(請許)

【원문】 爾時에 世尊이 告普眼菩薩言하시되 善哉善哉로다 善男
이 시 세 존 고 보 안 보 살 언 선 재 선 재 선 남

子여 汝等이 乃能爲諸菩薩과 及末世衆生하여 問於如
자 여 등 내 능 위 제 보 살 급 말 세 중 생 문 어 여

來의 修行漸次와 思惟住持와 乃至假說種種方便하나니
래 수 행 점 차 사 유 주 지 내 지 가 설 종 종 방 편

汝今諦聽하라 當爲汝說하리라 時에 普眼菩薩이 奉敎歡
여 금 체 청 당 위 여 설 시 보 안 보 살 봉 교 환

喜하여 及諸大衆으로 默然而聽하시
희 급 제 대 중 묵 연 이 청 니라

【역문】 그 때 세존께서 보안보살에게 말씀하셨다.

"착하고 착하다 선남자야. 그대는 보살들과 말세의 중생들을 위하여 수행하는 차례와 생각하는 법과 마음 쓰는 법을 묻고, 또 갖가지 방편을 말해 달라 하는구나. 자세히 들어라. 말해 주리라."

이때 보안보살이 분부를 받잡고 기뻐하면서 대중들과 함께 조용히 귀를 기울였다.

【해설】 보안보살의 물음이 대승보살의 수행에 필요 불가결한 것이므로 부처님께서 말씀해 주실 것을 허락하셨다.

② 즉답(卽答)

가. 바른 생각으로 환(幻)을 여의라

【원문】 善男子야 彼新學菩薩과 及末世衆生이 欲求如來淨圓覺心이면 應當正念하여 遠離諸幻하라.
선남자 피신학보살 급말세중생 욕구여래정원각 심 응당정념 원리제환

【역문】 선남자야, 새로이 배우는 보살과 말세 중생이 여래의 청정한 원각의 마음을 구하려 하거든 바른 생각으로 모든 환을 멀리 여의어야 되느니라.

【해설】 위에서 말씀하시기를 "환을 알면 곧 여의고, 환을 여의면 곧 각이라" 하셨는데 이 '각'이 곧 여래의 정원각심(淨圓覺心)이다. 신학보살(新學菩薩)은 오로지 이에 목표를 두어야 되므로 관행을 통해 즉시 부처의 경지를 증득케 하는 것을 법문의 첫머리에 제시하였다.

이 정원각심, 즉 청정한 원각(圓覺)의 마음에 이르는 첫 방편은 바른 생각, 즉 정념(正念)이다. 정념이란 무념(無念)과 동일한 것이다. 하택(荷澤)선사는 말하기를 "아무리 만행을 닦아도 무념(無念)이 으뜸이라" 하였고, ≪기신론≫에 말하기를 "일체 중생이 각이 되지 못하는 까닭은 온갖 망념이 끊임없이 계속하기 때문이다" 하였으니, 무념이 곧 정념임을 알 수 있다.

구하고자 한다는 것은 이 정원각(淨圓覺)을 찾으려는 마음이니, "우리들의 몸과 마음은 모두가 원각의 마음에서 일어난 그림자인데 지금 형색이 있는 것은 몸이고, 분별이 있는 것은 마음이다. 어느 것이 본래부터 있는 청정각성인가?" 이렇게 추구하면 본래면목(本來面目)을 꼭 찾아보려는 의지를 말한다.

만일 이와 같이 여래의 정원각심을 꼭 찾으려는 이는 반드시 바른 생각으로 모든 환을 여의어야 된다. 바른 생각이란 다른 법을 생각지 않

고, 무념의 상태에서 골똘히 관찰하여 이 몸이 환임을 알고자 하고, 또 그 환들을 모두 여의고자 해야 된다는 것이다. 환임을 알고, 환을 여의면 어찌 지(智)와 행(行)이 구비한 정원각(淨圓覺)의 경지가 아니겠는가. 그러나 희구하는 생각 하나만으로는 쉽사리 얻어지는 것이 아니므로 다음의 법문을 보여주신 것이다.

나. 사대(四大) 몸은 무상(無常)하다

【원문】 先依如來 의 奢摩他行 하되 堅持禁戒 하라 安處徒衆 하여
선의여래 사마타행 견지금계 안처도중

宴座靜室 하여 恒作是念 하라 我今此身 은 四大和合 이니
연좌정실 항작시념 아금차신 사대화합

所謂髮毛爪齒 와 皮肉筋骨 과 髓腦垢色 은 皆歸於地 하고
소위발모과치 피육근골 수뇌구색 개귀어지

唾涕膿血 과 津液涎沫 과 淡淚精氣 와 大小便利 는 皆歸
타체농혈 진액연말 담루정기 대소변리 개귀

於水 하고 暖氣 는 歸火 하고 動轉 은 歸風 하나니 四大各離
어수 난기 귀화 동전 귀풍 사대각리

하면 今者妄身 은 當在何處 오 即知此身 이 畢竟無體 어늘
금자망신 당재하처 즉지차신 필경무체

和合爲相 이 實同幻化 니라.
화합이상 실동환화

【역문】 먼저 여래의 사마타(奢摩他) 행에 의지하고, 계행(戒行)을 굳게 지니고, 대중과 함께 살고, 조용한 방에 단정히 앉아서 항상 생각하되 지금 나의 이 몸은 4대로 화합된 것이니, 머리칼·터럭·손톱·발톱·이·가죽·살·힘줄·뼈·골수 등 더러운 몸뚱이는 모두가 흙으로 돌아가고, 침·콧물·고름·피·진액·거품·가래·눈물·정기·똥 오줌은 모두가 물로 돌아가고, 따뜻한 기운은 불로 돌아가고, 움직이는 작용은 바람으로 돌아간다. 4대가 각각 흩어지면 지금의 허망(虛妄)한 몸은 어디에 있

다고 하겠는가. 이 몸은 끝내 실체가 없다. 화합해서 형상이 이루어진 것이 진실로 환이나 허깨비 같기 때문이다.

【해설】 여기서부터는 방편의 실제를 보인 것이다. 사마타는 지(止), 또는 정(定)이라 번역하니, ≪기신론≫에 말하기를 "지(止)의 행을 닦으려는 이는 조용한 곳에 단정히 앉아서 생각하되, 호흡이나 형색이나 지·수·화·풍, 내지는 견·문·각·지(見·聞·覺·知)에 의존하지 말 것이니, 이것이 사마타의 행이다" 하였다.

계행을 굳게 지닌다 함은 6근의 문호를 굳게 닫고 바깥 사연(事緣)을 쫓는 일이 없게 하는 것이다. 계행은 신·구·의 개방을 금속(禁束)하는 것이 주(主)이므로 금계라고도 한다. 금계에는 여러 품류가 있으나 살생·투도·음행·망어를 4중죄라 하여 모든 계행의 근본으로 삼는다.

대중과 함께 산다는 것은 뜻 맞는 사람들이 도반이 되어서 서로 탁마하고 이끌어 주기 바라는 것이고, 조용한 방에 단정히 앉는다 함은 시끄러운 환경을 떠나 몸을 안정시키는 것이니, 몸이 안정되면 마음도 안정되기 때문이다. 위의 네 가지 조건이 구족하면 공부를 성취하기 쉬울 것이다.

다음은 관행(觀行)에 드는 법을 보이신 것이다. 불교의 주안(主眼)은 대체로 제법개공(諸法皆空)이다. 제법개공이란 내 외의 모든 사물과 법칙은 하나도 견실한 것이 없이 공(空)하다고 하는 것이니, 몸도 공하고 마음도 주체가 없다. 이를 아공(我空)과 법공(法空)이라고도 한다.

몸이란 크게 말해서 육체와 정신의 합성인데, 육체는 지·수·화·풍 등 4대의 합성에 불과하다. 이제 육체의 각 부분을 4대로 분리시키면 이 육체가 환회와 같다는 것을 깨달을 것이다. 그런데 우리는 이 4대의 뭉치를 견고한 것으로 오인하고 있으니 잘못이 아니겠는가. 이렇게 생각하는 것이 몸이 무상하다고 보는 관법이다. 다음은 마음이 무상하다는 법문을 들을 차례이다.

다. 마음 또한 허망하다

【원문】

四緣假合 이 妄有六根 하니 六根 과 四大 가 中外 에 合成
사 연 가 합 망 유 육 근 육 근 사 대 중 외 합 성

이거늘 妄有緣氣 하여 於中積聚 하여 似有緣相 일세 假名爲
망 유 연 기 어 중 적 취 사 유 연 상 가 명 위

心 이니라 善男子 야 此虛妄心 이 若無六塵 이면 則不能有
심 선 남 자 차 허 망 심 약 무 육 진 즉 불 능 유

하고 四大 가 分解 하면 無塵可得 이라 於中 에 緣塵 이 各
사 대 분 해 무 진 가 득 어 중 연 진 각

歸散滅 하면 畢竟 에 無有緣心可見 이니라
귀 산 멸 필 경 무 유 연 심 가 견

【역문】 네 가지 연이 임시 화합해서 허망하게도 육근이 있게 되고, 6근과 4대가 합쳐서 안팎을 이룬 뒤에는 허망하게도 인연기분이 그 중간에 쌓이어서 인연의 모습이 있는 듯하게 되니 이것을 임시 이름하여 마음이라 한다.

선남자야, 이 허망한 마음이란 6진이 없었더라면 있을 수 없고, 4대를 나누어 흩어뜨리면 티끌이 있을 수 없나니, 그 중간에 인연과 티끌이 제각기 흩어져 없어지면 반연하는 마음도 끝내 볼 수 없는 것이다.

【해설】 바른 생각(正念)으로써 마음이 공한 것이라고 관찰하는 관행(觀行)이다. 마음이란 제 모습(自相)이 있는 게 아니라 경계에 의해 생기는데 경지 또한 본성이 있지 않아서 마음에 의해 나타나는 것이다. 몸과 환경, 즉 근(根)과 진(塵)이 어울려서 반연하는 마음이 있는 듯 하지만 안팎으로 추궁해 보면 그 본체를 찾을 수 없다. 이 본체 없는 마음을 알지 못하므로 영원히 생사에 윤회하거나 이의 실체가 공하되 없지 않는 것임을 분명히 알면 원각의 자성이 나타나는 것이다.

네 가지 인연이란 지·수·화·풍 등 4대를 말한다. 4대가 화합해서

몸이 생겼음으로 6근이 있다. 6근이란 안・이・비・설・신・의(眼・耳・鼻・舌・身・意) 여섯 가지 감관을 말한다. 이 여섯 가지는 심식(心識)이 의존하는 근거가 된다는 뜻에서 근(根)이라 한다.

이 4대와 6근이 내 외의 관계를 형성하고, 그 중간에 허망한 마음을 일으켜 온갖 사물을 반연하기를 잠시도 쉬지 않고 찰나찰나에 생멸하되 진심의 기분을 떠나지 않았으므로 인연기분이라 하고, 이 인연기분이 모이면 있는 모습, 흩어지면 없는 모습이 분명하므로 인연의 모습이라 한다. 그러나 이 인연기분이나 인연의 모습은 있는 듯 하나 찾으면 얻을 수 없기 때문에 임시 이름하여 마음이라 한 것이다. 그러므로 마음이란 어디까지나 실체가 없는 것이다. 이를 일러 관심무아(觀心無我)라 한다.

다음엔 다시 마음이 실체 없음을 반증한다. 선남자야, 이 "허망한 마음이란 6진(塵)에 의해 있는 것인데 6진이 없었다면 있을 수 없다"고 하니, 이는 마음이 경계에 의해 생긴다는 증거이다. 4대를 분석해서 제각기 제자리로 돌려보내면 티끌도 없고, 마음의 대상인 4대와 6진이 제각기 흩어져 없어지면 반연하는 마음도 끝내 얻을 수 없다는 것은 경계도 마음도 모두 없다는 증거이다.

이와 같이 추궁하면 마음이란 것은, 끝내 실체가 없다. 6진의 그림자를 쫓는 것이기 때문이다. 우리는 이상으로써 환을 분명히 알았고 내가 공한 아공(我空), 원리도 깨닫게 되었다. 그러면 다음은 법공(法空)의 이치를 들어보자.

라. 때(垢)가 다하면 맑아진다

【원문】 善男子야 彼之衆生이 幻身滅故로 幻心이 亦滅하여 幻
선남자 피지중생 환신멸고 환심 역멸 환

心이 滅故로 幻塵이 亦滅하며 幻塵이 滅故로 幻滅이
심 멸고 환진 역멸 환진 멸고 환멸

亦滅 하며 幻滅滅故 로 非幻不滅 하리니 譬如磨鏡 에 垢盡
역멸 환멸멸고 비환불멸 비여마경 구진

明現 이니라 善男子 야 當知 하라 身心 이 皆爲幻垢 니 垢相
명현 선남자 당지 신심 개위환구 구상

이 永滅 하면 十方淸淨 하리라
영멸 시방청정

【역문】 선남자야, 그 중생들의 환(幻)의 몸이 멸하기 때문에 환의 마음도 멸하고, 환의 마음이 멸하기 때문에 환의 티끌도 멸하고, 환의 티끌이 멸하기 때문에 환의 멸함도 멸하고, 환의 멸함이 멸하기 때문에 환 아닌 것은 멸하지 않느니라. 비유하면 거울을 갈아서 때가 다하면 광명이 나타나는 것 같다. 선남자야, 분명히 알아라. 몸과 마음이 모두가 환의 때이니, 때의 모습이 영원히 사라지면 온 세계가 청정하게 된다.

【해설】 보현장에서 말씀하시기를 "환을 알면 곧 여의라"고 하신 것에 의해 상근점기(上根漸機)의 관행(觀行)을 말씀하시는 과정에 있어서 윗 단원에서는 환을 아는 법을 말씀하시고, 이제는 다시 여의는 법을 말씀해 주신 곳이다. 몸과 마음을 통 털어 추구하여도 실체가 없어 모두가 환이라 하였으니, 이를 아공(我空)이라 하고, 이제 다시 몸과 마음과 경계 등은 낱낱이 그 자체가 공하다고 추구하여, 여의는 방법의 실체를 보이시니 이를 법공(法空)이라 한다.

몸이 멸하므로 마음도 멸하고, 마음이 멸하므로 환경인 티끌도 멸한다고 하시니, 멸한다는 것이 곧 여의는 것이다. 지혜로써 올바르게 관찰함으로써 사실을 바르게 알고, 안으로 망습(妄習)을 벗어나고 겉으로 나타난 업을 억제하기 때문에 멸한다고 하더라도 소승의 멸진정(滅盡定)과 같은 상태를 뜻하지는 않는다.

몸과 마음이 환임을 개괄적으로 알았다면 거기에 다시 애착심을 두지 말고 초연히 벗어나야 될 것이다. 그러자면 먼저 환의 몸을 여의어야 되고, 다음 환의 마음을 여의고, 경계까지 멸해야 되는데 여기서는 더러운 편을 여의는 것이다. 그러나 더러움을 여의고 깨끗한 것만을 남겼다고 하자, 그는 절대로 초월한 경지가 아니라 상대가 있는 초월이다. 그러므로 "자기가 환의 신·심·경(身·心·境)을 여의었노라" 하는 관념마저 멸해야 된다. 그것이 환의 멸함도 멸한다고 한 것으로서 이는 깨끗함을 멸한 것이다. 이와 같이 더럽고 깨끗한 모두를 다 여의어, 여의어지지 않는 것이 독존한다면 그것은 영원불멸의 경지가 아니다. 그러므로 ≪능엄경(楞嚴經)≫에서 말씀하시기를 "네가 돌려보낼 수 없는 것은 내가 아니고 무엇이겠느냐" 하신 것이다. 이것이 보현장(普賢章)에서 제시하신 바 환을 여의면 곧 깨달음이라 하신 내용을 실제로 보이신 것이다.

중생은 너 나 없이 안으로는 정·의·식(情·意·識)의 농간, 밖으로는 혼림병분(混林甁盆) 등의 유혹을 받아 끝없이 아물거리는 연영(緣影)을 쫓고, 이끌면서 온갖 변계집(徧計執)을 일으킨다. 이것이 바로 끝없는 윤회를 면치 못하게 하는 장본(張本)이다. 그러므로 우선 정식(情識)의 농간을 막아서 정념(正念)에 의한 바른 사마타의 길을 택하고, 이어 개개본유(個個本有)의 청정각체(淸淨覺體)로 하여금 무량수(無量壽)·무량광(無量光)의 기능을 다하게 해야 된다. 마치 묵은 구리거울을 닦고 닦아서 광채가 나듯 말이다.

묵은 구리거울에 녹이 슬어서 광채가 나지 않는다면 이는 거울의 탓이 아니라 녹의 탓이다. 중생의 청정각체가 광채를 발하지 못한다면 이는 역시 청정각체의 탓이 아니라 중생의 정식분별(情識分別)의 탓이다. 거울의 녹이 다할 때 광채가 나타나고, 중생의 분별정식(分別情識)이 다할 때 청정한 각체(覺體)가 밝아진다. 그렇게 밝은 것들은 모두가 딴 곳에서 온 것이 아니라 본래부터 있었던 것이다. 본래부터 있었던 이 밝음 이외에는 염·정(染·淨), 어느 쪽에 집착 되어도 모두가 티요, 녹이다. 이제 이 녹과 티와 때가 다했으므로 온 세계가 온통 청정해진다. 이것이 곧 사마타에 머무는 상태이다.

마. 본래의 원각(圓覺)은 마니주와 같다

【원문】 善男子 야 譬如淸淨摩尼寶珠 가 映於五色 하여 隨方各現
선남자 비여청정마니보주 영어오색 수방각현

諸愚痴者 는 見彼摩尼 에 實有五色 인달 善男子 야 圓覺淨
제우치자 견피마니 실유오색 하여 선남자 원각정

性 이 現於身心 하여 隨類各應 이었고 彼愚痴者 는 說淨圓覺
성 현어신심 수류각응 피우치자 설정원각

에 實有如是身心自相 이라 하 亦復如是 니라 由此 로 不能
실유여시신심자상 는 것도 역부여시 유차 불능

遠於幻化 일새 是故 로 我說身心 이 幻垢 라 對離幻垢
원어환화 시고 아설신심 환구 하노니 대리환구

하야 說名菩薩 이니 垢盡 코 對除 하면 卽無對垢 라 及說名
설명보살 구진 대제 즉무대구 급설명

者 이니라.
자

【역문】 선남자야, 비유하면 청정한 마니구슬이 오색에 비추어서 방향마다 다른 빛깔이 나타나면 어리석은 무리들은 그 마니구슬을 보고, 실제로 오색이 있다고 여기나니, 선남자야, 원각의 청정한 성품이 몸과 마음을 나타내어 종류에 따라 제각기 상응(相應)하면, 어리석은 무리들은 청정한 원각에 실제로 그와 같은 몸과 마음의 제 모습이 있다고 여기게 된다. 이 까닭에 환화를 멀리 여의지 못하므로, 나는 말하기를 몸과 마음이 모두가 환의 때라 한다. 환의 때를 여읜 이에 대하여 보살이라 하는데 때가 다하고 상대가 없어지면 때와 상대도 없고 이름을 붙일 것도 모두 없어지게 된다.

【해설】 위에서 말하기를 갖가지 환화가 모두 여래의 원각에서 나왔다고 한적이 있는데 여기서 그것을 다시 비유를 들어 재확인하였다.

청정한 마니구슬은 아무런 빛깔도 티도 없는 것이니, 청정원각(淸淨圓

覺)을 뜻하고, 5색은 5온으로 된 몸과 마음을 뜻한다. 맑은 구슬에 5색이 비친 것을 보고 그 구슬에 실제로 5색이 있다고 여기는 것은 어리석은 사람의 짓이다. 청정한 원각에 몸과 마음이 나타나고 다시 업에 따라 현우귀천의 차별이 생기는데 그것이 실제로 있는 것인 줄 알아, 4대의 뭉치를 몸으로 여기고 분별의 알음알이를 마음으로 여기니, 마니구슬을 잘못 안 것과 다름이 없다. 이런 까닭에 '삶'에 대한 애착심을 일으켜 환화를 멀리 여읠 도리가 없으므로 부처님 자신이 결론하시기를 "중생들의 몸과 마음은 모두가 청정원각에서 흘러나온 허깨비요 때"라 하셨다.

그러나 부처님의 불가사의한 신비력(神秘力)은 중생들을 전미개오(轉迷開悟)케 하는데 의의가 있다. 환화에서 벗어나지 못하는 중생이 영원히 중생으로서의 뚜껑을 벗지 못한다면, 부처님의 은혜가 우리에게 무슨 관계가 있겠는가. 몸과 마음을 잘못 알아 환의 때를 여의지 못한 이를 중생이라 하지만, 환구(幻垢)를 여읜 이에 대하여는 보살이란 명칭을 붙인 것이다. 거기에서 다시 중생의 때가 다하고, 때를 다한 이에 대하여 보살이라 한다는 '대(對)'자까지도 없어지면, 때도 없고 '대'도 없어져서 보살이란 생각도 없고 이름을 부쳐준 이, 즉 부처님도 없어진다. 그러나 그 때가 모두 허깨비와 같다.

이상의 논리로써 "중생과 보살 부처가 모두 거짓 이름이지만 그 때가 모두 허깨비와 같다. 다른 데서 나온 것이 아니오 모두 여래의 원각에서 나왔다"고 하신 것이다.

바. 성을 여의면 일체가 청정해진다

【원문】 **善男子**야(선남자) **此菩薩**과(차보살) **及末世衆生**이(급말세중생) **證得諸幻**하여(증득제환) **滅影像**(멸영상) **故**로(고) **爾時**에(이시) **便得無方淸淨**하리라(편득무방청정) **無邊虛空**이(무변허공) **覺所顯發**(각소현발)

이니 覺圓明故로 顯心이 淸淨하며 心淸淨故로 見塵이
각원명고 현심 청정 심청정고 견진

淸淨하며 見淸淨故로 眼根이 淸淨하며 眼淸淨故로 眼
청정 견청정고 안근 청정 식청정고 안

識이 淸淨하며 識淸淨故로 聞塵淸淨하며 聞淸淨故로
식 청정 식청정고 문진청정 견청정고

耳根이 淸淨하며 根淸淨故로 耳識이 淸淨하며 識淸淨
이근 청정 근청정고 이식 청정 식청정

故로 覺塵이 淸淨하며 如是乃至鼻舌身意도 亦復如是니라
고 각진 청정 여시내지비설신의 역부여시

善男子야 根淸淨故로 色塵이 淸淨하며 色淸淨故로 聲
선남자 근청정고 색진 청정 색청정고 성

塵이 淸淨하며 香味觸法도 亦復如是니라 善男子야 六
진 청정 향미촉법 역부여시 선남자 육

塵이 淸淨故로 地大가 淸淨하고 地淸淨故로 水大가
진 청정고 지대 청정 지청정고 수대

淸淨하고 火大風大도 亦復如是니라 善男子야 四大淸淨
청정 화대풍대 역부여시 선남자 사대청정

故로 十二處와 十八界와 二十五有가 淸淨하여 彼淸淨
고 십이처 십팔계 이십오유 청정 피청정

故로 十力과 四無所畏와 四無碍智와 佛十八不共法과
고 십력 사무소외 사무애지 불십팔불공법

三十七助道品이 淸淨하며 如是乃至八萬四千陁羅尼門이
삼십칠조도품 청정 여시내지팔만사천다라니문

一切淸淨하니라 善男子야 一切實相이 性淸淨故로 一身
일체청정 선남자 일체실상 성청정고 일신

이 淸淨하며 一身淸淨故로 多身이 淸淨하며 多身의 淸
청정 일신청정고 다신 청정 다신 청

淨故로 如是乃至十方衆生의 圓覺이 清淨하니라 善男子
정고 여시내지시방중생 원각 청정 선남자

야 一世界清淨故로 多世界가 清淨하며 多世界가 清淨
일세계청정고 다세계 청정 다세계 청정

故로 如是乃至盡於虛空하며 圓裏三世하여 一切平等하여
고 여시내지진어허공 원이삼세 일체평등

清淨不動이니라
청정부동

【역문】 선남자야, 이 보살과 말세의 중생들이 온갖 환화를 증득하여 영상(影像)을 멸하면 이때 당장 끝없는 청정을 얻으리니, 끝없는 허공이 각(覺)에서 나타난 것이기 때문이다. 각이 뚜렷하고 밝은 까닭에 마음의 청정함이 드러나고, 마음이 청정한 까닭에 보는 티끌이 청정하며, 보는 티끌이 청정한 까닭에 안근(眼根)이 청정하고, 안근이 청정한 까닭에 안식(眼識) 청정하며, 안식이 청정한 까닭에 듣는 티끌이 청정하고, 듣는 티끌이 청정한 까닭에 이근(耳根)이 청정하며, 이근이 청정한 까닭에 이식(耳識)이 청정하고, 이식이 청정한 까닭에 느끼는 티끌이 청정하나니, 이리하여, 비·설·신·의(鼻·舌·身·意)까지도 이와 같나니라.

선남자야, 근(根)이 청정한 까닭에 빛의 티끌이 청정하고, 빛이 청정한 까닭에 소리의 티끌이 청정해 냄새·맛·감촉·법(法)까지도 이와 같다.

선남자야, 6진(塵)이 청정한 까닭에 지대(地大)가 청정하고, 지대가 청정한 까닭에 수대(水大)가 청정하나니, 화대(火大)·풍대(風大)까지도 그러하니라.

선남자야, 4대(大)가 청정한 까닭에 12처·18계·25유가 청정하고, 그들이 청정한 까닭에 10력·4무소외·4무애지·불의 18불공법·37조도품이 청정하나니, 이와 같이 하여 8만4천 다라니문까지도 모두가 청정하느니라. 선남자야, 일체 실상(實相)의 성품이 청정한 까닭에 한 몸이 청정하고, 한 몸이 청정한 까닭에 여러 몸이 청정하며, 여러 몸이 청정한 까닭에 온 세계 중생들의 원각까지도 청정하나니라.

선남자야, 한 세계가 청정한 까닭에 여러 세계가 청정하고, 여러 세계가 청정한 까닭에 허공을 다하며, 3세를 두루 싸 일체가 평등하고 청정하여 움직이지 않느니라.

【해설】 이는 환관(幻觀), 즉 삼마발제법(三摩鉢提法)에 의하여 여래의 원각에서 나타난 갖가지 허망한 환화를 모두 소멸하면, 다시는 구슬에 비친 빛깔을 잘못 아는 어리석음이 없게 된다는 것이다. 그럴 때면 의례히 원각묘심(圓覺妙心)을 증득하여 한없는 청정함을 얻게 된다. 이 청정함이란 내·외, 염·정, 어느 것 하나 빠짐없이 모두가 청정해지는 절대의 청정이다. 그러므로 허공까지도 원각에서 나온 것임을 분명히 알게 된다. ≪능엄경≫에서 말씀하시기를 "허공이 대각(大覺)에서 나타난 것이 마치 바다에 뜬 한 방울의 거품과 같다"고 하였으니, 이것 또한 삼마발제(三摩鉢提)의 법을 성만(成滿)한 경계라 하겠다.

각(覺)이 뚜렷하고 밝은 까닭에 마음의 청정함이 드러난다고 한 이하는 환화의 실체를 증득하여 한없는 청정을 얻는 다는 대문을 구체적으로 설명하여 원각의 성품이 법계에 충만한 것을 드러낸 것이다. 환화의 실체를 증득하고, 심식(心識)의 영상을 멸한 이는 평소에 가지고 있던 의식(意識)의 분별을 돌리어 묘관찰지(妙觀察智)를 이루어서 내 외의 제법을 관찰한다. 그러므로 말하기를 "각(覺)이 뚜렷하고 밝아짐으로써 마음이 본래 청정하다"는 사실이 드러난다고 하였다.

각이 뚜렷하고 밝아지면 마음이 청정함을 드러낸다고 하지만 어찌 마음 뿐 아니라 일체가 청정해진다. 불을 켜서 어두움을 물리친다고 할 때, 불이 켜지는 찰나와 어둠이 사라지는 찰나는 동일한 시간이다. 그러나 말을 한꺼번에 할 수 없어서 차례가 있는 것같이 느껴지는 것 뿐이다. 더구나 그 광명에 의해 밝혀진 물건들을 나열함에 있어서는 더 말할 것도 없다.

여기에서도 마찬가지로 처음 18계로부터 나중에는 시방 삼세의 모든 법에 이르기까지 모두가 청정해지는 차례를 하나하나 말씀하신 것이다. 보는 티끌이 청정하다 함은 마음이 청정하므로 눈에 보이는 물질이 더럽지 않다는 뜻이고, 눈이 청정하다 함은 눈이 밖의 경계를 따라 헤매지 않는다는 뜻이며, 안식(眼識)이 청정하다 함은 눈에 의해 일어나는 의식(意識)이 분별을 일으키지 않는다는 뜻이다. 느낀다 함은 코·혀·몸의 인식작용을 통칭한 말이다.

이상은 18계가 모두 청정한 것을 밝혔다. 이어서 6진·4대·25유가 모두 청정해진다. 25유라 함은 3계를 좀더 구체적으로 설명한 것이니, 4주·4악취·6욕천·색계 7천·무색계 4천을 통칭한 말이다.

이상으로 세간의 법이 모두 청정해졌음을 밝혔다.

"세간법이 청정한 까닭에…" 이하는 다시 세간 밖의 법이 청정함을 밝힌 것이다. 10력이란 부처님이 가지신 지혜의 힘이니 그 작용이 열 가지가 있기 때문이다.

첫째, 제도할 수 있는 이와 제도할 수 없는 이를 잘 아는 힘이고,

둘째, 과거·미래·현재를 통해 온갖 업을 잘 아는 힘이고,

셋째, 모든 삼매와 해탈을 잘 아는 힘이고,

넷째, 근기의 상·중·하를 잘 아는 힘이고,

다섯째, 갖가지 취미를 알아서 선을 권하고 악을 막는 힘이며,

여섯째, 여러 근기들의 성품과 업장을 알아서 제도할 수 있는 이와 없는 이를 잘 가리는 힘이고,

일곱째, 온갖 도법이 끝 닫는 곧을 잘 아는 힘이고,

여덟째, 전생 일을 잘 아는 힘이며,

아홉째, 여기서 죽어서 저기에 태어나는 것을 잘 아는 힘이고,

열째, 나와 남이 모두 틀림없이 해탈한 경지에 이르는 것을 잘 아는 힘이다.

4무소외는 부처님이 설법하시는데 두려워할 것이 없는 네 가지이니,

첫째, 일체법을 바르게 앎다는 것이고,

둘째, 일체 번뇌를 다 끊었다는 것이며,

셋째, 일체 장애되는 법을 자신있게 말함이요,

넷째, 두려움을 벗어나는 일체 법을 자신있게 말함이다.

4무애변이란 부처님께서 설법하시는데 걸림없는 변재의 네 가지이니,

첫째, 법무애(法無碍)로, 지·수·화·풍 등의 법을 말씀하시는 것이고,

둘째, 의무애(義無碍)이니, 위에서 말한 법의 뜻을 설명하는데 걸림없는 변재로서, 땅은 굳고 물은 흐른다는 등을 말하는데 걸림없는 것이며,

셋째, 사무애(辭無碍)니, 어느 지방에 가도 그 지방의 언어로 설교하되 걸림이 없는 것이고,

넷째, 요설무애(樂說無碍)이니, 위의 세 가지를 이야기하되 싫어할 줄 모르는 것이다.

4무애지는 위의 4무애변을 말씀하시는 지혜를 말한다.

18불공법은 부처님만이 가지는 독특한 법력으로 2승에게는 없다.

첫째 몸에 실수가 없고, 둘째 입에 실수가 없고, 셋째 뜻에 실수가 없고,

넷째 다른 생각이 없으며, 다섯째 안정되지 않은 마음이 없고,

여섯째 분명히 알기 전에 버리는 일이 없으며,

일곱째 중생을 제도하려는 욕망을 버리지 않고,

여덟째 정진이 줄지 않으며,

아홉째 3세의 부처님의 법을 기억하는 기억력이 줄지 않고,

열째 지혜가 줄지 않으며,

열한째 해탈이 줄지 않고,

열두째 해탈을 바로 아는 지혜가 줄지 않으며,

열셋째 온갖 몸의 업이 지혜에 의해 이뤄지고,

열넷째 온갖 입의 업이 지혜에 의해 이뤄지며,

열다섯째 일체 뜻의 업이 지혜에 의해 이뤄지고,

열여섯째 지혜로써 과거의 일을 아는데 걸림이 없으며,

열일곱째 지혜로써 미래를 아는데 걸림이 없고,

열여덟째 지혜로써 현재를 아는데 걸림이 없는 것이다.

37조도품은 바른 도를 닦아 가는데 보조적 역할을 하는 서른일곱 가

지의 덕목을 말한다. 4념처(念處) · 4정근(正勤) · 4여의족(如意足) · 5근(根) · 5력(力) · 7보리분(菩提分) · 8성도분(聖道分) 등 서른일곱 가지 종류의 행상(行相)을 집합한 것이다.

4념처는 수행자가 마음을 쓰는 방법을 말한다.

첫째 우리들의 몸은 자체(自體)나 근본(根本)이나 주위가 모두 철저히 부정한 것으로 관찰하는 것이다(身念處).

둘째 우리들의 감각은 온통 괴로움 뿐이라고 관찰하는 것이며(受念處),

셋째 우리들의 마음이 무상하다고 관찰하는 것이고(心念處),

넷째 모든 법이 '나'라 할만한 주체가 없다고 관찰하는 것이다(法念處).

4정근은 첫째 아직 나지 않은 악은 나지 않게 하고,

둘째 이미 생긴 악은 없애고,

셋째 아직 나지 않은 선은 나게 하고,

넷째 이미 생긴 선은 더욱 자라게 하는 것이다.

4신족이라 함은 뛰어난 출세간법에 이르자면 네 가지 신통스러운 힘을 가져야 하나니,

첫째 욕망과,

둘째 부지런함,

셋째 안정됨,

넷째 지혜로움이다.

5근이라 함은 믿음(信根) · 정신(進根) · 기억(念根) · 선정(定根) · 지혜(慧根)이니, 이 다섯 가지가 근본이 되어서 훌륭한 출세간법을 내는 까닭에 5근이라 한다.

5력(信力 · 進力 · 念力 · 定力 · 慧力)이라 함은 위의 5근이 차츰 자라서 그것이 힘이 되어 미왕 등이 물러가게 됨으로 5력이라 한다.

7보리분이라 함은

첫째, 염지(念支), 생각을 한 곳에 매어 두어 착한 법을 잃지 않게 하는 것,

둘째 택법지(擇法支)이니, 법의 자상(自相)을 깨닫게 하는 것,

셋째 정진지(精進支)니, 이 힘에 의해 이르고자 하는 곳에 이르는 것,
넷째 희지(喜支)니, 마음이 상쾌하고 몸이 거뜬한 것,
다섯째 제지(除支)니 거친 번뇌의 무더기를 벗어버리는 것,
여섯째 정지(定支)니, 선정에 의하여 업을 바꾸는 것,
일곱째 사(捨支), 선악을 초월한 사(捨)를 평등히 행하여 탐욕과 근심을 영원히 여의는 것이다.

이상의 일곱 가지 법은 보리의 법을 증득하기 위한 방법의 한 부분이며 지류라는 뜻에서 7각지(覺支)라고도 한다.

8정도라 함은 열반의 피안에 이르기 위한 여덟 가지 도법이니,
첫째 정견(正見)으로, 이전에 증득한 진리에 의하므로 잘 판별하는 일,
둘째 정사유(正思惟)이니, 증득한 바에 따라 방편을 세우고, 말과 뜻의 의의를 잘 생각해서 입을 열게 하는 것,
셋째 정어(正語)니, 증득한 바에 의해 문답하고 결택해서 남들로 하여금 견해가 청정하다는 것을 믿게 하는 일,
넷째 정업(正業)이니, 몸가짐이 정중하여 남들로 하여금 자신의 계행이 청정하다는 것을 믿게 하는 일,
다섯째 정명(正命)이니, 정당한 방법으로 생명을 유지하는 일,
여섯째 정정진(正精進)이니, 일체 번뇌를 영원히 끊기 위한 노력이고,
일곱째 정념(正念)이니, 공부하는 바른 법을 잊지 않고 잘 기억해서 혼침(昏沈)이나 도거(掉擧)에 빠지지 않는 일,
여덟째 정정(正定)이니, 신통 등 한량 없는 업적이 자라게 하는 선정(禪定)을 말한다.

이상과 같은 모든 법이 청정하여져서 마침내는 8만4천 다라니문까지도 청정해진다. 중생들의 번뇌가 8만4천 가지이므로 그를 뒤친 법문도 8만4천 가지이다. 중생의 번뇌를 떠나서 따로 8만4천 법문이 있는 것이 아니라 번뇌가 곧 청정법문인 것이다.

≪기신론(起信論)≫에 말씀하시기를 "모르는 결에 망녕이 일어나 온갖 경계가 벌어지므로 무명(無明)이라 한다"고 하고, 또 "갠지스강의 모래

수보다 많은 망념을 대치함으로써 갠지스강의 모래 수보다 많은 공덕이 있게 된다"고 하였다.

또 "일체 실상의 성품이 청정한 까닭에 한 몸이 청정하다"고 하였는데 실상(實相)이란 어디서 나온 말인가 하여 위에서 언급한 세(世)·출세간법(出世間法)이 범성(凡聖)의 차별해서 본다면 완연히 다른 것이지만 동일한 법성 위에서 전개된 현상이란 것을 생각하면 다른 것이 없다. 그들은 모두가 환화(幻化)이며, 연기(緣起)의 법이어서 실체가 없기 때문이다.

이러한 법들의 실체를 바로 본 이에게는 모두가 실상일 뿐이다. 그러나 실상이란 것이 따로이 있다고 생각하면 역시 착(着)이다. 실상이라고 여기지도 않아야 청정한 실상이다. 실상이 청정한 줄을 분명히 아는 이는 단상(斷常) 유무(有無)에 치우침이 없이 평등한 법을 알 것이다. 이것을 일러 한 몸이 청정하다고 하였다. 한 몸이 청정하면 여러 몸이 청정하여 중생의 정보(正報)가 온통 청정해지고, 중생의 정보가 청정해지면 거기는 상선인(上善人)의 동회일처(同會一處)한 곳이다. 한 세계 내지 시방세계가 온통 청정해져서 중생의 의보(依報)마저 청정해진다. 진진찰찰(塵塵刹刹), 언제 어디서나 온통 청정해져서 평등하여 추호의 요동도 없다.

사. 본각(本覺)은 평등하다

【원문】 善男子야 虛空이 如是平等不動일세 當知하라 覺性은
선남자 허공 여시평등부동 당지 각성

平等不動하며 四大不動故로 當知覺性이 平等不動하며
평등부동 사대부동고 당지각성 평등부동

如是乃至八萬四千陁羅尼門이 平等不動일새 當知覺性이
여시내지팔만사천다라니문 평등부동 당지각성

平等不動이니라.
평등부동

【역문】 선남자야, 허공이 이와 같이 평등하여 움직이지 않으므로 본각의 성품도 평등하여 움직이지 않는 줄 알고, 4대가 움직이지 않으므로 본각의 성품도 평등하여 움직이지 않는 줄 알라. 이와 같이 하여 8만4천 다라니문까지도 평등하여 움직이지 않으므로 본각의 성품도 평등하여 움직이지 않는 줄 알지니라.

【해설】 이는 선나관(禪那觀)을 말씀하신 것이다. 유무(有無)·단상(斷常)에 치우침이 없으므로 평등이라 하는 것이니, 이 평등한 법은 원래 요동이 없다. ≪법화경(法華經)≫에도 말씀하시기를 "이 법의 제자리에 머물러서 세간의 모습이 항상하다"고 하였다. 이는 초지(初地)로부터 제8지(地)에 이르기까지의 경계이니, 의식(意識)을 뒤쳐 묘관찰지(妙觀察智)를 이루어 초지에 들고, 다시 제7식(識)을 뒤쳐 평등성지(平等性智)를 이루어 제8부동지(不動地)에 든다. 그러므로 평등하여 움직이지 않는 줄 알라고 하였다. 만법이 곧 본각의 성품이고, 본각의 성품이 곧 만법이 움직이지 않는 실체이다. 그러므로 허공이 평등하여 움직이지 않음을 알면 본각의 성품이나 만물이 모두 평등하여 움직이지 않는 줄 알게 된다. 다음은 평등하여 움직이지 않는 본각의 성품이 두루한 도리를 들어본다.

아. 만법이 그대로 본각(本覺)이다

【원문】 善男子야 覺性이 偏滿하여 淸淨不動하라 圓無際故로
선남자 각성 변만 청정부동 원무제고

當知하라 六根이 偏滿法界하며 根偏滿故로 當知하라
당지 육근 변만법계 근변만고 당지

六塵이 偏滿法界하며 塵偏滿故로 當知하며 四大가 偏
육진 변만법계 진변만고 당지 사대 변

滿法界하며 如是 乃至陁羅尼門이 偏萬法界니라 善男子
만법계 여시 내지다라니문 변만법계 선남자

야 由彼妙覺이 性徧滿故로 根性塵性이 無壞無雜하며
유피묘각 성변만고 근성진성 무괴무잡

根塵이 無壞故 如是乃至陁羅尼門이 無壞無雜하니 如百
근진 무괴고 여시내지다라니문 무괴무잡 여백

千燈이 光照一室에 其光이 徧滿하여 無壞無雜이니라.
천등 광조일실 기광 변만 무괴무잡

【역문】 선남자야, 본각의 성품이 두루 차고 평등하여 움직이지 않아, 뚜렷함이 끝이 없으므로 6근이 법계에 두루 차고, 6근이 두루 차므로 6진이 법계에 두루 차고, 6진이 두루 차므로 4대가 법계에 두루 차고, 이와 같이 하여 8만4천 다라니문까지도 법계에 두루 차게 된다. 선남자야, 저묘한 본각의 성품이 두루 찬 까닭에 근(根)의 성품과 진(塵)의 성품이 무너짐도 섞임도 없으며, 근과 진이 무너짐이 없는 까닭에 내지는 다라니문까지도 무너짐도 섞임도 없나니, 마치 백천 개의 등불을 한 방에 켜면 그 빛이 두루 차되 무너짐도 섞임도 없는 것과 같다.

【해설】 이는 제9지로부터 등각(等覺)에 이르는 동안에 증득하는 과정이다. 본각(本覺)의 성품이 곧 만법(萬法)이니, 본각의 성품이 두루 차서 끝이 없으면 6근·6진·4대 내지는 다라니문까지도 두루 원만치 않을 수 없다. 이와 같이 현상계의 만물과 본체계의 성품은 어느 하나 빠짐 없이 모두가 법계에 두루하여 모자람이 없으며, 따라서 공존하되 서로가 아무런 장애를 주지 않는다.

≪능엄경≫에 말씀하시기를 "청정본연(淸淨本然)해서 법계에 두루했다"고 하신 것은 바로 이런 경지라 하겠다. 그러나 한 생각의 무명이 일어나면 분별이 생겨 산하대지의 격애(隔碍)가 생기고, 무명하나 쉬면 그대로가 본연의 경지이어서 이(理)와 사(事)는 엄연히 다르면서 무애의 관계를 이룬다. 그러므로 규봉선사(圭峰) 선사는 이 대문을 이사무애관(理事無碍觀)으로 과판하였다.

자. 각(覺)의 성취

【원문】 善男子야 覺成就故로 當知하라 菩薩이 不與法縛하여
선남자 각성취고 당지 보살 불여법박

不求法脫하며 不厭生死하며 不愛涅槃하며 不敬持戒하며
불구법탈 불염생사 불애열반 불경지계

不憎毁禁하며 不重久習하며 不輕初學이니 何以故로 一
부증훼금 부중구습 불경초학 하이고 일

切覺故이라 譬如眼光이 曉了前境에 其光의 圓滿하여
체각고 비여안광 효료전경 기광 원만

得無憎愛하니 何以故오 光體無二하여 無憎愛故니라.
득무증애 하이고 광체무이 무증애고

【역문】 선남자야, 각(覺)이 성취된 까닭에 보살이 법에 속박되지 않으며, 해탈을 구하지 않고, 생사를 싫어하지 않으며, 열반을 좋아하지 않고, 계행 지키는 이를 공경치 않으며, 계행 범한 이를 미워하지 않고, 오래 수행한 이를 소중히 여기지 않으며, 처음 배우는 이를 깔보지 않느니라. 무슨 까닭인가 하면, 일체가 각(覺)이기 때문이다. 비유하면 눈을 뜨고 눈앞의 경계를 볼 때에 그 광채가 두루 차서 미워할 것도 좋아할 것도 없이 모두 보이니, 무슨 까닭인가 광의 본체는 둘이 아니어서 미워할 것도 좋아할 것도 없기 때문이다.

【해설】 이는 등각(等覺)으로부터 묘각(妙覺)에 이르는 경지이다. 각(覺)이 성취되었다 함은 원각(圓覺)에 부합되었다는 뜻이다. 제8식(識)을 뒤쳐 대원경지(大圓鏡智)를 이루고, 전5식을 뒤쳐 성소작지(成所作智)를 이루어 만법의 실체를 바로 보는 것이 각의 극치이므로 각을 성취했다고 하니, 이를 구경각(究竟覺)이라고도 한다. 이와 같이 각이 극치에 이르면 일체법이 모두가 평등하여 염정법(染淨法)에 구애됨이 없이 일상(一相)일 뿐이다. 고인이 말하기를 눈이 부딪치는 곳이 다 도량 아님이 없다고 한

것은 이를 두고 한 말이다. 안식(眼識)은 아무런 분별없이 미운 것, 좋은 것을 망라하여 받아 들인다. 왜냐하면 안식의 광채가 두루 퍼질 때 그 광채는 차별이 없기 때문이다.

차. 원각(圓覺)에는 병(病)이 없다

【원문】 善男子야 此菩薩과 及末世衆生이 修習此心하여 得成就
선남자 차보살 급말세중생 수습차심 득성취

者는 於此에 無修며 亦無成就니 圓覺普照하여 寂滅無
자 어차 무수 역무성취 원각보조 적멸무

二라 於中에 百千萬億阿僧祇不可說恒河沙諸佛世界가
이 어중 백천만억아승지불가설항하사제불세계

猶如空華하여 亂起亂滅하되 不卽不離하며 無縛無脫하니
유여공화 난기난멸 부즉불리 무박무탈

始知하라 衆生이 本來成佛이며 生死涅槃도 猶如昨夢
시지 중생 본래성불 생사열반 유여작몽

이니라 善男子야 如昨夢故로 當知生死와 及與涅槃이 無
선남자 여작몽고 당지생사 급여열반 무

起無滅하며 無去無來하여 其所證者도 無得無失하고 無
기무멸 무거무래 기소증자 무득무실 무

取無捨하며 其能證者도 無作無止하고 無任無滅하니라 於
취무사 기능증자 무작무지 무임무멸 어

此證中에 無能無所하여 畢竟無證하며 亦無證者하야 一
차증중 무능무소 필경무증 역무증자 일

切法性이 平等不壞니라 善男子야 彼諸菩薩이 如是修
체법성 평등불괴 선남자 피제보살 여시수

行하며 如是漸次하며 如是思惟하며 如是住持하며 如是方
행 여시점차 여시사유 여시주지 여시방

便하며 如是開悟하여 求如是法하면 亦不迷悶하리라.
편 여시개오 구여시법 역불미민

【역문】 선남자야, 이 보살과 말세의 중생들이 이 마음을 닦아 익히어 성취하면 거기에는 닦을 것도 없고 성취할 것도 없느니라. 원각이 두루 비치어 적멸이 둘이 없으니, 거기에는 백천만억 아승지 불가설 갠지스강의 모래보다 많은 불세계(佛世界)가, 마치 허공꽃이 어지러이 피었다가 어지러이 사라지는 것 같아서 즉(卽)도 아니고 이(離)도 아니며, 속박도 아니고 해탈도 아니니, 중생이 본래부터 성불한 것이며, 생사와 열반이 지난밤의 꿈같은 줄 비로소 알게 되느니라. 선남자야, 지난밤의 꿈같으므로 생사와 열반이 일어남도 멸함도 없고, 오는 것도 가는 것도 없으며, 증득할 바를 얻은 이도 잃은 이도 없고, 취할 이도 버릴 이도 없으며, 증득하는 이에게는 작(作)도 지(止)도 임(任)도 멸(滅)도 없으니, 이 증득 가운데는 능(能)과 소(所)가 없어서 끝내 증득한다는 것도 없으며, 증득할 이도 없어서 일체가 평등하여 무너지지 않는 것을 알 수 있느니라.

선남자야, 그 보살들은 이와 같이 수행하고, 이와 같이 점진(漸進)하고, 이와 같이 생각하고, 이와 같이 머무르고, 이와 같이 방편을 짓고, 이와 같이 깨달아야 하니, 이러한 법을 구하면 답답함이 없으리라.

【해설】 보살이 이 마음을 닦아 익히어 끝까지 원만하게 되면 각(覺)이 온 세계에 두루하여 몸과 마음이 적멸하고 너와 내가 평등하여 능(能)과 소(所)의 차별이 없다. 그 까닭은 업식(業識)을 뒤쳐 대원경지(大圓鏡智)를 이루고, 이 지혜로써 일체 근신(根身)·기계(器界)를 비추어 보기 때문이다. 대원경지로써 십만 세계를 비추어 볼 때 모두가 원각 위에 잠시 나타나는 환화일 뿐이다. 그러므로 '허공꽃이 어지러이 일어났다 사라졌다고 하는 것과 같다' 하였다.

어찌 시방국토 뿐이겠는가. 시방국토 안에 사는 중생들은 원각에 즉(卽)한 것이 아니며, 원각을 여읜 것도 아니다. 그러므로 중생을 속박할 어떤 법도 없으며, 속박을 벗어났다고 할 해설도 없다. 닦아서 이렇게 된 것이 아니라 본래부터 부처인 것이다. 그러므로 ≪대경(大經)≫에 말씀하시기를 "일체 중생은 누구나가 여래의 지혜와 덕상을 갖추고 있건만 망상 집착 때문에 증득하지 못할 뿐이라"고 하였다.

이 경지에서 지난날의 사업을 돌이켜 보라. 생사를 끊고 열반을 증득하려던 일들이 모두가 지난밤의 꿈이다. 지난밤의 꿈이기에 생사·열반이 일어나거나 멸하거나 오거나 감이 없다. 따라서 증득한 법에는 얻었다거나 잃었다거나 취하거나 버림이 있을 수 없고, 증득한 사람에게는 네 가지 병도 없다.

네 가지 병이란 작·지·임·멸(作·止·任·滅)이니, 작(作)이란 어떤 목적을 위해 꾸준히 작용하는 것이고, 지(止)란 그 작용을 그치는 것이며, 임(任)이란 되는대로 놔두는 것이고, 멸(滅)이란 적멸을 추구하는 것인데 모두가 병으로서 여기에는 그런 병조차 없다. 그리하여 일체법은 낱낱이 절대적이며 평등하여 서로서로가 두루 원만하고, 질서를 무너뜨림도 없다. 이것이 보살과 말세 중생의 수행하는 방편이며 차례이다.

③ 게송(偈頌)

【원문】

爾時에 世尊이 欲重宣此義하사 而說偈言하시되
이시 세존 욕중선차의 이설게언

普眼아 汝當知하라 一切諸衆生의 身心皆如幻이니 身相
보안 여당지 일체제중생 신심개여환 신상

屬四大하고 心性歸六塵이니라 四大體各離하면 誰爲和合
속사대 심성귀육진 사대체각리 수위화합

者오 如是漸修行하면 一切悉清淨하여 不動徧法界하리라
자 여시점수행 일체실청정 부동변법계

無作止任滅이며 亦無能證者하며 一切佛世界가 猶如虛空
무작지임멸 역무능증자 일체불세계 유여허공

華이니라 三世悉平等하여 畢竟無來去이니라 初發心菩薩과
화 삼세실평등 필경무래거 초발심보살

及末世衆生이 **慾求入佛道**인댄 **應如是修習**이니라.
급말세중생 욕구입불도 응여시수습

【역문】 이때 세존께서 이 뜻을 거듭 펴고자 하여 게송으로 말씀하셨다.
보안아, 그대 알아라

일체 중생들의 몸과 마음은 모두 환(幻)과 같아서.
몸은 4대에 속하고 마음은 6진으로 돌아가니,
4대의 본체가 제각기 흩어지면 무엇을 화합했다 하랴.

이와 같이 차츰차츰 수행하면 일체가 모두 청정해져서
요동치 않고 법계에 두루하니,
작·지·임·멸(作·止·任·滅)도 없고
증득할 이도 없으리라.

온갖 세계들이 마치 허공꽃 같아서
3세가 모두 평등하여 끝끝내 가고 옴이 없느니라.
처음 발심한 보살과 말세의 중생들이,
불도에 들고자 하면 이렇게 닦아 익히라.

【해설】 우리들이 이 몸은 4대가 집합된 것이다. 4대의 집합체인 이 몸이 6진의 경계를 추구하는 것을 마음이라 하여 나와 내것이란 집착을 일으킨다. 이런 집착을 아집이라 한다. 그러나 이 4대의 본체가 제각기 흩어지면 어디에 '나'가 있는가를 깨달으면 다생겁래(多生劫來)의 아집이 완전히 사라질 것이다.

이와 같이 순서대로 수행하면 법집(法執)까지 사라진다. 법집에는 분별과 구생(俱生)이 있다. 법집이란 관념상(觀念上)의 집착이고 분별법집(分別法執)은 후천적인 것이다. 구생(俱生)이란 선천적인 집착이다. "일체가 모두 청정해진다"함은 분별법집이 다하여 근신기계(根身器界)가 모두 청정해져서 초지(初地)에 드는 것이고, "요동치 않고 법계에 두루 한다"함은 구생법집(俱生法執)이 다하여 제8부동지(不動地)에 드는 것이다. 여기에서 다시 수행하여 등각(等覺)·묘각(妙覺)의 경지에 이르면 작·지·임·멸(作·止·任·滅)의 4병이 모두 없어진다. 이와 같이 증득할 대상의 법이 없는데, 증득할 주인공인들 있을 수 있겠는가?

이 경지에서 일체 불국토를 뒤돌아보면 마치 허공꽃 같아서 거(去)·래(來)·금(今)이 모두 평등하다고 하셨다. ≪능엄경≫에 말씀하시기를 "세간으로 다시 와서 관찰해보면 마치 꿈 속의 일과 같다"고 하신 것이 이 경지를 이름이 아닌가 한다. 그러므로 불도를 구하는 보살이나 말세의 중생들은 이렇게 수행하라 한다.

4. 금강장보살장(金剛藏菩薩章)

(1) 금강장보살이 미혹(迷惑)의 본질을 묻다

【원문】

於是 에 **金剛藏菩薩** 이 **在大衆中** 이라가 **卽從座起** 하여 **頂**
어 시 금 강 장 보 살 재 대 중 중 즉 종 좌 기 정

禮佛足 하고 **右繞三匝** 하고 **長跪叉手** 하여 **而白佛言** 하사대
례 불 족 우 요 삼 잡 장 궤 차 수 이 백 불 언

大悲世尊 이시여 **善爲一切諸菩薩衆** 하사 **宣揚如來** 의 **圓覺**
대 비 세 존 선 위 일 체 제 보 살 중 선 양 여 래 원 각

淸淨大陁羅尼因地法行 과 **漸次** 하고 **方便** 하시어 **與諸衆生**
청 정 대 다 라 니 인 지 법 행 점 차 방 편 여 제 중 생

으로 **開發蒙昧在會法衆** 하여 **承佛慈誨** 하시니 **幻翳朗然** 하여
개 발 몽 매 재 회 법 중 승 불 자 회 환 예 랑 연

慧目淸淨 케 하셨 世尊 이시여 若諸衆生 이 本來成佛 인대
혜 목 청 정 나이다 세 존 약 제 중 생 본 래 성 불

何故 로 復有一切無明 이며 若諸無明 이 衆生本有 라 何
하 고 부 유 일 체 무 명 약 제 무 명 중 생 본 유 하면 하

因緣故 로 如來復說 ― 本來成佛 이니 十方異生 이 本成佛
인 연 고 여 래 부 설 본 래 성 불 이고 시 방 이 생 본 성 불

道 이라가 後起無明 이라 一切如來 는 何時 에 復生一切煩
도 후 기 무 명 하시면 일 체 여 래 하 시 부 생 일 체 번

惱 이러 惟願 하노니 不捨無遮大慈 하고 爲諸菩薩 하와 開秘
뇌 이고 유 원 불 사 무 차 대 자 위 제 보 살 개 비

密藏 하시며 及爲末世一切衆生 하시와 得聞如是 ― 修多羅敎
밀 장 급 위 말 세 일 체 중 생 득 문 여 시 수 다 라 교

了義法門 하고 永斷疑悔 케 作是語已 하시고 五體投地 하여
료 의 법 문 영 단 의 회 하소서 작 시 어 이 오 체 투 지

如是三請 하시고 終而復始 하였다
여 시 삼 청 종 이 부 시

【역문】 이때 금강장보살이 대중 가운데 있다가 곧 자리에서 일어나 부처님의 발에 정례하고, 오른쪽으로 세 번 돌고 두 무릎을 세워 꿇고, 합장하고 부처님께 사뢰었다.

"대비하신 세존이시여, 일체 보살들을 위하여 여래의 청정한 원각의 대다라니와 인지법행과 절차와 방편을 잘 말씀하시어 중생들의 어리석음을 깨우쳐 주시니, 모임에 있는 대중들은 부처님의 자비로운 가르침을 받자와 환(幻)의 가리움이 환해져서 지혜의 눈이 밝아졌나이다. 세존이시여, 중생들이 본래부터 부처였다면 무슨 까닭에 다시 온갖 무명이 있습니까? 만일 무명이 본래부터 있는 것이라면 무슨 까닭에 여래께서는 본래부터 부처를 이루었다 하십니까? 만일 온 세계의 중생들이 본래 불도(佛道)를 이루었다가 나중에 무명을 일으킨다면, 일체 여래는 언제 다시 일체 번뇌를 일으키겠습니까? 바라옵건대 끝없는 대자비를 버리지

마시고 보살들을 위하여 비밀장을 열어 주시고, 겸하여 말세의 일체 중생들로 하여금 이와 같은 수다라와 요의법문을 듣잡고 영원히 의심를 끊게 하옵소서."

이렇게 말하고는 5체를 땅에 던져, 이렇게 세 번 청하고 다시 처음과 같이 하였다.

【해설】 앞의 제4, 보안장에서 말씀하시기를 "일체 중생이 본래부터 부처였음을 비로소 알게 됐다"고 하였는데, 이 말에 의하면 우리들도 금강장보살이 물은 내용과 같은 의문을 품게 된다.

첫째 중생이 본래 부처였다면 다시는 무명이 없어야 될 것이 아닌가 한 것이니, 이는 불변(不變)만 알고 수연(隨緣)을 모르기 때문이다.

둘째 무명이 본래부터 있다면 본래부터 부처였다고 할 수 없을 것인데 어째서 중생이 본래 부처라 하는가는 문제이니, 이는 수연(隨緣)만을 알고 불변(不變)을 모르기 때문이다.

셋째 시방의 중생들이 본래 부처였다가 나중에 무명을 일으킨다면 일체 여래는 언제 다시 무명을 일으키어 중생이 되겠는가 하는 문제이니 이는 범부와 성인의 한계를 혼돈했기 때문이다.

이러한 의문은 생사의 관문을 뚫어내는 골자라고도 하겠다. 마치 금강장(金剛藏)·율극봉(栗棘蓬)과 같아서 뱉을 수도 없고 삼킬 수도 없다. 그러므로 금강장도 부처님께 비밀장을 열어 달라고 애원했다. 장(藏)이란 창고와 같은 것으로 생각하면 된다. 이 창고는 범부를 고쳐 성인이 되는 비밀이 들어 있는 창고이다. 이 창고가 열리기 전엔 천산만벽(千山萬壁)이 가리웠으니, 고인의 말씀한 '산횡공득의무로(山橫公得疑無路)'다. 이 창고가 열린 뒤엔 망망대해에 순풍을 만난 돛배와 같이 될 것이니, 고인의 말에 '노전석회별(路轉石廻別)' '그것이 유촌(有村)이라' 하였다.

이 비밀장(秘密藏)의 세계를 금강장은 당시의 대중뿐만 아니라 말세의 중생들을 위해서 온갖 의회(疑悔)를 끊게 하고 싶었다. 그래서 이 창고의 문을 연 것이다. 이 문이 열리면 무엇 하나 숨김 없이 망설일 것도 없고, 자신이 일체에 갈팡질팡 할 것도 없다. 망설이는 의심 때문에 굳건한 신심을 내지 못하고, 자신의 일에 대해 갈팡질팡하기 때문에 선악의 갈피를 잡지 못하면, 이것이야말로 영원히 버려야 될 병폐가 되기 때문이다. 이런 거룩한 법문을 자기와 남들이 듣기 위해 금강장은 간절한 마음으로 예를 갖추어 청하였다.

(2) 세존의 답

① 청허(請許)

【원문】 爾時에 世尊이 告金剛藏菩薩言하시되 善哉善哉라
이시 세존 고금강장보살언 선재선재

善男子여 汝等이 乃能爲諸菩薩과 及末世衆生하여
선남자 여등 내능위제보살 급말세중생

問於如來의 甚深秘密 究竟方便하기 是諸菩薩의
문어여래 심심비밀 구경방편 시제보살

最上敎誨了義大乘이니 能使十方의 修學菩薩과 及
최상교회료의대승 능사시방 수학보살 급

諸末世 一切衆生으로 得決定信하여 永斷疑悔하리니
제말세 일체중생 득결정신 영단의회

汝今諦聽하라 當爲汝說하리라 時여 金剛藏菩薩이
여금체청 당위여설 시 금강장보살

奉敎歡喜하여 及諸大衆과 默然而聽하여라
봉교환희 급제대중 묵연이청

【역문】 이때 세존께서 금강장보살에게 말씀하셨다.

"착하고 착하다. 선남자야, 그대들은 지금 보살들과 말세의 중생들을 위하여 여래에게 심히 깊고, 비밀하고 완벽한 마지막 방편을 물으니, 이는 보살들의 가장 높은 가르침인 요의의 대승으로서 온 세계의 수학

하는 보살들과 말세의 일체 중생들로 하여금 결정된 믿음을 얻어 영원히 의회를 끊게 하는 일이 된다. 그대들은 지금 자세히 들어라. 그대들에게 말해 주리라."

그 때 금강장보살이 분부를 받잡고 기뻐하면서 대중들과 함께 조용히 귀를 기울였다.

【해설】 마지막 방편(究竟方便)이라 함은 부처님께서 앞에서 점교(漸敎)를 말씀하실 때엔 전혀 이런 방편을 들지 않으셨는데, 마지막 고비에 와서야 말씀을 하시게 된 까닭에 마지막 방편이라고 한 것이다. 이 방편에 의하여 우리들은 결정된 믿음을 얻게 된다. '결정된 믿음'이란 '본래부터 내가 부처였으며, 다른 어떤 방법으로도 마음 밖에서 부처를 찾을 수 없다'는 것을 확실히 믿고, 마지막으로 모두가 부처가 되는 일이다. 이 얼마나 다행한 일인가. 그러므로 금강장 등은 좋아하면서 귀를 기울인다.

② 즉답(卽答)

가. 삼종선회(三種旋回)

【원문】 善男子야 一切世界의 始終과 生滅과 前後와 有無와
선남자 일체세계 시종 생멸 전후 유무

聚散과 起止가 念念相續하여 循環往復하나니 種種取捨
취산 기지 염념상속 순환왕복 종종취사

가 皆是輪廻니라 未出輪廻하고 而辨圓覺하면 彼圓覺性이
개시윤회 미출윤회 이변원각 피원각성

卽同流轉이니 若免輪廻이면 無有是處니라 譬如動目이
즉동유전 약면윤회 무유시처 비여동목

能搖湛水하면 又如定眼이 由回轉火하여 雲駛月運하고
능요담수 우여정안 유회전화 운사월운

舟行岸移도 亦復如是니라 善男子야 諸旋未息이면 彼物
주행안이 역부여시 선남자 제선미식 피물

을 先住여도 尙不可得이요 何況輪轉生死의 垢心이 曾
선주 상불가득 하황윤전생사 구심 증

未淸淨코 觀佛圓覺이면 而不旋復가 是故로 汝等이 便
미청정 관불원각 이불선부 시고 여등 편

生三惑이니라.
생삼혹

【역문】 "선남자야, 일체 세계의 시작하고 마치고, 나고 멸하고, 앞서고 뒤지고, 있고 없고, 모이고 흩어지고, 일어나고 멈춤이 잠깐잠깐 사이에도 상속하여 고리 돌 듯 갔다 왔다 하는데 갖가지로 취했다 버렸다 함이 모두가 윤회이니라. 윤회를 벗어나지 못한 채 원각을 가리면 그 원각의 성품도 함께 유전하게 된다. 만일 그것으로써 윤회를 면하려 한다면 옳지 못하다. 비유하면 껌벅이는 눈이 조용한 물을 흔드는 것 같고, 안정된 눈이 불의 바퀴돌이(旋)를 따라 도는 것 같으며, 구름이 흘러가면 달이 움직이는 것과 배가 가면 언덕이 가는 것과 같기 때문이다. 선남자야, 모든 바퀴돌이가 쉬기 전에는 저 물건이 먼저 멈추는 일이 없거늘, 하물며 생사에 윤전하는 때묻은 마음이 청정해지기 전에 부처의 원각을 본다면 뒤바뀌지 않을 수 있겠느냐. 그러므로 너희들이 세 가지 미혹을 일으키느니라."

【해설】 이는 금강장의 세 가지 물음에 대해 총괄적으로 꾸짖으신 것이니, 여래의 적멸한 원각 성품에는 본래부터 시작이나 마침, 생이나 멸 따위 윤회가 있지 않았지만, 그런 일들이 생기게 된 것은 우리들의 업식이 시종(始終)·생멸(生滅)·전후(前後)·취산(聚散)·유무(有無)·기지(起止) 등 여섯 가지 인연을 따라서 생겼다.

세(世)는 시간적인 고찰이고, 계는 공간적인 고찰이니, 언제나 어디서

나 이 여섯 가지 인연 때문에 윤전이 생긴다.

'시작과 마지막'은 시종이니, 종자(種子)에서 현행(現行)이 나오는 과정이다. '나고 멸함'은 생멸이니, 현행이 다시 종자로 돌아가는 과정으로서 현재의 현행이 되는 것을 말한다. 현재의 현행이 미래로 들어가면서 미래의 종자가 되는 것을 멸이라 한다. '앞서고 뒤진다'함은 전후이니, 앞생각이 뒷생각을 끌어 일으키는 것이다. '있고 없다고'함은 유무(有無)이니, 마음에 의해 경계가 생겼다 없어지는 경우이다. '모이고 흩어진다'함은 취산(聚散)이니, 인연이 합하면 모이고 인연이 다하면 흩어지는 것이다. '일어나고 멈춘다'함은 기지(起止)이니, 위와 같은 다섯 가지 유루(有漏)의 인연이 멈추면 무루(無漏)의 인연이 비로소 일어난다는 것이다.

이 여섯 가지 인연은 염정의 세계를 통해 서로 엇바뀌면서 순환한다. 여래의 원각 성품에는 본래 더러움이 없었지만 더러운 인연을 따라 더러움이 되고, 본래 깨끗함이 없었지만 깨끗한 인연을 따라 깨끗함이 있어 찰나 사이도 쉬지 않고 되풀이 된다. 이것들을 갖가지 방법을 취했다 버렸다 하나니, 더러움을 버리고 깨끗함을 취하거나, 깨끗함을 버리고 더러움을 취하는 등의 악순환을 되풀이 한다. 그러니 이들의 마음은 온통 생멸 속에 빠져들어 그대로가 윤회의 상태를 헤맨다.

이와 같이 윤회의 혼몽 속에 있는 이가 원각에 대해 이러니 저러니 하고 가린다면 그것은 원각의 실체를 바로 보았다 할 수는 없다. 그가 각이라고 지적하는 당체마저 함께 윤전(輪轉)에 속한다. 원각 자체는 윤전하지 않지만 윤전 속에 있는 이가 원각을 윤회하니 말이다. 그렇지만 자기가 굳이 윤전을 면했다고 한다면 옳지 못하다.

다음은 이상의 내용을 비유로 설명하셨으니, 청정한 원각에는 본래 윤전이 없이 중생 누구나가 부처였지만 업식의 흐름을 따라 무명이 생기게 되었다는 것을 말한다. "껌벅이는 눈이 조용한 물을 흔든다 함"은 조용히 고여 있는 물을 보고 눈을 자꾸 껌벅이면 물이 흔들리는 것같이 보인다는 뜻으로서, 조용한 묘각(妙覺)의 성품은 본래 요동이 없지만 무명이 한 번 움직임으로써 업식이 생기고, 묘각의 성품이 다시 업식을 따라 요동한다는 것이다.

"안정된 눈이 불의 바퀴를 따라 돈다"함은 나무 끝에 불을 붙여 휘휘 돌리면 가만히 있는 눈에는 불의 바퀴 같이 보인다는 뜻이다. 묘각은 본래 윤전이 없지만 7식(識)이 '나'라는 집착을 일으킴으로써 온갖 얽매임의 소용돌이에 빠져 윤전한다는 것이다.

"구름이 흘러가면 달이 움직이는 것과 같다"함은 각성(覺性)이 인연을 따라 온갖 현상을 나타내지만 각성은 조금도 요동치 않는다는 뜻이니, 의식(意識)이 온갖 경계에 퍼지는 까닭에 각성도 움직이는 것 같다.

"배가 가면 언덕이 움직이는 것과 같다"함은 각성은 본래 변천하지 않지만 전오식(前五識)이 경계를 따라 옮기는 까닭에 각성도 움직이는 것 같다는 뜻이다.

이상으로써 눈이 껌벅이면 조용한 물이 흔들리나, 물 자체는 흔들리지 않고, 가만히 있는 눈이 불 바퀴를 보나 불 바퀴의 자체는 따로 있지 않고, 구름이 흘러가면 달도 옮기나 달은 옮기지 않고, 배가 가면 언덕이 움직이는 것 같지만 언덕은 실제로 움직이지 않는 것임을 알았고, 이들은 모두가 움직이는 당체가 멈추지 않으면 움직이는 환상은 쉬지 않는다는 사실을 보여주고 있다.

현상계(現象界)의 물건들도 그런데 생사에 헤매게 하는 때문은 마음이 쉬기 전에 청정한 원각을 관찰한들 그 원각이 덩달아 윤전하지 않을 수 있겠는가. 그러므로 너희들은 본래 부처이어서 무명이 없는 곳에 윤전(輪轉)이 있다 하여 허망한 세 가지 미혹을 일으킨다 하셨다.

세 가지 미혹이란 견사혹(見思惑)·진사혹(塵沙惑)·근본무명(根本無明)이다. 이것이 미혹의 총체이다. 그런데 어떤 이는 세 가지 미혹이 곧 세 가지 선회라 하나 옳고 그름은 각자의 견해에 맡긴다.

나. 허공과 허공꽃의 비유

【원문】 善男子야 譬如幻翳로 妄見空華타가 幻翳가 若除하면
선남자 비여환예 망견공화 환예 약제

不可說言 이나 此翳已滅 이니 何時 에 更起一切諸翳 오
불가설언 차예이멸 하시 경기일체제예 하이라

何以故 오 翳華二法 이 非相待故 니라 亦如空華 滅於空時
하이고 예화이법 비상대고 역여공화 멸어공시

에 不可說言 虛空 에가 何時 에 更起空華 요 何以故 오
불가설언 허공 하시 경기공화 하리니 하이고

空本無華 하며 非起滅故 니라 生死 와 涅槃 도 同於起滅
공본무화 비기멸고 생사 열반 동어기멸

이니 妙覺圓照 라야 離於華翳 니라 善男子 야 當知 하라 虛
묘각원조 이어화예 선남자 당지 허

空 이 非是暫有 며 亦非暫無 니 況復如來 의 圓覺隨順 이
공 비시잠유 역비잠무 황부여래 원각수순

而爲虛空 에 平等本性 이겠는가.
이위허공 평등본성

【역문】 선남자야, 비유하여 환(幻)의 가리움 때문에 까닭없이 허공꽃을 보다가 나의 가리움이 없어지면 이 가리움이 이미 없어졌으니, 언제 다시 가리움들이 일어나겠는가라고 하지 말아야 한다. 무슨 까닭이겠는가. 가리움과 허공꽃 두 가지는 서로가 기다리지 않기 때문이다. 또 허공꽃이 허공에서 없어졌을 때 허공에서 언제 다시 허공꽃이 생기겠는가라고 하지 말아야 한다. 무슨 까닭인가. 허공에는 본래 꽃이 없어서 일어나거나 멸하지 않기 때문이니라. 생사와 열반도 그와 같이 일어났다 멸했다 하지만 묘한 각이 두루 비치는 데는 꽃도 가리움도 여읜 것이다. 선남자야, 잘 알아라. 허공은 잠시도 있는 것도 아니고, 잠시도 없는 것도 아니다. 하물며 여래의 원각이 수순하여서 허공의 평등한 근본 성품이 되는 것이야 더 말할 것 있겠는가.

【해설】 이는 세 가지 물음을 비유로써 한꺼번에 대답하였으니, 허공에는 본래 꽃이 없었지만 눈병(幻翳) 때문에 허공꽃이 보인다 하여, 첫째 물음인 본래 부처였다면 어째서 다시 무명이 생겼는가 함에 대답하고, 허공

에는 본래 허공꽃이 없었다 하여, 둘째 물음인 본래부터 무명이 있었다면 어째서 본래 부처였다고 말하는가 함에 대답하고, 허공꽃이 사라진 뒤엔 다시는 허공에 꽃이 생기지 않는다 하여, 셋째 물음인 부처님은 언제 다시 무명을 일으키는가 함에 대답하였다.

가리움(翳)이란 눈병을 말하니 무명에 비유하고, 허공꽃은 눈병이 있는 사람이 허공을 보면 꽃 같은 것이 아물거리는 것을 말하니, 우리들의 몸과 마음에 비유하였다. 그런데 눈병으로 인해 허공꽃이 보이다가 눈병이 나아서 허공꽃이 없어진 뒤에도 다시 눈병이 다시 나기를 기다리거나 허공꽃이 다시 보이기를 기다린다면 어리석은 것이 아니겠는가. 그러므로 그렇게 말하지 말라고 하였다. 가리움과 허공꽃이 다시 나기를 기다리지 말라는 말이다.

그 이유는 허공꽃과 가리움 두 가지는 모두가 실체가 없는 것이어서 서로가 기다리지 않기 때문이라 했다. 서로 기다린다 함은 실체가 있는 두 가지 물체가 마주 상대할 수 있다는 뜻인데 허공꽃과 가리움 두 가지는 모두가 실체가 없는 것이기 때문이다. 그뿐 아니라, 허공에서 허공꽃이 멸한 뒤에 허공에서 다시 꽃이 생기기를 기다리지 말라. 그 이유로서는 허공은 본래 아무 것도 없는데 꽃이 난다거나 멸한다는 말이 있을 수 없기 때문이다.

우리들의 수행목표는 생사를 여의고 열반을 증득하려는 데 있다. 그러나 청정한 원각의 본질에서 본다면 생멸이나 열반은 마치 가리움과 허공꽃과 같은 것이다. 원각의 본체에는 그런 것이 있을 수 없으므로 "묘(妙)한 각(覺)이 두루 비치는 데는 꽃도 가리움도 여의었다"고 하였다.

다시 "선남자야, 허공은 잠시도 있거나 없거나 한 것이 아니라" 하여, 눈병 있는 이에게는 꽃과 가리움이 잠시 있다가 없어지기도 하지만 허공은 잠시도 요동함이 없다는 것을 보였다. 이와 같이 아무 작용도 없는 허공도 없거나 없어지거나 하는 일도 없는데 하물며 여래의 원각이 어찌 있다 없다 하겠는가. 때문에 본래 부처였다면 왜 무명이 생겼는가 하거나, 본래 무명이 있었다면 왜 부처가 생겼는가 하거나, 부처님은 언제 다시 무명을 일으키겠는가 하는 따위 의문을 품는가?

여래의 원각은 우두커니 제자리에만 멈춰 있는 것이 아니라 온갖 사물에, 그리고 온갖 사상에 본체가 되어 준다. 이를 일러 "여래의 원각이 수순한다"고 하였다. 원각이 수순하여 온갖 사물의 본체가 되는 것은 어찌 물질계 뿐이랴. 허공까지도 원각에서 나왔으므로 ≪능엄경≫에 말씀하시기를 "허공이 대각(大覺)에서 나온 것이 마치 바다의 거품 한 방울과 같다"고 하였다.

이와 같이 원각이 온갖 유형(有形)·무형계(無形界)에 평등하게 근본 성품이 되어 준다. 그러한 원각의 실체에는 닦을 것도 없고 미혹할 것도 없다. 그런데 공연히 세 가지 의혹을 일으키고 있는 것이 우리들이다. 부처님께 가엾은 무리들이라는 지목(指目)을 받아도 마땅한 것이다.

다. 금과 금광의 비유

【원문】 善男子야 如鎖金鑛하여 金非鎖有인데 既已成金이면 復
선남자 여쇄금광 금비쇄유 기이성금 부

重爲鑛이니라 經無窮時에도 金生不壞하나니 不應說言本非
중위광 경무궁시 금생불괴 불응설언본비

이니 成就如來의 圓覺亦復如是이니라
성취여래 원각역부여시

【역문】 선남자야, 비유하건대 금광(金鑛)을 녹이는데 금광을 녹임으로써 금이 생기는 것이 아니며, 일단 금이 된 뒤에는 다시 광(鑛)이 되지 않고, 끝없는 세월이 지나도록 금의 본성은 무너지지 않나니, 본래부터 성취된 것이 아니라고 말하지 말라. 여래의 원각도 이와 같다.

【해설】 이는 셋째 물음에 특별히 답하시고 겸하여 둘째 물음에도 답한 것이다. 광(鑛)_을 녹여 금(金)이 되면 다시는 광석(鑛石)이 되지 않는다고 하여, 셋째 물음에 대해 "부처는 다시 무명을 일으키지 않는다" 했고, 금

광을 녹이기 전에도 금의 성품은 본래 있었다고 하여, 본래 무명이 있을 수 없다고 간접적으로 둘째 물음에 답하였다. 비유의 줄거리는 광석(鑛石)을 녹여 정금(精金)을 만들어 영원불변하는 보물이 되나 그것이 녹기 때문에 생긴 것은 아니다. 여래의 원각은 정금에 견주고, 광석은 무명에 견주어 생각해 보라. 무명의 광석을 녹여 원각의 정금이 나타나지만 이 원각의 광채는 무명이 녹아짐으로써 드러났을 뿐이지 무명이 없어지기 전에는 원각이 아주 없었다고 말할 수 없다. 이와 같이 이뤄진 청정원각(淸淨圓覺)은 무궁한 세월을 지나도록 변함이 없다. 다시 무명이 될 수 없고, 따라서 겹겹이 싸인 박지(縛地) 범부의 무명 속에 본래 부처가 있었다는 사실을 명심해야 한다.

라. 망상을 버리라

【원문】

善男子 야 一切如來 의 妙圓覺心 에 本無菩提 와 及與涅
선남자 일체여래 묘원각심 본무보리 급여열

槃 이여 亦無成佛 과 及不成佛 이며 無妄輪廻 와 及非輪廻
반 역무성불 급불성불 무망윤회 급비윤회

니라 善男子 야 但諸聲聞 의 所圓境界 는 身心語言 이 皆
선남자 단제성문 소원경계 신심어언 개

悉斷滅 이라도 終不能至彼之親證 인 所現涅槃 이어든 何況能
실단멸 종불능지피지친증 소현열반 하황능

以有思惟心 으로 測度如來圓覺境界 리오 如取螢火 하여 燒
이유사유심 측탁여래원각경계 여취형화 소

須彌山 이라도 終不能着 이니 以輪廻心 으로 生輪廻見 하여
수미산 종불능착 이윤회심 생륜회견

入於如來 의 大寂滅海 하여도 終不能至 하리니 是故 로 我說
입어여래 대적멸해 종불능지 시고 아설

一切菩薩 과 及末世衆生 이 先斷無始 의 輪廻根本 이라
일체보살 급말세중생 선단무시 윤회근본 하니라

善男子야 有作思惟는 從有心氣니 皆是六塵의 妄想緣
선남자 유작사유 종유심기 개시육진 망상연

起이라 非實心體니라 己如空華라면 用此思惟하여 辨於佛
기 비실심체 기여공화 용차사유 변어불

境인댄 猶如空華가 復結空果하여 展轉妄想이니 無有是
경 유여공화 부결공과 전전망상 무유시

處니라 善男子야 虛妄浮心이 多諸巧見이나 不能成就 圓
처 선남자 허망부심 다제교견 불능성취 원

覺方便이니 如是分別이 非爲正問이니라.
각방편 여시분별 비위정문

【역문】 선남자야, 일체 여래의 묘한 원각의 마음은 본래 보리와 열반도 없으며, 부처를 이루거나 이루지 못함도 없으며, 허망하게 윤회함과 윤회하지 않음도 없느니라. 선남자야, 성문들이 뚜렷이 하는 경계로서 몸과 마음과 말이 모두 끊어졌더라도 그를 친히 증득해서 나타난 열반에는 끝내 미치지 못하거늘 하물며 사유가 있는 마음으로 여래의 원각의 경계를 헤아리겠는가. 마치 반딧불로써 수미산을 태우려면 끝내 될 수 없는 것 같이, 윤회의 마음으로 윤회의 소견을 내어서 여래의 큰 적멸의 바다에 들려고 하면 끝내 이르지 못하느니라. 그러므로 나는 말하기를 일체 보살과 말세의 중생들이 먼저 끝없이 오랜 윤회의 근본을 끊어라 하는 것이다.

선남자야, 작위가 있는 사유는 유위의 마음에서 일어나니, 모두가 육진의 망상 기운이지만 진실로 마음의 본체는 아니다. 이미 허공꽃과 같은 것이라면 이러한 사유로써 부처의 경계를 따지면 마치 허공꽃이 다시 허공열매를 맺는 것과 같아서 더욱더욱 망상일 뿐이라서 옳지 못한 것이다.

선남자야, 허망하고 들뜬 마음이 교묘한 잔꾀가 많으나 원각의 방편은 되지 못하나니, 이러한 분별은 올바른 물음이 아니다.

【해설】 이는 청정한 원각의 성품을 드러내어 천지교견(淺智巧見)으로는 미치지 못할 것을 단정하였다. 무명을 고쳐 보리를 이루고, 생사를 고쳐 열반을 이루나 무명은 눈병 같고, 생사는 허공꽃 같아서 본래 없는 것임을 안다면 여래의 청정한 원각에는 보리도 열반도 없고, 생사(生死)도 불생사(不生死)도 윤회(輪廻)도 비윤회(非輪廻)도 없음을 알게 된다. 원각에는 그런 명상(名相)과 언어의 길이 끊어졌기 때문이다.

이러한 원각의 경계에는 성문들의 수행으로는 미칠 수 없으니, 그들은 흔히 신념과 언어를 억누르고, 일체를 멸진하는 것으로써 원만한 수행이라고 여긴다. 그러나 그것은 그 청정한 원각을 친히 증득한 뒤에 나타나는 열반에는 미칠 수 없다. 왜냐하면 신심(身心)을 억압해서 얻어지는 열반은 유여열반(有餘涅槃)이라 하고, 청정원각(淸淨圓覺)을 몸소 체험해서 더 닦을 것이 없게 되는 것을 무여열반(無餘涅槃)이라 하였기 때문이다.

더구나 우리들 같은 범부의 분별심으로 여래의 원각을 헤아릴 수 있겠는가. 사유(思惟)는 분별이니, 분별의 잔재가 남은 범부의 마음이다. 이런 마음으로 여래의 원각을 겨냥한다는 것은 반딧불로 수미산을 태우려는 격이다. 설사 반딧불이 아닌 진짜 불이라도 수미산을 다 태우기란 도저히 어려울 것이다.

그런데 지금 윤회하는 분별사유심(分別思惟心)으로써 굳이 여래의 큰 적멸의 바다에 들려하면 결코 안될 것이다. 만일 한 생각 쉬어서 무명이 몽땅 깨어지면 깜짝 사이에 깨달아 들어간다. 무슨 시간이 걸리겠는가. 그러니 안 되는 방법으로 원각을 알려고 하지 말라. 먼저 윤회의 근본을 끊어야 하기 때문이다. 윤회의 근본은 역시 무명이다.

이상으로써 무명이 근본이 되어 중생이 윤회에서 벗어나지 못하며 무명이 없다면 금강장과 삼혹(三惑)도 중생의 윤회도 없음을 알았다. 그러나 무명을 끊는다는 작업은 너무나 거창한 일이므로 박가바(薄伽婆)는 다시 불러 순순히 타이른다.

작위(作爲)란, 유위조작(有爲造作)의 뜻으로서 인위적으로 조작이 가능

한 행동을 의미한다. 우리는 무작위(無作爲), 즉 무사유(無思惟)를 하지 못하고, 작위(作爲)가 있는 사고(思考)만을 한다. 그 까닭은 작위가 있는 마음에 바탕을 두었기 때문이다. 유위(有爲)의 마음을 바탕으로 한 마음씨의 행동반경은 어디까지인가. 모두가 색·성·향·미·촉·법(色·聲·香·味·觸·法) 등 6진을 대상으로 해서 흡입되는 망상의 그림 일 뿐, 실제로 마음의 본체는 아니다. 이것이 우리들 일상 주변에서 쉽사리 포착할 수 있는 무명의 현상이다.

이들 무명은 이미 허공꽃과 같이 실체가 없는 것으로 단정되었는데 이런 사유방법(思惟方法)으로 부처님의 원각의 경계를 따진다면 허공꽃에서 다시 허공 열매를 맺기를 바라는 것과 같다. 더욱 망상만 더해질 뿐이다.

이와 같은 조작이 있는 사유는 견실치 않으므로 허망하다 하고, 깊지 못하므로 들떴다 하는데 이런 위인(爲人)일수록 교묘한 잔꾀를 부려서 이러쿵 저러쿵 계교를 낸다. 그러나 원각을 닦는데 있어 정당한 방편은 되지 못한다. 어디까지나 일념진실(一念眞實)에서 온갖 반연에 끄달리지 않고, 도리어 쓸모가 없는 바보 같아야 된다. 그런데도 불구하고 금강장이 이러쿵 저러쿵 분별을 일으켜 세 가지 질문한 것은 바른 물음이 아니라고 꾸짖으신 것이다.

마. 게송(偈頌)

【원문】 爾時에 世尊이 欲重宣此義하사 而說偈言하시되
이시 세존 욕중선차의 이설게언

金剛藏아 當知하라 如來寂滅性은 未曾有終始이니 若以
금강장 당지 여래적멸성 미증유종시 약이

輪廻心으로 思惟卽旋復이 但至輪廻際일뿐 不能入佛海니라
윤회심 사유즉선복 단지륜회제 불능입불해

譬如鎖金鑛에 金非鎖故有니 雖復本來金이나 終以鎖成就
비여쇄금광 금비쇄고유 수부본래금 종이쇄성취

니 一成眞金體 하면 不復重爲鑛 이니라.
일 성 진 금 체 불 부 중 위 광

生死與涅槃 과 凡夫及諸佛 도 同爲空華相 하여 思惟猶幻化
생 사 여 열 반 범 부 급 제 불 동 위 공 화 상 사 유 유 환 화

인데 何況詰虛妄 가 若能了此心 이면 然後求圓覺 하니라.
하 황 힐 허 망 약 능 료 차 심 연 후 구 원 각

【역문】 이때 세존께서 이 뜻을 거듭 펴시기 위해 게송으로 말씀하셨다.

금강장아, 마땅히 알아라.
여래의 적멸한 성품은 시작도 마침도 없나니
만일 윤회의 마음으로써 따지면 그대로 뒤바뀌어서
윤회의 테두리에 들뿐, 부처의 바다에는 들지 못하리라.

비유컨대 금광을 녹일 때 금이 녹음으로써 처음 있는 것이 아니며,
비록 본래부터 금이었으나 녹음으로써 이루졌느니라.
일단 순금이 되고 나면
다시는 광석이 되지 않는다.

생사·열반과 범부와 부처들도 모두가 허공꽃이다.
생각함 자체가 허깨비 같거늘 하물며 허망하다고 따지겠는가.
만일에 이런 마음 바로 안다면
비로소 원각을 구할 수 있으리라.

【해설】 여래의 적멸평등(寂滅平等)한 성품은 본래 시종(始終)이나 생멸(生滅)이나 내지는 성불이나 열반(涅槃)까지도 없었지만, 껌벅이는 눈으로 보기 때문에 가만히 고여 있는 물이 출렁이는 것처럼 보이듯, 윤회심으로써 여래의 적멸한 성품을 계량하기 때문에 공연한 윤회의 현상이 생겼

다. 그리하여 일단 윤회의 테두리에 들어서면 다시는 불해(佛海)에 들 가능성이 없다.

이와 같이 윤회에 해매는 중생은 본래의 적멸한 원각에서 잘못된 길에 들어섰을 뿐이다. 일단 무명의 껍질을 벗으면 각성(覺性)이 저절로 나타나서 다시는 무명을 일으키지 않는다. 마치 금광(金鑛)과 순금(純金)의 관계와 같다. 금광 속에 본래 금이 있지만 광석을 녹여야 금이 나타나고, 일단 금이 된 뒤엔 다시는 광석이 되지 않는다.

그러나 무명을 끊고 열반을 증득한다는 것까지도 역시 대대(對待)가 있는 말이다. 즉 선문(禪門)에서 금시(今時)에 떨어진 말이기 때문이다. 그러면 어떻게 해야 할 것인가. 생사도 열반도 모두가 허공꽃이고, 범부와 부처가 함께 허깨비이다. 그런데 우리들은 한 생각 잘못 일으켜 이러쿵 저러쿵 생각해서 따진다. 이 허깨비 같은 마음을 우리는 우리 마음의 전부라 여기고 있지만 실은 윤회의 근본이다. 이 근본을 버려두고, 다시 이것이 허망하다, 저것이 허망하다 하여 따지니, 금강장의 물음은 윤회의 근본인 생각하는 마음(思惟心)을 끊지 못한 탓이라는 결론이 나온다. 이 마음이 윤회의 근본임을 똑똑히 안 뒤에야 원각을 구하려는 노력이 값질 것이라 하여 본장은 끝난다. 그러면 다음의 미륵장(彌勒章)에서는 어떻게 윤회의 근본을 끊으라 하시는가 살펴보자.

5. 미륵보살장(彌勒菩薩章)

(1) 미륵보살이 윤회의 근본을 묻다

【원문】 於是에 彌勒菩薩이 在大衆中하사 卽從座起하여 頂禮佛
어시 미륵보살 재대중중 즉종좌기 정례불

足하고 右繞三匝하고 長跪叉手하여 而白佛言하시되 大悲
족 우요삼잡 장궤차수 이백불언 대비

世尊 이시여 廣爲菩薩開秘密藏 하사 令諸大衆 으로서 深悟輪
세존 광위보살개비밀장 영제대중 심오윤

廻 하며 分別邪正 케 能示末世一切衆生 으로 無畏道眼 하사
회 분별사정 하사 능시말세일체중생 무외도안

於大涅槃 에 生決定信 하여 無復重隨輪轉境界 하여 起循環
어대열반 생결정신 무부중수윤전경계 기순환

見 하시 世尊 이시여 若諸菩薩 과 及末世衆生 이 欲遊如
견 나이다 세존 약제보살 급말세중생 욕유여

來大寂滅海 인댄 云何當斷輪廻根本 이며 於諸輪廻 면 有
래대적멸해 운하당단윤회근본 어제륜회 유

幾種性 이오며 修佛菩提 에는 幾等差別 이오며 廻入塵勞 에
기종성 수불보리 기등차별 회입진노

當設幾種 敎化方便 하여 度諸衆生 하리 惟願不捨 救世大
당설기종 교화방편 도제중생 잇고 유원불사 구세대

悲 하사 令諸修行一切菩薩 과 及末世衆生 으로 慧目肅淸
비 영제수행일체보살 급말세중생 혜목숙청

하여 照曜心鏡 하여 圓悟如來 의 無上知見 케 作是語已
조요심경 원오여래 무상지견 하소서 작시어이

하시고 五體投地 하여 如是三請 하시고 終而復始 하였다.
오체투지 여시삼청 종이부시

【역문】 이때 미륵보살이 대중 가운데 있다가 곧 자리에서 일어나 부처님의 발에 정례하고, 오른쪽으로 세 번 돌고 두 무릎을 세워 꿇고, 합장하고 부처님께 사뢰었다.

"대비하신 세존이시여, 보살들에게 비밀장을 널리 보여 주시어 대중들로 하여금 윤회의 이치를 깊이 깨달아 사와 정을 분별하게 하셨고, 말세의 일체 중생들에게 두려움이 없는 도안을 보여 주시어 큰 열반에 대해 결정적인 믿음을 내어, 다시는 윤회의 경계를 따라 헤매는 소견을 일으키지 않게 하셨나이다. 세존이시여, 보살들이나 말세의 중생들이

여래의 큰 적멸의 바다에 들고자 하면 어찌 하여야 윤회의 근본을 끊겠습니까. 또 윤회에는 몇 가지 성품이 있으며, 부처님의 보시를 닦는 데는 몇 가지 차별이 있으며, 다시 번뇌의 세계에 들어가자면 어떠한 교화방편을 베풀어서 중생들을 제도해야 됩니까? 바라옵건대, 세상을 구제하도록 큰 자비를 버리지 마시고, 수행하는 일체 보살들과 말세의 중생들로 하여금 지혜의 눈이 맑아지고 마음의 거울이 밝아져서, 여래의 위없는 지견을 뚜렷이 깨닫게 하여 주옵소서."

이렇게 말하고는 5체를 땅에 던지고, 이렇게 세 번 청하고 다시 처음과 같이 하였다.

【해설】 위의 금강장장에서 "윤회의 마음을 끊지 못하면 설사 여래의 원각을 이야기 하더라도 역시 윤회의 테두리에 드니, 불도를 구하려는 이는 먼저 윤회의 마음을 끊으라"고 했다. "윤회의 이치를 깊이 깨달았다"함은 위에서 말한 바 시작과 끝, 생과 멸 등 6종의 인연이 모두가 윤회의 현상이란 것을 바로 알았다는 것이고, "사와 정을 분별한다" 함은 사유심(思惟心)이 아닌 마음으로 곧장 원각에 드는 것은 정이라는 것을 분명히 알게 되었다는 뜻이다. "두려움 없는 도안이라"함은 두려움은 대체로 확신한 마음이 없음으로써 생기는 것인데 금강장 장에서의 세 가지 의문이 영원히 끊어져서 확실한 믿음을 얻었으므로 두려움 없는 도안(道眼)을 얻었다는 말이다. 도안은 도를 보는 안목이고, 결정적인 믿음이다. 위의 세 가지 의혹이 끊어지고, 우리들의 무명 그대로가 부처라는 것을 확실히 믿어 다시는 동요됨이 없는 견해이다.

이상은 미륵보살이 이미 믿은 법에 대하여 감사하는 뜻이다. "세존이시여" 하고 부른 이하는 물음의 본문이다. 첫째 윤회의 근본은 무엇인가. 둘째 윤회하는 중생은 몇 종류나 되는가. 셋째 불법을 닦는 데는 몇 종류의 차별이 있는가. 넷째 일단 깨달은 이가 다시 중생을 제도하려면 몇 가지 방편을 벌려야 되는가 하는 것이다. 이런 것들은 모두가 말세 중생들의 수행에 긴요한 일로서 여래의 위없는 지견을 뚜렷이 깨치는 지름길이 되므로 미륵보살이 물었다.

(2) 세존의 답

① 청허(請許)

【원문】 爾時(이시)에 世尊(세존)이 告彌勒菩薩言(고미륵보살언)하시되 善哉善哉(선재선재)라 善男子(선남자)야 汝等(여등)이 乃能爲諸菩薩(내능위제보살)과 及末世衆生(급말세중생)하여 請問如來(청문여래)의 深奧秘密微妙之義(심오비밀미묘지의)하여 令諸菩薩(영제보살)로 潔淸慧目(결청혜목)하며 及令一切末世衆生(급령일체말세중생)으로 永斷輪廻(영단윤회)하고 心悟實相(심오실상)하여 具無生忍(구무생인)케 하리니 汝今諦聽(여금체청)하라 當爲汝說(당위여설)하리라 時(시)에 彌勒菩薩(미륵보살)이 奉敎歡喜(봉교환희)하여 及諸大衆(급제대중)으로 默然而聽(묵연이청)하였다.

【역문】 그 때 세존께서 미륵보살에게 말씀하셨다.

"착하고 착하다. 선남자야, 그대가 지금 보살들과 말세의 중생을 위해서 여래의 깊고 비밀하고 미묘한 이치를 물어서 보살들로 하여금 지혜의 눈이 맑아지게 하고, 또 말세의 일체 중생들로 하여금 영원히 윤회를 끊고 마음으로 실상을 깨달아 무생법인을 얻게 하려 하니, 그대들은 지금 자세히 들어라. 그대들에게 말해 주리라."

그때 미륵보살이 분부를 받잡고, 기뻐하면서 대중들과 함께 조용히 귀를 기울였다.

【해설】 "여래의 깊고 비밀하고 미묘한 이치라"함은 윤회의 근본을 규명하는 일이다. 윤회의 근본은 무명이고, 무명의 본체는 곧 여래장이라는 도리

는 아무나 알 수 없고, 오직 부처님만이 아는 까닭에 깊고, 비밀하고 미묘하다고 하였다. 만일 이런 이치를 알면 다시는 눈병의 속임에 홀리지 않고, 지혜의 눈이 밝아서 영원히 무명을 끊고 무생법인(無生法忍)을 증득한다. 무생법인이란 생멸이 없는 도리를 확실하게 하는 지혜이다. 무명이 곧 여래장의 불성임을 모르는 까닭에 생이 있고 멸이 있다고 여겼는데, 이제 실상을 깨달아서 생멸하지 않는 원리를 알면 무생법인이라 한다.

② 즉답(卽答)

가. 윤회의 근본은 애욕이다.

【원문】 善男子야 一切衆生이 從無始際로 由有種種恩愛貪欲하여
선남자 일체중생 종무시제 유유종종은애탐욕

故有輪廻니라 若諸世界의 一切種性에 卵生과 胎生 一 濕
고유륜회 약제세계 일체종성 난생 태생 습

生과 化生이 皆因淫欲하여 而正性命하나니 當知輪廻는
생 화생 개인음욕 이정성명 당지륜회

愛爲根本이니라
애위근본

【역문】 선남자야, 일체 중생이 끝없는 옛부터 여러 가지 은애와 탐욕이 있으므로 윤회가 있게 되었다. 모든 세계의 일체 종류인 난생·태생·습생·화생이 모두가 음욕에 의하여 목숨을 유지하나니, 그러므로 윤회에는 애욕이 근본이 되느니라.

【해설】 미륵보살이 장초(章初)에서 묻기를 '윤회의 근본은 무엇인가' 하고 물었는데, 이에 대해 중생들은 끝없는 옛적부터 갖가지 애욕을 가지고 있는데 그것 때문에 윤회한다는 내용으로써 답하셨다. 이 애욕이란 구체

적으로 말하면 애(愛)와 욕(欲)이다. '애'는 애정과 애착 등이고, '욕'은 욕정과 욕망 등이다. 이들로 인하여 일체 중생들이 부모 처자의 깊은 애정에 끄달려 벗어날 도리가 없어 세세생생에 윤회한다. 그러므로 일체 중생이 모두가 애욕이 근본이 되어 윤회한다는 것이다.

난생(卵生)은 알로 태어나는 종류이고, 태생(胎生)은 태로 나는 종류이며, 습생(濕生)은 습기에 의해 태어나는 종류이고, 화생(化生)은 변화해서 태어나는 종류이니, 매미 같은 것이 그것이다. 이들은 3계 안의 일체 중생을 총칭한 말인데 모두가 부모와 자기의 애욕에 의해 태어났고, 또 애욕의 씨를 심으면서 살아가기 때문에 음욕에 의하여 목숨을 유지한다고 하였다.

나. 탐욕과 갈애(渴愛)를 제거하라

【원문】

由有諸欲 하여 助發愛性 하나니 是故 로 能令生死 로 相續
유유제욕 조발애성 시고 능령생사 상속

케 欲因愛生 하고 命 은 因欲有 하여 衆生 이 愛命 으로
하나니 욕인애생 명 인욕유 중생 애명

還依欲本 하나니 愛欲 의 爲因 이고 愛命 이 爲果 니라 由於
환의욕본 애욕 위인 애명 위과 유어

欲境 하여 起諸違順 하나니 境背愛心 하면 而生憎嫉 하여 造
욕경 기제위순 경배애심 이생증질 조

種種業 할때 是故 로 復生地獄餓鬼 하며 知欲可厭 하고 愛
종종업 시고 부생지옥아귀 지욕가염 애

厭業道 하야 捨惡樂善 하면 復現天人 하며 又知諸愛 를 可
염업도 사악락선 부현천인 우지제애 가

厭惡故 로 棄愛樂捨 하면 還滋愛本 하여 便現有爲增上善果
염악고 기애락사 환자애본 편현유위증상선과

하나니 皆輪廻故 로 不成聖道 하나 是故 로 衆生 이 欲脫生
개윤회고 불성성도 니라 시고 중생 욕탈생

死 하여 免諸輪迴 인댄 先斷貪欲 하고 及除渴愛 이니라.
사 면제윤회 선단탐욕 급제갈애

【역문】 온갖 탐욕이 있는 까닭에 갈애의 성품이 나도록 돕나니, 그러므로 생사가 상속하여 끊이지 않느니라. 탐욕은 갈애를 인하여 생기고, 목숨은 탐욕을 인하여 있는데 중생이 목숨을 사랑하되 다시 탐욕에 의하나니, 애욕은 원인이고, 목숨을 사랑하는 것은 결과이다. 탐욕의 경계에 의하여 거슬리거나 순하는 마음을 일으키게 되니, 경계가 사랑하는 마음에 거슬리면 미워하는 생각을 일으켜 갖가지 업을 짓고, 그 까닭에 다시 지옥이나 아귀에 태어난다. 탐욕은 싫어해야 될 것임을 알고, 업을 싫어하는 도를 좋아하여 악을 버리고 선을 좋아하면, 다시 하늘이나 인간으로 태어나며, 설사 온갖 탐욕을 싫어해야 될 것임을 알아서 탐욕을 버리고 평등한 희사를 좋아하더라도, 도리어 탐욕의 근본을 도와 다시 유위의 가장 높고 좋은 과보를 받게 된다. 모두가 윤회인 까닭에 거룩한 도를 이루지 못한다. 그러므로 중생들이 생사를 벗어나서 윤회를 면하고자 하면 먼저 탐욕을 끊고 갈애를 제거해야 되느니라.

【해설】 중생이 생사에 헤매게 되는 가장 중요한 원인은 음욕이다. 그런데 이 음욕의 씨앗은 애(愛), 즉 사랑함이 주역이다. 어머니 배에서 떨어지면서 이미 이 씨앗을 지니고 나왔다. 나와서는 다시 보고 듣고 하는 온갖 환경에서 마음에 드는 경계를 사랑한다. 그러므로 온갖 탐욕 때문에 갈애의 성품이 나도록 돕는다고 하였다. 이와 같이 일단 탐욕과 갈애가 서로 돕고 이끌기를 마치 불붙는데 바람이 불고, 바람 부는데 불이 붙듯, 여러 겁을 지내도록 서로 쫓으면서 생사에 윤회하여 끝이 없다.

그런데 이 탐욕과 갈애의 상관적 관계는 어떠한가. 오늘날 우리가 갖고 있는 탐욕의 씨앗은, 우리가 어머니의 태에서 나오기 전부터 부모와 내가 서로 사랑하고 따르던 갈애 때문에, 내가 어머니의 태에 들었으므로 탐욕은 갈애를 인하여 생겼다 하고, 내가 어머니의 태에 들 때에 욕정을 일으켜 자기가 남성일 경우에는 어머니를, 자기가 여성일 경우에는 아버지를 사랑하기 때문에 목숨은 탐욕을 인하여 있다고 한다. 이와 같이 받아진 생명을 무엇보다도 소중히 사랑하는 까닭은 과도한 애욕을 원인으로 하는 결과이기 때문인데, 현재 다시 이 목숨을 사랑하되 역시 애욕의 근본에 의한다. 그러므로 탐욕은 원인이요, 목숨을 사랑하는 일은 결과라는 것을 알게 된다.

그러나 우리들 탐욕의 경계는 매양 순탄한 것만은 아니다. 비위에 맞는 경우와 비위에 거슬리는 경우가 있는 것이 상례인데 이럴 때면 의례히 미워하는 생각과 좋아하는 생각을 일으키고, 그 일으키는 생각 여하에 따라 업을 지어 지옥이나 아귀 등 나쁜 세계를 나타내기도 하고, 천상이나 인간 등 좋은 세계를 나타내기도 한다. 뿐만 아니라 선도 악도 아닌 평등한 마음인 사(捨)를 낸다. 이 사를 행한다 하더라도 역시 무엇인가를 추구하는 탐욕의 잔재가 있으므로 유위의 법 가운데서 가장 훌륭하다고 할 수 있는 과보를 받을지라도, 윤회를 벗어난 무위의 도를 이루지는 못한다. 그러므로 윤회를 끊으려면 먼저 탐욕과 갈애를 끊으라고 결론을 내리신 것이다.

이상이 미륵의 둘째 물음에 대한 답이다. 즉 윤회하는 중생은 모두가 애욕을 근본으로 하여 비위에 거슬리는 경계를 미워하여, 나쁜 업을 지음으로써 지옥·아귀 등 나쁜 세계의 종류가 있고, 이 지옥 아귀 등의 괴로운 과보를 싫어하는 마음으로 인해 천상이나 인간 등, 좋은 세계의 종류가 있다 하여 윤회하는 중생은 여섯 가지가 있다고 하였다.

다. 여래의 원각 경계를 구하라

【원문】 善男子야 菩薩이 變化하여 示現世間은 非愛爲本이라
선남자 보살 변화 시현세간 비애위본

但以慈悲로 令彼捨愛하여 假諸貪欲하사 而入生死니라
단이자비 영피사애 가제탐욕 이입생사

若諸末世 의 一切衆生 이 能捨諸欲 하여 及除憎愛 하여
약제말세 일체중생 능사제욕 급제증애

永斷輪廻 하고 勤求如來圓覺境界 하면 於淸淨心 에 便得
영단륜회 근구여래원각경계 어청정심 편득

開悟 하시라.
개오

【역문】 선남자야, 보살이 변화해서 세간에 나타나는 것은 애욕의 근본 때문이 아니라, 오직 자비한 마음으로써 저들이 탐욕을 버리게 하기 위하여 거짓으로 탐욕을 부리면서 생사 속에 들어간 것이다. 만일 말세의 일체 중생들로서 온갖 탐욕과 미워함과 사랑함을 모두 버리고, 윤회를 영원히 끊은 이가 여래의 원각의 경계를 힘써 구한다면 청정한 마음이 곧 트이리라.

【해설】 위에서 윤회에 끄달려 생사의 길을 헤매는 것은 중생이라 하였다. 이에 대해 행여나 누가 생각하기를 보살들은 탐욕을 끊지 않고 중생들의 세계에 뛰어 들어, 온갖 불사를 이루는데 그들도 애욕의 근본에 의해 그런 줄로 알까 걱정되어, 미리 말씀하시기를 보살이 행하는 자비심이 근본이 되어 중생을 구제키 위한 것이지, 실제로 애욕이 남아서 그런 것이 아니라고 하였다. 그렇다면 누구든지 애욕을 끊고, 또 윤회의 마음을 없앤 뒤에 여래의 원각을 구하면 마음이 환하게 트이게 되리다.

라. 오성차별(五性差別)과 이장(理障)

【원문】 善男子 야 一切衆生 이 由本貪欲 하여 發揮無明 할때 顯出
선남자 일체중생 유본탐욕 발휘무명 현출

五性差別不等 하나니 依二種障 하여 而現深淺 이니 云何二障
오성차별부등 의이종장 이현심천 운하이장

고 一者理障이니 礙正知見이오 二者事障이니 續諸生死
일자리장 애정지견 이자사장 속제생사

니라 云何五性고 善男子야 若此二障을 未得斷滅하면 名
운하오성 선남자 약차이장 미득단멸 명

未成佛이니라 若諸衆生이 永捨貪欲하여 先除事障하고 未
미성불 약제중생 영사탐욕 선제사장 미

斷理障하면 但能悟入聲聞緣覺하고 未能顯住菩薩境界니라
단리장 단능오입성문연각 미능현주보살경계

善男子야 若諸末世一切衆生이 欲泛如來大圓覺海이면 先
선남자 약제말세일체중생 욕범여래대원각해 선

當發願하여 勤斷二障이니 二障已伏하면 卽能悟入 菩薩境
당발원 근단이장 이장이복 즉능오입 보살경

界하니라 若事理障을 已永斷滅하면 卽入如來微妙圓覺
계 약사리장 이영단멸 즉입여래미묘원각

하여 滿足菩提와 及大涅槃하리라
만족보제 급대열반

善男子야 一切衆生이 皆證圓覺이니 逢善知識하여 依彼
선남자 일체중생 개증원각 봉선지식 의피

所作因地法行할세 爾時修習에 便有頓漸이니 若遇如來無
소작인지법행 이시수습 편유돈점 약우여래무

上菩提正修行路하면 根無大小히 皆成佛果니라 若諸衆生
상보리정수행로 근무대소 개성불과 약제중생

이 雖求善友나 遇邪見者는 未得正悟니라 是則名爲外道
수구선우 우사견자 미득정오 시즉명위외도

種性이니 邪師過謬언정 非衆生咎이니 是名衆生의 五性
종성 사사과류 비중생구 시명중생 오성

差別이니라.
차별

【역문】 선남자야, 일체 중생이 본래의 탐욕 때문에 무명을 일으켜서 5성의 차별로 같지 않은 현상이 드러나고, 2장으로 인하여 깊고 얕은 현상이 나타나나니, 어떤 것이 2장인가.

첫째는 이장이니, 바른 지견을 가리우는 것이고, 둘째는 사장이니, 생사를 상속케 하는 것이다. 어떤 것이 5성인가? 선남자야, 이 2장을 끊어버리지 못하면 성불하지 못한다. 중생들이 영원히 탐욕을 버리어 사장은 제했으나 이장을 끊지 못하면, 다만 성문이나 연각의 경지는 깨달을지언정 보살의 경계에 머무르지는 못하느니라.

선남자야, 말세의 일체 중생들이 여래의 대원각 바다에 노닐고자 하면 먼저 2장을 끊기를 발원해야 된다. 2장을 굴복시키면 곧 보살의 경계에 깨달아 들어갈 것이고, 사장과 이장을 영원히 끊어버리면 곧 여래의 미묘한 원각에 들어가서 보리와 열반을 만족하게 하리라.

선남자야, 일체 중생이 모두가 원각을 증득할 수 있나니, 선지식을 만나서 그가 했던 인지법행에 의하면 그 때에 닦아 익히는데 돈(頓)과 점(漸)이 있을 것이고, 여래의 위없는 보리의 바른 수행의 길을 만나면 근기의 대소를 막론하고 모두가 불과를 이루리라.

만일 중생들이 아무리 착한 벗을 구하여도 사견을 만나면 바른 깨달음을 얻지 못하리니, 이는 외도의 성품이라 하나니 삿된 스승의 허물일지언정 중생의 허물은 아니니라. 이것을 중생의 5장의 차별이라 하느니라.

【해설】 미륵보살이 셋째의 물음으로서 부처의 보리를 닦는 데는 몇 종류의 차별이 있습니까라고 하였는데, 여기에서 5성의 차별이 있다고 하였다. 5성의 차별이란,

첫째 무성(無性)이니, 불도를 이룰 자질이 없는 중생이고,

둘째 정성성문(定性聲聞)이니, 결정적으로 성문 밖에 되지 못할 중생이며,

셋째 정성연각(定性緣覺)이니, 결정적으로 연각 밖에 되지 못할 중생이고,

넷째 정성보살(定性菩薩)이니, 결정적으로 보살이 될 중생이며,

다섯째 부정성(不定性)이니, 아직 어떤 부류의 근기인지 모르는 중생이다.

이상은 제방(諸方)의 통설인데 대하여 본 경에서는 성문성(聲聞性)・연각성(緣覺性)・보살성(菩薩性)・부정성(不定性)・외도성(外道性)으로 가름하였다.

중생들은 누구나 탐욕을 바탕으로 하여 무명의 성장을 촉진하고, 그 무명은 다시 내 외의 제법에 긍(亘)하면서 가지를 뻗고 그늘을 지워 중생계를 속박하고 차단함으로써, 평등한 진여 위에 변현된 중생계가 5성의 차별로 나타난다. 이 5성의 차별은 모두가 2장이란 애자(碍子) 속에 묻혔는데, 그 애자(碍子)의 깊고 얕음을 따라 전진과 후퇴가 있어, 순류(順流)・반류(返流)의 흐름에 따라 해탈도 하고 윤회도 한다고 하였다.

2장(障)이란 본문에서 말한 바와 같이 이장(理障)과 사장(事障)인데 이장이란 소지장(所知障)이라고도 하여, 우리가 알아야 할 진리를 알지 못하게 막고 있는 장애물이란 뜻으로서 무명을 가리키는 것이고, 사장(事障)이란 번뇌장(煩惱障)이라고도 하는데 번거로운 번뇌가 장애가 되어 눈앞에 벌어지는 현실적인 사물을 바로 알지 못하게 막고 있는 거칠은 장애물이란 뜻으로 견도혹(見道惑)과 수도혹(修道惑)을 가리키는 말이다. 그러므로 이장(理障) 때문에 무명을 제거하지 못하고, 사장(事障) 때문에 갖가지 업을 지어 생사에 길이길이 빠져든다.

그러면 2장과 오성(五性)과의 관계는 어떠한가. 2장 모두를 끊지 못한 이는 가장 깊은 장애에 묻혔으니, 성불하지 못한다고 하는데, 선악의 행리(行李)에 약간의 차이는 있을지 모르나 모두가 윤회를 면치 못하는 종류이다. 이는 ≪능엄경≫에서 말한 제5 무성중생(無性衆生)에 해당한다.

다음에는 생사의 고통이 못쓸 것임을 통감하여 온갖 반연을 쉬고 탐욕을 영원히 버리어, 88품의 견도혹(見道惑)과 81품의 수도혹(修道惑)을 다 끊음으로써 사장(事障)은 제했으나, 이장(理障)까지를 겸해서 끊을 힘이 없고, 자신은 3계의 윤회를 벗어났으나 다른 중생들을 구제할 생각

을 못하는 이는, 성문이나 연각의 과위(果位)에 머무를 뿐이요, 보살의 경계에 들지는 못했다고 하니, 이는 ≪능가경≫의 정성성문(定性聲聞)과 정성연각(定性緣覺)에 해당한다. 이 2승(乘)과 앞의 불성불 중생(不成佛衆生)을 비교하면 앞의 것은 깊고, 이는 얕으나 다음의 보살 지위와 비교하면 도리어 깊다.

그러므로 말세의 중생들이 여래의 원각 바다에 자유로이 드나들고자 하면 먼저 서원을 세워 2장을 끊도록 하라고 하셨으니, 2장을 처음으로 굴복시키면 보살의 경계에 갓 들어가 3현(賢)에 들고, 다시 대승의 순결택분(順決擇分)을 닦아서 능소(能所)의 분별을 굴복시키고, 참된 견해를 일으키는 이는 4가행(加行)에 머무나니, 아직 10지(地)에 들지 못했을 뿐이나 앞의 2승(乘)에 비기면 장애가 얕고, 뒤의 10지에 든 이에 비기면 아직 깊다.

다음에 "2장을 영원히 끊어버리면 여래의 미묘한 원각을 원만케 한다"고 하니, 이장(理障)의 일부를 끊으면 10지 중 초지에 들고, 2장을 완전히 끊으면 10지 중 제8 부동지(不動地)에 들어가 보리를 원만케 하고, 2장을 완전히 벗어나면 10지·등각위(等覺位)에 들어가서 여래의 대열반해(大涅槃海)에 머물러 미래제가 다하도록 중생교화에 힘쓴다. 이는 앞의 3현(賢)에 비하면 장애가 얕고, 뒤의 불위(佛位)에 비하면 아직도 장애가 깊다. 등각위(等覺位)에까지 이르렀는데 무슨 장애가 있는가. 이는 구생세혹(俱生細惑)이니, 즉 부처가 되어야 하겠다는 생각을 이르는 말이다. 이는 다시 금강유정(金剛喩定)을 닦아야 완전히 없앨 수 있다.

다음에 "선남자야, 일체 중생이 모두가 원각을 증득할 수 있다"고 한 이하는 부정성(否定性)을 증명한 것이다. 부정성이란 성문(聲聞)·연각(緣覺)·보살(菩薩) 중 어느 것이 될지 모르는 종성이니, 중생들 누구나가 원각을 증득할 수 있는 소지가 있지만, 후천적으로 만나진 스승과 자기 습관에 따라 대승(大乘), 혹은 소승(小乘)이 되는 것이다. 만일 동떨어진 큰 선지식을 만난다면 시한도 방편도 가리지 않고 즉석에서 불과(佛果)를 이룰 것이다.

이와 같이 수행하는 학인에게 가장 중요한 일은 진정한 스승을 만나는 일이다. 그러나 원한다고 꼭 원대로 되는 것은 아니다. 속마음으로는 아무리 진정한 스승을 구하더라도 사곡(邪曲)한 스승을 만날 경우, 그는 자연히 사도(邪道)가 되어 외도의 종성(種性)이 된다. 이것이 넷째 외도종성(外道種性)이라고 한 것인데 이는 첫머리에서 말한 무성종성(無性種性)과 동일한 것으로 볼 수 있다.

이상이 중생의 오성(五性) 차별을 말씀하신 것인데 모두가 2장의 심천에 따라 벌어진 현상이라 하여, 장 초에서 미륵보살이 셋째 물음인 부처의 보리를 닦는 데는 몇 종류의 성품이 있습니까라고 한 것에 답한 것이다. 그런데 여기에서 일체 중생이 모두가 원각을 증득할 수 있다고 한 것을 규봉 화상은 말하기를 "아마도 모두가 원각을 갖추었다고 해야 될 것이 잘못 번역되었을 것이라" 했다. 그러나 모두가 원각을 증득할 수 있다는 것은 모두가 원각을 갖추었다는 것을 반증하는 말이겠는데, 고인들은 이에 대해 상당한 시비를 벌렸던 것 같다.

마. 서원을 세우라

【원문】 善男子야 菩薩이 唯以大悲方便으로 入諸世間하여 開
선남자 보살 유이대비방편 입제세간 개

發未悟하여 乃至示現種種形相하여 逆順境界에 與其同
발미오 내지시현종종형상 역순경계 여기동

事하여 化令成佛하시 皆依無始清淨願力이니라 若諸末世
사 화령성불나니 개의무시청정원력 약제말세

一切衆生이 於大圓覺에 起增上心이면 當發菩薩清淨
일체중생 어대원각 기증상심 당발보살청정

大願하여 應作是言하되 願我今者에 住佛圓覺하여 求善
대원 응작시언 원아금자 주불원각 구선

知識하오니 莫値外道와 及與二乘하여지이다 依願修行하여
지식 막치외도 급여이승하여 의원수행

漸斷諸障 하면 **障盡願滿** 하여 **便證解脫淸淨法殿** 하여 **證大**
점 단 제 장 　 장 진 원 만 　 편 증 해 탈 청 정 법 전 　 증 대

圓覺妙莊嚴域 하리다.
원 각 묘 장 엄 역

【역문】 선남자야, 보살은 오직 대비의 방편으로써 세간에 들어가서 깨닫지 못한 이를 깨우쳐 주며, 나아가서는 여러 가지 형상을 나타내어 역경과 순경에서 그들과 함께 일하면서 부처를 이루도록 교화한다. 모두가 끝없고 청정한 원력에 의해서 이루어지는 것이다. 만일 말세의 일체 중생들이 대원각에 대하여 희구하는 생각을 일으키거든 먼저 보살의 청정한 서원을 세워야 된다. 서원하기를 내가 지금 부처님의 원각에 머물러서 선지식을 구하는데 외도나 이승을 만나지 않도록 하라. 서원에 의해 수행하여 모든 장애를 차츰 끊고, 장애가 다하여 서원이 만족해지면 곧 해탈의 청정법전에 올라서 대원각묘장엄역을 증득하리라.

【해설】 이는 미륵보살의 넷째 물음인 "다시 번뇌의 세계로 들어가는 데는 몇 가지 방편을 베풀어야 중생을 제도합니까"한 것에 대답한 것이니, "오직 동체대비(同體大悲) 한 가지를 방편으로 삼가야 된다"고 하였다. 원수와 친한 이를 동일하게 보고, 역경과 순경을 평등한 마음으로 대할 수 있는 마음으로 중생을 가엾이 여기는 것이 동체대비이다. 이 동체대비 하나로써 으뜸을 삼아 중생들의 세계에 뛰어들어 그들과 함께 일하며 교화하는 것이 방편의 묘(妙)이다. 동사는 사섭법(四攝法) 중의 하나로서 피교화자와 동일하게 행동하면서 그들을 교화하는 일이다. 보살이 이와 같은 동체대비를 부리는 것은 하루아침에 얻어지는 힘이 아니라 오랜 세월을 두고 쌓아 모은 것이므로 무시라 하고, 명예나 보답을 바라지 않으므로 청정이라 하였다.

그러므로 말세의 중생들이 대원각에 대해 희구하는 마음을 내었거든 외도의 사견이나 소승의 국집에 끄달리지 않고, 참된 선지식을 만나게

되기를 서원해야 된다. 이 서원의 힘에 의해 2장을 모두 끊도록 노력해서 2장이 다 하면 해탈의 법전에 오를 것이고, 서원이 만족하면 대원각의 묘장엄역(妙莊嚴域)을 증득할 것이다. 묘장엄역이란 눈에 띄는 것 모두가 원각 아닌 것이 없으므로 비유로써 원각의 경지를 표현한 것이다.

바. 게송(偈頌)

【원문】

爾時에 世尊이 欲重宣此義하여 而說偈言하시었다.
이시 세존 욕중선차의 이설게언

彌勒아 汝當知하라 一切諸衆生이 不得大解脫은 皆由貪
미륵 여당지 일체제중생 부득대해탈 개유탐

欲故로 墮落於生死하나니 若能斷憎愛와 及與貪瞋痴하면
욕고 타락어생사 약능단증애 급여탐진치

不因差 別性하야 皆得成佛道리라 二障永鎖滅하고 求師得
불인차 별성 개득성불도 이장영쇄멸 구사득

正悟하야 隨順菩薩願하면 依止大涅槃하리라 十方諸菩薩이
정오 수순보살원 의지대열반 시방제보살

皆以大 悲願으로 示現入生死하나니 現在修行者와 及末世
개이대 비원 시현입생사 현재수행자 급말세

衆生이 勤斷諸愛見하면 便歸大圓覺하니라.
중생 근단제애견 편귀대원각

【역문】 이때 세존께서 이 뜻을 거듭 펴시기 위해 게송으로 말씀하셨다.

미륵아, 마땅히 알아라.
일체 중생들이 해탈을 얻지 못하는 까닭은
모두가 탐욕을 인하여
생사에 끄달리기 때문이다.

만약에 미움과 사랑을 끊고

탐욕과 성냄과 어리석음도 끊으면
차별된 성품에 구애치 않고
모두가 불도를 성취할 것이다.

2장을 영원히 끊고
스승을 구하여 바른 깨침 얻어서
보살의 서원을 원만케 하면
거룩한 열반에 의지하리라.

시방의 보살들이 모두가 대비의 서원에 따라
생사에 드는 모습 시현했나니,
현재에 수행하는 이들과 말세의 중생들이
온갖 애견(愛見)을 부지런히 끊으면 대원각에 돌아가게 되리라.

【해설】 애견(愛見)의 속박에 얽매인 중생들이 미움과 사랑의 갈등을 벗어나서 3독을 제한다면 위에서 말한 5성(性)의 차별에 구애없이 모두가 원각을 성취한다. 그러기 위해서는 3보전에 큰 서원을 세워야 된다. 그 까닭은 시방 3세의 불 보살도 모두가 거룩한 서원을 바탕으로 하여 수행해서 애견을 끊고 원각을 증했기 때문이다. 그러면 실제로 애견을 끊고 원각을 증득하는 위계는 어떠한가. 다음의 청정혜 장에서 그 해답을 듣기로 하자.

6. 청정혜보살장(清淨慧菩薩章)

(1) 청정혜가 수행의 계위를 묻다

【원문】 於是에 清淨慧菩薩이 在大衆中하사 卽從座起하여 頂禮
어시 청정혜보살 재대중중 즉종좌기 정례

佛足하고 右繞三匝하고 長跪叉手하여 而白佛言하시되 大
불족 우요삼잡 장궤차수 이백불언 대

悲世尊이시여 爲我等輩하사 廣說如是不思議事하시니 本
비세존 위아등배 광설여시부사의사 본

所不見이며 本所不聞이라 我等이 今者에 蒙佛善誘하야
소불견 본소불문 아등 금자 몽불선유

身心이 泰然하야 得大饒益하노니 願爲諸來一切法衆하사
신심 태연 득대요익 원위제래일체법중

重宣法王의 圓滿覺性하소서 一切衆生과 及諸菩薩과 如
중선법왕 원만각성 일체중생 급제보살 여

來世尊의 所證所得이 云何差別이니고 令末世衆生으로
래세존 소증소득 운하차별 영말세중생

聞此聖教隨順開悟하여 漸次能入케 하소서 作是語已하시고 五
문차성교수순개오 점차능입 작시어이 오

體投地하여 如是三請하시고 終而復始하시니라.
체투지 여시삼청 종이부시

【역문】 이때 청정혜보살이 대중 가운데 있다가 곧 자리에서 일어나 부처님의 발에 정례하고, 오른쪽으로 세 번 돌고, 두 무릎을 세워 꿇고, 합장하고 부처님께 사뢰었다.

"대비하신 세존이시여, 저희들에게 이와 같이 부사의한 일을 널리 말씀해주시니, 애초에 보지 못하고 듣지 못하던 것입니다. 저희들은 지금 부처님의 간곡하신 가르침을 받잡고 몸과 마음이 태연해서 큰 이익을 얻었습니다. 바라옵건대, 일체 법중들을 위하시어 법왕의 원만한 각성을 거듭 설명해 주옵소서. 일체 중생과 보살들과 부처님들이 증하는 바와 얻는 바가 어떻게 차별이 있습니까. 말세중생들로 하여금 이 거룩한 가르침을 받잡고 수순하고 깨달아서 차츰차츰 들어가게 하옵소서."

이렇게 말하고는 5체투지. 이렇게 세 번 청하고 다시 처음과 같이 하였다.

【해설】 청정혜보살이란 명호는 지혜를 청정케 한다는 뜻이다. 일체 중생은 모두가 탐욕에 의해 오성(五性)의 차별된 현황을 나타내고 있는데 그 실체는 오직 하나의 성품이 있을 뿐이다. 그러나 5성이 실제로 있는 것으로 오인하면, 진여(眞如)에 대해 어리둥절해서 지혜가 청정치 못할까 염려하여, 이 보살이 본 장에서 대기(對機)가 되어 표면상으론 5성의 차별이 있으나, 실(實)은 일성(一性) 뿐으로서 닦아 익히는 정도에 따라 계차(階差)가 생겼음을 밝혔다. 부사의한 일이란 청정한 진여 위에 생사윤회의 현상이 벌어지고, 중생의 5성이 차별된 꼴을 나타내었다는 것이고, 평소에는 말씀하시지 않다가 처음으로 말씀하셨으므로 애초에 듣지도 보지도 못했다고 한 것이다. 그런데 지금 부처님께서 간곡히 일러주시는 가르침을 받아, 몸과 마음이 편안해지면서 앞으로 배워야 할 일을 뚜렷이 알고 여쭙게 되었다.

법왕의 원만한 각성(覺性)은 하나 뿐이다. 이 하나 뿐인 원만각성(圓滿覺性) 위에 벌어진 5성의 차별은 2장의 심천(深淺) 여하에 따라 달라진다는 것을 알았다. 그러나 오직 하나로 공통되는 각성 위에 나열된 5성이므로, 범부나 2승이나 부처님들이 증득하는 내용이 차별되어서는 안되겠는데 이념에 차별이 있는 까닭은 무엇이냐고 하였다. 이 도리를 알면 원만한 각성에 수순하여 깨닫고, 이어 차츰차츰 실증(實證)해 들어갈 수 있기 때문이다.

(2) 세존의 답

① 청허(請許)

【원문】 爾時에 世尊이 告淸淨慧菩薩言하시되 善哉善哉로다 善男子여 汝等이 乃能爲末世衆生하야 請問如來의 漸次差別하니 汝今諦聽하라 當爲汝說하리라 時에 淸淨慧菩薩이 奉敎歡喜하여 及諸大衆으로 默然而聽하였다.
이시 세존 고청정혜보살언 선재선재 선남자 여등 내능위말세중생 청문여래 점차차별 여금체청 당위여설 시 청정혜보살 봉교환희 급제대중 묵연이청

【역문】 이때 세존께서 청정혜보살에게 말씀하셨다.

"착하고 착하다. 선남자야, 그대들은 지금 말세의 중생들을 위하여 여래에게 점차(漸次)와 차별(差別)을 물었구나. 그대들은 잘 들어라. 그대들에게 말해 주리라."

그 때 청정혜보살이 분부를 받잡고 기뻐하면서 대중들과 함께 조용히 귀를 기울였다.

【해설】 차별은 5성(性)의 차별이고, 점차(漸次)는 2장을 끊는 절차다. 위의 미륵장은 미혹(迷惑)을 끊는 것을 주안(主眼)으로 했고, 지금의 청정혜보살장은 진여(眞如)를 증득하는 것을 주안(主眼)으로 한다.

② 즉답

가. 차별과 평등의 세계

【원문】 善男子야 圓覺自性이 非性性有하야 循諸性起할새 無取
선남자 원각자성 비성성유 순제성기 무취

無證 하니 於實相中 에는 實無菩薩 과 及諸衆生 이니라 何以
무증 어실상중 실무보살 급제중생 하이

故 요 菩薩 과 衆生 이 皆是幻化 라 幻化滅故 로 無取證者
고 보살 중생 개시환화 환화멸고 무취증자

니라 譬如眼根 이 不自見眼 하야 性自平等 하야 無平等者 니
비여안근 불자견안 성자평등 무평등자

라 衆生 이 迷倒 하야 未能除滅一切幻化 일새 於滅未滅 하는
중생 미도 미능제멸일체환화 어멸미멸

妄功用中 에 便顯差別 하나니 若得如來 의 寂滅隨順 하면 實
망공용중 편현차별 약득여래 적멸수순 실

無寂滅 과 及寂滅者 니라
무적멸 급적멸자

【역문】 선남자야, 원각의 자성은 5성이 아니나 5성이 생겨서 모든 성품이 일어남을 순응하더라도 취할 이도 없고, 증할 이도 없다. 실상(實相) 가운데는 실제로 보살도 중생도 없다. 왜냐하면 보살과 중생이 모두가 허깨비인데 허깨비가 멸하므로 취할 이도 증할 이도 없다. 비유하면 눈 스스로가 눈을 보지 못하는 것과 같아서, 본성 그대로 평등하지만 평등하게 만드는 이가 있는 것도 아니다. 중생이 미혹하고 뒤바뀌어서 일체 허깨비를 멸해버리지 못하므로 멸한 것과 멸하지 못한 것에 대해 허망하게도 애써 공부를 하는 까닭에 문득 차별을 드러내었지만 만일 여래의 적멸에 수순할 수 있다면 적멸도 없고, 적멸하게 하는 이도 없다.

【해설】 원각의 자성은 일체 법에 평등한 진여(眞如)의 법이다. 5성이 있을 수 없는데 현실적으로 엄연히 5성이 있는 까닭은, 원각이 진여의 자성에만 국한돼 있지 않고 인연 따라 일어남을 수순하기 때문이다. 그러므로 5성이 일어날 때는 원각이 그를 따라 일어난다. 그러므로 5성은 자성이 없다. 자성이 있다면 그것은 원각일 뿐이다. 그러니 중생으로서 취착할 5성도 없고, 보살로서 증득할 적멸도 없다. 뿐만 아니라 세간의 이론(理

論)을 떠난 이상 편에서 본다면 보살이니 중생이 이를 따질 수도 없다.

무슨 까닭인가. 허깨비의 때(垢)가 있는 이를 중생이라 하고, 허깨비의 때를 여읜 이를 보살이라 하는데, 이는 상대가 있는 법이어서 절대한 법이 아니다. 만일 허깨비의 때가 다하면 오직 하나의 원각만이 올연(兀然)하거늘 어찌 허깨비를 취착하는 중생이나, 허깨비가 없어진 적멸을 증득하는 보살이 있다고 하겠는가. 오로지 절대 평등한 원각일 뿐이다. 평등위에 차별이 나타났다 하여도 그 차별은 그대로가 평등이며, 따라서 평등하게 만드는 어떤 객체도 있을 수 없다. 마치 자기의 눈이 자기의 눈을 볼 수 없는 것과 같이 차별 자체가 평등이므로 자기 이외의 어떤 평등을 발견할 수 없다.

이상과 같이, 5성(性)의 차별은 절대 평등한 원각일 뿐이다. 그런데 우리들 눈에 차별로 보이는 연유는 무엇인가? 이는 다름 아닌 미혹(迷惑)과 뒤바뀜 때문이다. 중생이 미혹 속에서 일체 허깨비를 몽땅 멸해버리지 못하고, 자기의 지혜의 정도에 따라 끊은 부분과 끊지 못한 부분의 중간에서 애써 공부를 하다보니, 5성의 차별이 생겼을 뿐이다. 여래의 적멸에 수순하게 되면 적멸이란 법도 적멸을 취하는 이도 없게 되는 것이다.

나. 나와 내것

【원문】 善男子야 一切衆生이 從無始來로 由妄想我하며 及愛我
선남자 일체중생 종무시래 유망상아 급애아

者하야 曾不自知하고 念念生滅할때 故起憎愛하야 耽着五
자 증불자지 염념생멸 고기증애 탐착오

欲하나니 若遇善友하야 敎令開悟케하면 淨圓覺性에 發明起
욕 약우선우 교령개오 정원각성 발명기

滅하야 卽知此生이 性自勞慮하리라
멸 즉지차생 성자노려

【역문】 선남자야, 일체 중생이 끝없는 옛부터 허망하게도 '나'라고 생각하는 마음과 '나'를 사랑하는 마음을 내었기 때문에 잠깐잠깐 사이에 생멸하는 줄 전혀 몰랐으므로 미워함과 사랑함을 일으켜서 5욕을 탐하게 되었다. 만일 어진 벗이 있어 맑은 원각의 성품을 깨닫게 해주어 일어나고 멸함을 밝히면 비로소 이 삶이란 것이 공연히 번거로웠음을 알게 되리라.

【해설】 '나'라 함은 5온(蘊)으로 이뤄진 이 몸을 나라고 여기는 아집(我執)이고, '나'를 사랑하는 마음이란, 내 것이라고 여기는 법집(法執)이다. 이 두 가지 집착 때문에 허망하게 애쓰는 과정에서 차별이 생긴다고 하였다. 그리하여 찰나찰나 사이에 생멸하는 자신을 의식하지 못하고 마음에 드는 경계에는 사랑하는 생각을, 마음에 거슬리는 경계에는 미워하는 생각을 일으키면서 5욕에 탐착한다.

이럴 때에 어떤 어진 벗이 나타나서 생멸치 않는 원각의 성품이 그대로가 적멸의 법임을 깨우쳐 줌으로써 우리들이 찰나찰나 사이에 생멸하는 것은 곧 원각의 정성(淨性)이라고 밝혀 주며, 이 삶이란 것이 본래가 번거로운 번뇌였음을 알게 될 것이다. 이렇게 우리들의 삶의 번뇌였음을 알았더라도 2집(執)을 영원히 끊지 못해서 원각에 수순하지 못하면 여전히 깨닫지 못한 사람이다. 그저 중생일 뿐이다.

다. 박지중생(縛地衆生)

【원문】 若復有人(약부유인)에 勞慮永斷(노려영단)하면 得法界淨(득법계정)하나 卽彼淨解爲自障礙(즉피정해위자장애)할세 故於圓覺(고어원각)에 而不自在(이부자재)하나니 此名(차명)이 凡夫隨順覺性(범부수순각성)이니라

【역문】 또 어떤 사람이 번거로운 번뇌가 영원히 끊어져서 법계가 청정해졌으나, 그 청정하다는 견해가 장애가 되어서 원각에 자재하지 못하니, 이는 범부가 원각의 성품에 수순하는 것이라 한다.

【해설】 박지범부(縛地凡夫)로서 사마타의 수행을 쌓아서 번뇌로운 번뇌의 속박을 벗어나 견혹(見惑)과 사혹(思惑)을 끊어 사장(事障)을 영원히 제거하면, 그 때는 안으로 끝없는 청정을 얻어 법계가 청정해진다. 그러나 그는 다시 이 청정해졌다는 견해에 사로잡혀 스스로가 장애를 만들므로 원각에 대해 자재하지 못한다. 왜냐하면 고인이 말하기를 티끌만치의 분별이라도 있으면 그는 곧 혹(惑)이라 한 것과 같이 작은 혹, 즉 이장(理障)이 남아 있기 때문이다. 이를 일러 범부가 원각에 수순하는 것이라 한다. 사장(事障)은 끊고 이장만 끊지 못했으므로 2승(乘)의 경지로 봐야 될 것이나, 법집(法執)을 제하지 못하면 역시 범부와 같기 때문에 범부의 경지로 본다. 법집을 제하지 못하면 자기의 견해에 국집되어 평등한 원각을 볼 수 없기 때문이다.

라. 견(見)의 장애가 있으면 보살의 경지를 벗지 못한다

【원문】 善男子야 一切衆生이 見解爲碍하나 雖斷解碍하나 猶住
선남자 일체중생 견해위애 수단해애 유주

見覺일새 覺碍爲碍하야 而不自在하나니 此名이 菩薩이
견각 각애위애 이부자재 차명 보살

未入地者에 隨順覺性이니라
미입지자 수순각성

【역문】 선남자야, 일체 보살이 안 것이 장애가 되는 줄 알고서 아는 장애를 끊었으나, 아직도 깨달음을 보려는 경지에 머물러서 깨달으려는 장애에 걸리어 자재하지 못하나니, 이는 보살로서 10지에 들지 못한 이가 원각의 성품에 수순하는 것이라 하느니라.

【해설】 위에서 청정하다는 견해가 장애가 되므로 범부의 경지를 면치 못했음을 알고, 이제 그 견해의 장해를 끊는다. 그러기 위해 갖가지 방편을 닦아 청정하다는 견해의 경지는 벗어났으나, 아직도 깨달음을 구해야 되겠다는 견해가 여전히 남아 있다. 그러나 취할 이와 취할 바의 차별된 관념은 역연히 살아 있고, 이 두 가지 분별이 있는 한 아직도 보살의 본 위치를 이르지 못하고서 깨달을 것이 있다고 여긴다. 그러므로 "깨달음을 보려는 경지에 머무른다"고 하였다. 이 깨달음을 보려는 집념(執念)이 장애(障碍)가 되어서 원각의 바다에 자유자재하게 되지 못하나니, ≪유식송(唯識頌)≫에 말하기를 "눈앞에 조그마한 물건이라도 세우고서 / 유식(唯識)의 성품이라 말을 한다면 / 얻은 바가 있다고 여기는 까닭에 / 참으로 유식(唯識)에 머물지는 못하네" 한 것과 같은 것이며, ≪기신론(起信論)≫에서 "상사각(相似覺)이라 한다. 이를 일러 10지의 위에 들지 못한 보살의 경지라 한다"한 것이 그것이다.

마. 달을 가리키는 손가락

【원문】 善男子야 有照有覺이 俱名障碍니 是故로 菩薩이 常覺
선남자 유조유각 구명장애 시고 보살 상각

不住하야 照與照者론 同時寂滅하나니 譬如有人이 自斷
불주 조여조자 동시적멸 비여유인 자단

其首하야 首已斷故로 無能斷者하니 則以碍心으로 自滅
기수 수이단고 무능단자 즉이애심 자멸

諸碍하야 碍已斷滅하면 無滅碍者니라 修多羅敎는 如標
제애 애이단멸 무멸애자 수다라교 여표

月指라 若復見月이면 了知所標畢竟非月이니라 一切如來
월지 약부견월 요지소표필경비월 일체여래

의 種種言說로 開示菩薩도 亦復如是하니 此名菩薩의
종종언설 개시보살 역부여시 차명보살

已入地者의 隨順覺性이니라
이입지자 수순각성

【역문】 선남자야, 비춤(照)이 있고 깨달음(覺)이 있으면 모두가 장애이니, 그러므로 보살은 항상 머무를 수 없음을 깨달아, 비출 것과 비추는 이가 동시에 적멸케 한다. 비유하면 어떤 사람이 스스로 자기의 머리를 끊었다면 머리가 이미 끊어진 까닭에 끊을 이 마저 없는 것과 같으니, 장애가 되는 마음으로 모든 장애를 스스로가 멸한 뒤에는 다시는 장애를 끊을 이가 없느니라. 수다라의 교법은 달을 가리키는 손가락과 같으니, 달을 본 뒤엔 손가락은 달이 아님을 분명히 아는 것과 같이, 일체 여래의 갖가지 가르침으로 보살들을 깨우치는 것도 이와 같다. 이를 일러 보살로서 이미 10지에 오른 이가 원각의 성품을 수순하는 것이라 한다.

【해설】 위에서 말하기를 삼현보살(三賢菩薩)이 깨달으려는 마음이 장애가 되는 것을 알고, 그 장애를 끊으려면 삼마제를 닦는다고 하였는데, 이 닦는다는 것이 비추어 봄(照)으로서 비추려는 마음과 깨달으려는 대상이 역연하여 역시 능소(能所)의 분별을 벗어나지 못했다. 그러므로 모두가 장애라 했다. 이에 다시 선사는 닦아서 비춤과 깨달음을 모두 끊으니, 이 두 가지가 모두 끊어지면 능과 소가 모두 없어져서 법성에 들어, 그의 깨달음은 어디에도 머무를 수 없다는 사실을 아는 것이다. 그러므로 말하기를 "항상 머무를 수 없음을 깨닫는다"고 하였다. 그가 깨달은 내용은 여래와 공통하여 부처의 경계와 다를 바가 없으므로 법신의 기분을 조금 증득하고서 초지에 오른다. 그러니 그의 견해는 부처에 이르기 전엔 어디에도 머물러서는 안된다는 것을 잘 안다. 그리하여 비추는 마음과 비출 대상이 동시에 적멸해진다. ≪유식송(唯識頌)≫에 말하기를 "만일 반연하는 곳에 대하여 / 지혜에 아무 것도 얻는 바가 없으면, / 그 때는 유식에 머물러서 / 두 가지 취착을 여읜다"고 하였다. 두 가지 취착이라 함은 능취(能取)와 소취(所取)이다. 능취는 취하려는 마음이니 지혜이고 소취는 취할 대상이니 진여(眞如)다. 이 두 가지 취착을 모두 여의었다고 하니, 지혜와 진여가 평등하다. 이것이 초지에 오르는 보살이 금강지(金剛智)로써 분별법집(分別法執)을 끊고 변행진여(徧行眞如)를 증

득하는 행상(行相)이다.

이는 마치 어떤 사람이 자기의 목을 끊으면 이미 머리가 없는 까닭에 끊을 이도 없는 것과 같으니, 10지에 들기 전엔 장애의 마음으로 장애를 끊으려니, 끊는다는 법집(法執)이 여전히 남아 있었으나, 이제 비춤과 비추는 이가 동시에 적멸해져서 초지에 든 뒤에는 분별법집을 끊고, 평등한 진여의 기분을 증득했으므로 장애를 끊으려는 이 조차 없다고 하였다.

수다라는 경의 제목을 해석할 때 이미 언급했다. 이 수다라는 달을 가리키는 손가락과 같다. 육도(六度)·만행(萬行)·사제(四諦)·십이인연(十二因緣), 모두가 달을 가리켜서 달을 보게 하기 위한 손가락이다. 이때 손가락을 보고 달로 여기면 과연 현명한 사람이겠는가. 3현위(賢位)에서 육도(六度)·만행(萬行)을 닦는 것은 손가락을 달로 여기는 것과 같다 하겠는데, 10지에 들기 직전 4가행(加行)에서 명의(名義)·자성(自性)·차별(差別)을 면밀히 관찰해서 초지에 들면서 이들은 모두 공(空)함을 깨닫고, 언어와 사의(思議)에 집착하지 않는다. 여래의 언교(言敎)는 이와 같이 보살을 이끌어 견도위(見道位)에 들게 한다. 이를 ≪기신론≫에서는 '수분각(隨分覺)'이라 했다.

바. 구경각(究竟覺)

【원문】
善男子야 一切障碍가 卽究竟覺이며 得念失念이 無非解
선남자 일체장애 즉구경각 득념실념 무비해

脫이며 成法破法이 皆名涅槃이며 智慧愚癡가 通爲般若
탈 성법파법 개명열반 지혜우치 통위반야

며 菩薩外道의 所成就法이 同時菩提며 無明眞如가 無
보살외도 소성취법 동시보리 무명진여 무

異境界에 諸戒定慧와 及淫怒癡가 俱是梵行이며 衆生國
이경계 제계정혜 급음노치 구시범행 중생국

土가 同一法性이며 地獄天宮이 皆爲淨土며 有性無性이
토 동일법성 지옥천궁 개위정토 유성무성

齊成佛道며 一切煩惱가 畢竟解脫이라 法界海慧로 照了
제성불도 일체번뇌 필경해탈 법계해혜 조료

諸相이 猶如虛空함이 此名이 如來의 隨順覺性이니라
제상 유여허공 차명 여래 수순각성

【역문】 선남자야, 일체 장애가 곧 구경각이니, 바른 생각을 얻거나 잃거나 해탈 아닌 것이 없으며, 이루어지는 법과 파괴되는 법이 모두가 열반이며, 지혜와 어리석음이 통틀어 반야이며, 보살이나 외도가 성취한 법이 모두 보리이며, 무명과 진여가 딴 경계가 아니며, 계·정·혜와 음·노·치가 모두 청정한 범행이며, 중생과 국토가 동일한 법성이며, 지옥과 천궁이 모두가 정토이며, 성품 있는 이나 없는 이가 똑같이 불도를 이루며, 일체 번뇌가 마침내 해탈이며, 법계에 두루하는 지혜로써 모든 현상을 굽어보는 것이 마치 허공의 꽃과 같나니, 이것을 여래가 원각의 성품에 수순하는 것이라 하느니라.

【해설】 장애를 장애로 보고 끊으려는 마음이 있으면 구경각이 아니지만, 장애 그대로가 각(覺)인줄 알면 그것은 구경각이다. 구경각이라 함은 더 이상 깨달을 것이 없는 완벽한 부처님이다. ≪기신론≫에 말씀하시기를 "보살의 지위가 다하여 방편을 만족히 하여 한 생각에 상응하면, 깨닫는 마음이 처음 일어나되 처음이란 티가 없으니, 미세한 망상을 멀리 여의었으므로 심성(心性)을 보지만 심성이 항상 머무른다"고 하였다. 이것이 곧 일체 번뇌와 무명의 장애가 다하고 원융한 청정원각이다.

이러한 청정본각(淸淨本覺)을 보기 전에는 얻음과 잃음이 있지만 본각을 본 뒤엔 잃은 것도 없고 얻은 것도 없다. 그러므로 바른 기억(正念)을 얻어 지혜가 되건, 바른 기억을 잃어 어리석음이 되건 모두가 해탈인 것이다. 또 본각을 보기 전엔 유위(有爲)의 법은 이루어짐과 무너짐이 있고, 무위의 법은 이루어짐과 무너짐이 없다고 여겼는데, 이제는 깨달음의 경지에 들어서 그런 분별이 없으므로 모두가 열반이라 했다.

깨닫기 전에는 어리석음과 지혜가 두 가지라 했는데, 깨달은 뒤에는 무명이 곧 지혜임을 아는 때문에 통틀어 반야라 했다. 깨닫기 전에는 보살과 외도가 분명히 다르다고 여겼는데 깨달은 뒤엔 똑같음을 알았으므로 모두가 보리라 했고, 깨닫기 전에는 무명과 진여는 완연히 다른 법으로 여겼는데 깨달은 뒤에는 무명이 곧 진여이므로 딴 경계가 아니라 했다. 깨닫기 전에는 계・정・혜(戒・定・慧) 3학과 탐・진・치(貪・瞋・痴) 3독이 상반된 것으로 여겼는데, 깨달은 뒤에는 3독의 바다를 휘저어 소락(酥酪)을 만드니 모두가 범행이라 했다.

깨닫기 전에는 의보(依報)와 정보(正報)가 양립된 것으로 보았는데, 깨달은 뒤에는 천지와 나와 무리가 같고 만물이 무실무허, 일체이므로 동일한 법성이라 했고, 깨닫기 전에는 천당과 지옥이 고락이 상반된 것으로 알았는데, 깨달은 뒤엔 고락이 본래 없으므로 모두가 정토라 했으며, 깨닫기 전에는 성품 있는 이와 성품 없는 이를 갈라서 5성(性)의 차별을 따졌는데, 깨달은 뒤에는 5성이 동일한 근원에서 연유했음을 아는 까닭에 똑같이 불도를 이룬다 했다.

깨닫기 전에는 일체 번뇌가 속박이라 생각하였는데, 깨닫고 보니 번뇌 그대가 해탈임을 알았으므로 번뇌가 곧 해탈이라 했고, 깨닫기 전에는 닥치는 경계마다 분별을 일으켰는데, 깨달은 뒤엔 일체 법은 분별하되 분별하는 생각을 일으키지 않으므로, 법계에 두루하는 지혜로써 모든 현상을 분별하되 허공과 같게 여긴다고 하였다. 이것이 여래가 원각의 경지를 수용하시는 상황이다.

사. 평상심 그대로가 공부다

【원문】 善男子야 但諸菩薩과 及末世衆生이 居一切時에 不起
선남자 단제보살 급말세중생 거일체시 불기

妄念 하고 於諸妄念 에 亦不息滅 하여 住妄想境 하야 不可
망 념 어 제 망 념 역 부 식 멸 주 망 상 경 불 가

了知 하야 於無了知 에 不辯眞實 이니 彼諸衆生 이 聞是
요 지 어 무 요 지 불 변 진 실 피 제 중 생 문 시

法門 하고 信解受持 하야 不生驚畏 하면 是則名爲隨順覺性
법 문 신 해 수 지 불 생 경 외 시 즉 명 위 수 순 각 성

이니라 善男子 야 汝等 은 當知 하라 如是衆生 은 已曾供
선 남 자 여 등 당 지 여 시 중 생 기 증 공

養百千萬億 恒河沙諸佛 과 及大菩薩 하야 植衆德本 이니
양 백 천 만 억 항 하 사 제 불 급 대 보 살 식 중 덕 본

佛說是人 은 名爲成就 一切種智 하리라
불 설 시 인 명 위 성 취 일 체 종 지

【역문】 선남자야, 보살들과 말세의 중생들이 일체 시각을 지내면서 망념을 일으키지 않고, 망념을 쉬어 없애려 하지도 않고, 망상의 경계 속에 있으면서 알려고도 하지 않고, 알지 못하는 것을 진실이라고 여기지 말아야 하나니, 저 중생들이 이 법문을 듣고서 믿고 이해하고 받아 지니어 놀라지 않으면 이것이 원각의 성품에 수순하는 것이니라. 선남자야, 잘 알아라. 이런 중생들은 이미 백천만억 항하사 부처님과 보살들에게 공양하여 온갖 공덕의 씨를 심었으니, 나는 이런 사람을 일체 종지를 얻었다고 한다.

【해설】 이상에서 범부로부터 부처의 경지에 이르기까지의 깨달아 들어가는 법문을 차례차례 말씀하셨는데, 그것으로 끝나면 실제로 그런 차서가 있는 것으로 오인하여 장심대오(將心待悟)하는 폐단이 생기기 쉬우므로, 이제 다시 망심류증(妄心類證)의 문(門)을 보여서 수행자로 하여금 한 생각 쉬기만 하면, 자기도 깨달을 수 있다는 가능성에 대해 용기를 얻어 수행에 착수하도록 배려하신 대문이다.

"일체 시각을 지내면서라 함"은 평상시란 말이다. 일상생활을 통해

잠시라도 망상을 일으키면 큰 병인데, 여기에서는 그 망상을 일으키지 않는다고 하니, 박지범부(縛地凡夫)의 경지를 초월하여 원각에 드는 것이다.

또 망상이 번뇌 됨을 싫어해서 망상을 쉰다면 그는 소극적인 견해여서 쉬려는 마음이 병이 된다. 망상을 싫어하고 망상 아닌 경지를 희구하니, 분명 2승(乘)의 행리(行李)인데 여기에서는 망상을 끊으려 하지도 않는다고 하니, 2승을 초월해서 원각에 든 것이다. 또 망상의 경계에 묻혀 있으면서 망상의 정체를 알려고 하여, 깨달을 것이 있다는 경지에 머무르면, 알려는 그 마음이 병이다. 망상 위에 둔상(鈍想)을 보태는 격으로서 3현(賢)의 행리에 해당한다.

그런데 여기서는 망상의 경지에서 망상의 정체를 알려는 마음이 없으니, 3현을 초월해서 원각에 든다. 또, 아무런 알음알이가 없는 것을 진실이라고 여긴다면 역시 병이요, 긁어 부스럼이다. 이는 지상에 오른 보살의 행리인데 여기에서는 알음알이가 없는 것을 진실이라고 여기지도 않는다 하니, 10지를 초월해서 원각에 든다는 말이다.

이와 같이 범부(凡夫)·2승(乘)·3현(賢)·지상(地上)의 4종 병은 모두가 일심상의 광혹(狂惑)을 인한 것이니, 일심상의 광혹이란 조그만치라도 잘해 보자는 의욕 등의 분별을 이르는 말이다. 그러므로 고인이 말하기를 "마음을 내어 망설이면 천만리 밖이니 / 조각배는 어느덧 동정호(洞庭湖)를 지났다"고 하였다.

그런데 이런 동떨어진 법문에 대해 어떤 중생이 담담한 마음으로 받아들여 확실히 믿고, 잘 받아지녀서 영원히 잊지 않고, 더구나 놀라지 않고 즉각 깨닫는다면 이는 원각의 성품을 수순하는 것이라 한다. 마치 법화회상(法華會上)에서 8세의 용녀(龍女)가 당장 성불한 것과 같이……. 그러므로 부처님은 이 여러 겁을 지내면서 여러 부처님께 많은 공덕을 심어 얻은 결과이며, 그들을 따라서 발심과 필경(畢竟)이 둘이 아닌 소식을 깨달아 "일체 종지(一切種智)를 성취했다고 하겠노라" 하시어 단원을 맺는다.

아. 계송

【원문】 爾時에 世尊이 欲重宣此義하야 而說偈言하시었다.
이시 세존 욕중선차의 이설게언

淸淨慧當知하라 圓滿菩提性은 無取亦無證하며 無菩薩衆
청정혜당지 원만보리성 무취역무증 무보살중

生이언 覺與未覺時에 漸次有差別하니 衆生은 爲解碍하고
생 만은 각여미각시 점차유차별 중생 위해애

菩薩은 未離覺하고 入地는 永寂滅하야 不住一切相하고
보살 미리각 입지 영적멸 불주일체상

大覺悉圓滿이 名爲徧隨順이니라.
대각실원만 명위편수순

末世諸衆生이 心不生虛妄하면 佛說如是人은 現世卽菩薩
말세제중생 심불생허망 불설여시인 현세즉보살

이니 供養恒沙佛하야 功德已圓滿하니라 雖有多方便이나 皆
공양항사불 공덕이원만 수유다방편 개

名隨順智이라
명수순지

【역문】 이때 세존께서 이 뜻을 거듭 펴시기 위하여 게송으로 말씀하셨다.

청정혜야, 마땅히 알아라.
원만한 보리의 성품은
취할 것도 증할 것도 없으며
보살도 중생도 없다고 한다.

깨달을 때와 깨닫지 못할 때를 인(因)해
절차와 차별이 있으니
중생은 견해의 장애를 받고
보살은 깨달음의 소견을 여의지 못한다.

지상에 들어가 영원히 적멸하여
일체 형상에 머무르지 않고
대각이 모두 원만해지면
두루 수순한다고 하느니라.

말세의 중생들이 마음에 허망한 생각 내지 않으면,
나는 그런 사람을 현세의 보살로서
항하사 부처님께 공양하여
공덕이 이미 원만했다고 한다.

여러 가지 방편이 많기는 하나
모두가 수순하는 지혜라 하느니라.

【해설】 원만한 보리의 성품은 아무런 차별도 없지만 깨달은 이와 깨닫지 못한 이에 의해 점차(漸次)와 차별(差別)이 있게 되었으니, 법계(法界)가 청정해지는 견해를 얻었으나 청정하다는 견해에 걸리면 2승(乘)이요, 견해의 장애를 버리었으나 깨달았다는 소견이 있으면 3현(賢)이요, 비추는 지혜와 깨달았다는 견해를 버리었으나 적멸을 증득하면 지상에 오르고, 원각의 성품이 원만해져서 모든 일에 수순하면 대각(大覺)이라 한다.

이런 법문은 매우 동떨어져서 좀처럼 믿기 어려운데 아무런 부담없이 듣고 믿으면 이런 사람은 벌써 무수한 부처님께 공양하여 공덕이 원만해져서 당대에 부처님의 심부름꾼으로서 부처님을 빛내기에 손색이 없다. 그러니 지금 현재에 자신이 무지(無智)하다는 등으로써 낙심하지 말고, 우리가 닦아 들어갈 방편은 얼마든지 있다.

이 여러 가지 방편이 아무리 많다 하여도 모두가 원각에 수순하는 지혜인 편에서는 하나 뿐이다.

7. 위덕자재장(威德自在章)

(1) 위덕자재가 관행(觀行)을 묻다

【원문】

於是에 威德自在菩薩이 在大衆中하사 卽從座起하여 頂
어시 위덕자재보살 재대중중 즉종좌기 정

禮佛足하고 右繞三匝하고 長跪叉手하여 而白佛言하시되
례불족 우요삼잡 장궤차수 이백불언

大悲世尊이시여 廣爲我等하사 分別如是 隨順覺性하사 令
대비세존 광위아등 분별여시 수순각성 영

諸菩薩로 覺心光明하야 承佛圓音하야 不因修習하고 而
제보살 각심광명 승불원음 불인수습 이

得善利케 하시니 世尊이시어 譬如大城에 外有四門하면 隨方
득선리 세존 비여대성 외유사문 수방

來者가 非止一路인달 하야 一切菩薩이 莊嚴佛國하여 及成
래자 비지일로 일체보살 장엄불국 급성

菩提함이 非一方便일세 唯願世尊이 廣爲我等하사 宣說
보리 비일방편 유원세존 광위아등 선설

一切方便漸次하시여 幷修行人이 總有幾種이니고 令此會
일체방편점차 병수행인 총유기종 영차회

菩薩과 及末世衆生의 求大乘者로 速得開悟하야 遊戲
보살 급말세중생 구대승자 속득개오 유희

如來大寂滅海케 하소서 作是語已하시고 五體投地하야 如是三
여래대적멸해 작시어기 오체투지 여시삼

請여 終而復始하시니라.
청 종이부시

【역문】 이때 위덕자재보살이 대중 가운데 있다가 곧 자리에서 일어나 부처님의 발에 정례하고, 오른 쪽으로 세 번 돌고 두 무릎을 세워 꿇고, 합장

하고 부처님께 사뢰었다.

"대비하신 세존이시여, 저희들을 위하여 이와 같이 원각의 성품에 수순하는 법을 널리 분별하셔서 보살들로 하여금 마음의 광명을 깨닫고, 부처님의 원음을 받잡고는 닦아 익히지 않고도 좋은 이익을 얻게 하셨나이다. 세존이시여, 비유하건대 큰 성이 밖으로 네 개의 문이 있어 어디로 오르던지 외가닥 길이 아닌 것과 같이, 일체 보살이 불국토를 장엄하거나 보리를 이루는 것도 한 가지 방편에 그치지 않나이다. 세존이시여, 바라옵건대 저희들을 위하여 일체 방편과 절차와 그리고 수행하는 사람에는 몇 종류가 있는가를 널리 말씀해 주시어 이 모임에 있는 보살과 말세의 중생들로서 대승을 구하는 이로 하여금 깨달음을 빨리 얻고 미래의 큰 적멸바다에 노닐게 하옵소서."

이렇게 말하고는 5체를 땅에 던지고, 이렇게 세 번 청하고 다시 처음과 같이 하였다.

【해설】 위의 청정혜보살장까지에서 대승의 관행을 다 말씀했다. 미륵장에서는 끊어야 할 미혹을 밝히고, 청정혜장에서는 증득해야 할 진리를 밝혔는데, 그것으로써 멈추면 중근에 해당하는 사람은 더 수행할 필요가 없다고 생각하여 공리공론(空理空論)에 빠지기 쉬우므로 여기서부터는 실제수행의 방법을 보이신다. 그리하여 사람들이 지닌 법신(法身)의 위덕으로 하여금 자재하게 한다.

"마음의 광명을 깨닫는다"함은 장애가 다하고 본각(本覺)의 마음이 맑아진 것이고, 원음(圓音)은 부처님의 음성을 이르는 말이니 시방에 골고루 퍼지고, 일체 중생이 골고루 알아 듣는다는 뜻이다. "좋은 이익을 얻었다"함은 이상에서 말씀하신 법문에 의해 마음에 허망함이 없어지면 이것이 일체 종지를 성취하는 것인데 이런 도리를 깨달아 알았기 때문이다. 아직 닦아 익히지 않았는 데도 좋은 이익을 얻는데 앞으로의 법문을 부지런히 닦는다면 그 이익됨을 헤아릴 수 있겠는가.

비유에서 "어떤 성(城)에 네 개의 문이 있다"함은 수행인에게는 세 가지의 관행(觀行)이 있음을 보이기 위한 것이니, 3관(觀)의 설명이 본장의 주제이기 때문에 여기서는 3관(觀)의 설명은 생략한다. 일체 방편과 절차는 닦아야 할 수행의 덕목이고, "수행하는 사람이라"함은 관행을 닦을 인물을 말한다. 이 두 가지를 분명히 알면 깨달음을 속히 얻어 여래의 큰 적멸바다에 들 수 있기 때문에 이렇게 청한 말씀이다.

(2) 세존의 답

① 청허(請許)

【원문】 爾時에 世尊이 告威德自在菩薩言하시되 善哉善哉라 善
이시 세존 고위덕자재보살언 선재선재 선

男子야 汝等이 乃能爲諸菩薩과 及末世衆生하야 問於如
남자 여등 내능위제보살 급말세중생 문어여

來의 如是方便하니 汝今諦聽하라 當爲汝說하리라 時에
래 여시방편 여금체청 당위여설 시

威德自在菩薩이 奉敎歡喜하여 及諸大衆으로 默然而聽
위덕자재보살 봉교환희 급제대중 묵연이청

하니라

善男子야 無上妙覺이 徧諸十方하야 出生如來와 與一切
선남자 무상묘각 편제시방 출생여래 여일체

法하야 同體平等하니 於諸修行에 實無有二마는 方便隨
법 동체평등 어제수행 실무유이 방편수

順은 其數無量하나 圓攝所歸는 循性差別이 當有三種
순 기수무량 원섭소귀 순성차별 당유삼종

하니라.

【역문】 이때 세존께서 위덕자재보살에게 말씀하셨다.

"착하고 착하다. 선남자야, 그대들은 보살들과 말세의 중생을 위하여 여래에게 이와 같은 방편을 물었구나. 그대들은 자세히 들어라. 그대들을 위해 마땅히 말해 주리라."

그 때 위덕자재보살이 분부를 받잡고 기뻐하면서 대중들과 함께 조용히 귀를 기울였다.

"선남자야, 위없는 묘각이 온 세계 두루하여 여래와 일체 법을 내나니, 일체 법과 더불어 동체이어서 평등하므로 모든 수행에는 실제로 둘이 없지만, 방편으로 수순하는 데는 그 수효가 한량이 없다. 그렇지만 그 돌아갈 바를 두루 거두어 보면 성품의 차별에 따라 세 종류가 있느니라.

【해설】 부처님께서 위덕자재보살이 당시와 말세의 중생들에게 수행에 필요한 방편을 물었다 해서 칭찬하시고, 그 물음에 답해 주실 것을 곧바로 승낙하셨다. 위없는 묘각이 시방의 일체 여래를 낸다 함은 이미 문수장에서 언급되었거니와 묘각(妙覺)이 주체가 되어 일체 염정(染淨)의 법을 내고, 묘각에 의해 일체 염법(染法)이 나왔으니, 묘각은 일체 염법과도 동체이어서 평등하다.

그러므로 모든 수행인이 제아무리 자기의 소질에 따라 수행에 힘쓴다 하여도 오직 한 가지 묘각을 벗어나지 못한다. 그렇지만 방편으로써 중생의 근기에 수순하자면 중생의 근기의 차별만치나 많은 방편이 있어 그 수효가 한량없고, 그러나 그들이 궁극적으로 어디로 돌아가야 할 것인가를 따져서 모두가 원각의 성품에 수순하려면, 대충 세 가지의 차별이 있다 하여 삼관(三觀)의 서두(序頭)를 여셨다.

② 즉답(卽答)

가. 원각(圓覺)의 해오(解悟)와 사마타

【원문】 善男子야 若諸菩薩이 悟淨圓覺하야 以淨覺心으로 取靜
선남자 약제보살 오정원각 이정각심 취정

爲行하야 由澄諸念하야 覺識煩動하야 靜慧發生하야 身心
위행 유징제념 각식번동 정혜발생 신심

客塵이 從此永滅하면 便能內發寂靜輕安하야 由寂靜故로
객진 종차영멸 편능내발적정경안 유적정고

十方世界諸如來心이 於中顯現함이 如鏡中像하리니 此方
시방세계제여래심 어중현현 여경중상 차방

便者는 奢摩他니라.
편자 사마타

【역문】 선남자야, 보살들이 청정한 원각을 깨닫고서 청정한 원각심으로써 고요함을 취하는 것으로 수행을 삼으면, 망념이 맑아진 까닭에 심식이 번거로이 요동했음을 깨닫고, 조용한 지혜가 일어나나니, 몸과 마음의 각진이 이로부터 영원히 소멸하여 안으로 적정의 경안을 일으키느니라. 적정 때문에 시방세계에 계신 여래들의 마음이 거기에 나타남이 마치 거울 속의 그림자 같나니, 이런 방편을 사마타라 하느니라.

【해설】 "청정한 원각을 깨달았다"함은 수행을 통해 체험한 증오(證悟)가 아니라 해오(解悟)를 말한다. 고요함이란 정(靜)의 번역이니, 아직까지 몸 안에 생멸치 않는 청정원각(淸淨圓覺)이 있었지만 산란의 습기 때문에 미처 깨닫지 못했다가, 이제 그 정각(淨覺)의 실체를 깨닫고는 생멸치 않는 고요함의 본체를 발견한 것을 이른다.

이 고요함을 친견하려는 노력으로써 수행을 삼음으로써 모든 망념이 녹아지면 아직까지 번거롭게 요동하는 망념의 정체를 알게 된다. 그리하여 조용한 지혜가 생겨서 아직까지 들뜨던 객진은 영원히 사라지고 안으로부터 적정의 경안(輕安)이 우러난다.

객진(客塵)이란 번뇌의 다른 이름이니, 머물지 않는 나그네 같고, 문틈의 햇빛에 비치는 먼지 같은, 거칠고도 고운 번뇌이다. 아직까지 이 육신을 내몸으로 여기든 집착도 번뇌고, 육진의 그림자를 쫓는 심식(心識)의 갈피도 번뇌다. 이 두 가지 번뇌가 다시는 일어나지 않게 됨으로써 적정의 경안이 생긴다는 것이다. 경안이란(輕安)이란 가벼운 마음이니, 혼침(昏沈)의 무거운 껍질을 벗어나므로 경(輕)이요, 도거(掉擧)의 들뜨는 병을 벗어나므로 경안(輕安)이다.

이와 같이 적정을 인하여 경안의 가벼움을 얻은 까닭에 일체 여래의 마음인 비밀하고, 원만하고, 청정하고, 미묘함이 모두 그의 마음씨 위에 나타나되 마치 거울 속의 그림자와 같다고 하였으니, 이 사람은 곧 무생법인(無生法忍)을 얻게 된다. 이와 같이 무생법인을 얻게 하는 방편을 사마타라 하니, 사마타는 지(止)라 번역하며, 일체 번뇌를 그친다는 뜻이다. 이 관법(觀法)을 성취하면 번뇌장(煩惱章)을 끊고, 아공(我空)의 진리를 증득하여 신심주(信心住)에 들어간다.

나. 지환도중(智幻度衆)의 삼마발제(三摩鉢提)

【원문】 善男子야 若諸菩薩이 悟淨圓覺이야 以淨覺心으로 知覺
선남자 약제보살 오정원각 이정각심 지각

心性과 及與根塵이 皆因幻化하야 卽起諸幻하야 以除幻
심성 급여근진 개인환화 즉기제환 이제환

者할세 變化諸幻하야 而開幻衆하면 由起幻故로 便能內
자 변화제환 이개환중 유기환고 편능내

發大悲輕安하리니 一切菩薩이 從此起行하야 漸次增進
발대비경안 일체보살 종차기행 점차증진

하나니 彼觀幻者는 非同幻故며 非同幻觀이니 皆是幻故로
피관환자 비동환고 비동환관 개시환고

幻相永離 할세 是諸菩薩 의 所圓妙行 이 如土長苗 하니 此
환상영리 시제보살 소원묘행 여토장묘 차

方便者 는 名三摩鉢提 니라.
방편자 명삼마발제

【역문】 선남자야, 보살들이 청정한 원각을 깨닫고서, 청정한 원각의 마음으로써 심성과 근진이 모두가 환화로 인한 것임을 깨달아 알고는, 곧 온갖 환을 일으켜서 환이 되는 것(幻者)을 제거할 때, 온갖 환을 변화시켜서 환과 같은 무리(幻衆)를 깨우쳐 주나니, 환을 일으키는 까닭에 안으로 크게 가엾이 여김(大悲)의 경안(輕安)을 일으키느니라. 일체 보살이 이로부터 수행을 시작하여 차츰차츰 더해가나니, 환이 되는 것을 관찰함은 환과 같지 않는 까닭이며, 환과 같지 않다고 관찰하는 것도 모두가 환인 까닭에 환의 모습을 영원히 여의게 되느니라. 이 보살들이 원만히 하는 묘한 수행은 흙이 싹을 자라게 하는 것과 같으니, 이런 방편을 삼마발제라 하느니라.

【해설】 심성(心性)과 근진(根塵)이 모두가 실체가 있을 수 없다. 모두가 허깨비가 나타난 것과 같이 허망한 것으로 관찰한다. 심성과 근진이란 18계를 뜻하는데 모두가 근본무명(根本無明)에서 다시 18계가 생겼으니, 무명 자체도 허망한데 18계가 어찌 진실하겠는가. 이런 사실을 깨달아 알고는 곧 환과 같은 지혜를 일으켜서 환이 되는 것(幻者), 즉 무명을 제거하고 다시 환과 같은 수행문을 일으켜서 환과 같은 중생들을 제도하여 도탄에서 건져준다. 이런 수행을 시작하여 중생을 구제하려는 생각이 간절하고, 가엾이 여기는 마음이 증대하여 용맹 정진함으로써 몸과 마음을 돌보지 않게 되는 것을 크게 가엾이 여김(大悲)의 경안이라 한다.

일체 보살들은 누구나가 보살행을 닦으려면 모두가 조용한 본각에서 환과 같은 행문(行門)을 일으켜서 차츰차츰 더해가야 되는데, 그 과정은

3현(賢)과 4가행(加行)이다. "환이 되는 것(幻者)을 관찰함은 환과 같지 않다"고 한 환은 환이 이루어지게 한 장본인인 무명이다. 이 무명이 환이구나 하고 관찰하는 자는 환이 아닌 지혜이지 환인 식심(識心)은 아니다. 그러므로 환과 같지 않다 하였다. "환과 같지 않다고 관찰하는 그것도 모두가 환인 까닭이라"한 것이다. 환이 되게 하는 무명만이 환일 뿐 아니라 무명이 환이라고 관찰하는 지혜까지도 환이란 뜻이다. 진여본각(眞如本覺) 위에는 지혜다 망식(妄識)이다 하는 분별이 양립할 수 없기 때문이다.

그러므로 처음에는 환이 되는 것, 즉 무명을 알고서 환화를 일으켜 중생을 제도하고, 다음에는 환과 같은 지혜를 일으켜 환이 되게 하는 무명을 제하고, 마지막으로 깨달은 마음으로써 지혜까지도 쓰러버리면 지혜나 심식(心識)이 모두 없어져서 환의 모습을 영원히 여의기 때문이다.

그리하여 10지의 초(初)인 환희지(歡喜地)에 드나니, 이것이 보살들의 묘한 수행을 만족히 채우는 형태이다. "흙이 싹을 자라게 한다"함은 흙에 종자를 심어 열매를 거두는데 종자는 본각(本覺)에 비유하고, 싹은 환의 지혜에 비유하고 열매는 깨달음에 비유한 것이다. 본각에 의해 환의 지혜를 일으키고, 환의 지혜에 의해 수행을 쌓아 깨달음을 얻기 때문이다. 이것이 진(眞)에 결합하는 방편이니, 이를 삼마발제(三摩鉢提)라 한다. 삼마발제라 함은 등지(等至)라 번역하고, 정(靜)과 환(幻)을 균등히 유지함으로써 보다 수승한 지위(地位)에 이르는 것이다.

다. 수분각(隨分覺)을 증득하는 선나(禪那)

【원문】 善男子야 若諸菩薩이 悟淨圓覺하야 以淨覺心으로 不取
선남자 약제보살 오정원각 이정각심 불취

幻化와 及諸靜相하면 了知身心이 皆爲罣碍하야 無知覺
환화 급제정상 요지신심 개위괘애 무지각

明이 不依諸碍하야 永得超過碍無碍境하야 受用世界와
명 불의제애 영득초과애무애경 수용세계

及與身心 으로 相在塵域 함이 如器中鍠 이 聲出于外 하야
급여신심 상재진역 여기중굉 성출우외

煩惱涅槃 이 不相留碍 하야 便能內發寂滅輕安 하야 妙覺隨
번뇌열반 불상유애 편능내발적멸경안 묘각수

順 하는 寂滅境界 는 自他身心 에 所不能及 이며 衆生壽命
순 적멸경계 자타신심 소불능급 중생수명

이 皆爲浮想 이니 此方便者 는 名 이 爲禪那 니라.
개위부상 차방편자 명 위선나

【역문】 선남자야, 보살들이 청정한 원각을 깨닫고서 청정한 원각의 마음으로써 환화와 조용한 모습들을 취하지 않으면, 몸과 마음이 모두가 걸림이 되나 지각(知覺) 없는 밝음은 온갖 장애에 의하지 않는 것임을 분명히 알아, 장애와 장애없는 경계를 영원히 초과하나니, 세계와 심상을 수용하되 모습은 티끌 세상에 있으나, 마치 그릇 속의 종소리가 밖으로 나가는 것 같이, 번뇌와 열반에 구애되지 않고, 안으로 적멸의 경안을 일으키느니라. 묘각이 적멸의 경계를 수순함에는 나와 남의 몸과 마음으로 미치지 못하는 것이니, 중생과 수명이 모두가 들뜬 생각이니라. 이런 방편을 선나라 하느니라.

【해설】 "환화(幻化)를 취하지 않는다" 함은 둘째의 삼마발제(三摩鉢提)에 집착되지 않는다는 뜻이고, "조용한 모습을 취하지 않는다" 함은 첫째의 사마타(奢摩他)에 집착되지 않는다는 뜻이다. 이 두 가지 법에 집착되지 않으면 본각의 마음은 요동치 않고, 분명히 뚜렷이 알고, 온갖 분별을 일으키지 않는 것임을 관찰한 것이니, 몸과 마음이 모두 장애임을 알기 때문에 환화에 집착되지 않고, 지각(知覺)없는 명(明)은 어떤 장애에도 의존하지 않는 것임을 알기 때문에 조용한 모습에 집착되지 않는 것이다.

몸의 촉감으로 느끼는 작용을 각(覺)이라 하고, 마음으로 사물을 식별하는 것을 지(知)라 하는데 여기에서 드러내려는 명(明)에는 이런 지(知)

와 각(覺)이 없으므로 지각(知覺)없는 각명(覺明)이라 했고, 이 지각없는 각명은 어떤 장애에도 의존하지 않으므로 이 정체를 바로 보는 이는 장애와 장애없는 경계를 영원히 초월한다고 하였다.

"세계와 신심(身心)을 수용한다" 함은 장애와 장애없는 경계를 초월하였더라도 그의 생애가 유난히 달라지는 것이 아니다. 종전대로 국토에서 몸과 마음으로써 행·주·좌·와(行·住·坐·臥)하면서 희노(喜怒)를 느끼고 산다. 그러나 겉모양이 범부와 같다고 해서 완연(宛然)히 범부라 해서는 안된다. 이들은 겉모습만이 티끌세계에 있을 뿐이지, 내면의 세계는 생사와 열반의 과구(窠臼)에 완전히 걸리지 않는 존재를 소유한 것이다. 마치 어떤 그릇 속에다 종을 달고 치면 그 소리가 밖으로 울려나오는 것같이 세간 일체는 아무런 집념(執念)이 없다.

"적멸(寂滅)의 경안(輕安)이라" 함은 조용함과 환화에 집착되지 않음으로써 의례히 나타나는 적멸의 현황으로 인하여 몸과 마음이 거뜬해지는 것을 말한다. 이 적멸의 경지는 묘각진심(妙覺眞心)으로서만이 수순할지언정 나와 남을 따지는 4상(相)으로는 상대할 수 없다. 그러므로 말씀마다 묘각이 적멸의 경계를 수순함에는 나와 남의 몸과 마음으로는 미치지 못할 바라 하였다.

나라 함은 아상(我相)이고, 남이라 함은 인상(人相)이며, 다음에 나오는 중생과 수명(壽命)은 중생상과 수자상이다. 이 4상(相)이 있으면 적멸의 경안은 알 도리가 없다. 그 이유로서는 초지(初地)에 오르는 보살은 아집(我執)과 법집(法執)의 분별과 구생(俱生)을 모두 끊어야 되는데, 4상이 있으면 아 법 이집(我法二執)의 분별구생(分別俱生)이 끊어지지 않은 것이므로, 적멸의 경안은 알지 못한다고 하였다.

이런 방편을 선나(禪那)라 하는데 선나라 함은 정려(靜慮)라 번역하니, 사고하되 고요하므로 들뜬 생각이 없으니 정(定)에 해당하고, 고요하되 사고하므로 무기(無記)가 아니니, 혜(慧)에 해당한다. 그리하여 정(定)과 혜(慧)를 균등히 간직하여 수행의 묘를 완수하는 삼매(三昧)라는 뜻이다. 이 삼매를 이루면 무명을 끊고 수분각(隨分覺)을 증득하니 초지에서 등각(等覺)에 이르는 사이에 닦는다.

이상 세 가지 관문(觀門)에서 모두 첫머리에 깨달았다는 말을 한 것은 앞에 나온 경문(經文)의 견해를 알았다는 뜻이니, 처음의 사마타에서는 문수장의 견해(見解)이고, 다음의 삼마발제에서는 보현장과 보안장 전반의 견해이며, 마지막의 선나에서는 보안장의 후반과 금강장장의 견해를 깨달았다는 말이니, 대조하면 재미가 있다.

라. 무애법문(無碍法門)의 공덕

【원문】 善男子야 此三法門이 皆是圓覺의 親近隨順이니 十方
선남자 차삼법문 개시원각 친근수순 시방
如來가 因此成佛하였으며 十方菩薩이 種種方便과 一切同
여래 인차성불 시방보살 종종방편 일체동
異가 皆依如是의 三種事業하나니 若得圓證하면 卽成圓
이 개의여시 삼종사업 약득원증 즉성원
覺하리라 善男子야 假使有人이 修於聖道하야 敎化成就
각 선남자 가사유인 수어성도 교화성취
百千萬億의 阿羅漢과 辟支佛果하여도 不如有人이 聞此
백천만억 아라한 벽지불과 불여유인 문차
圓覺의 無碍法門하고 一剎那頃을 隨順修習하니라.
원각 무애법문 일찰나경 수순수습

【역문】 선남자야, 이 세 가지 법문은 모두가 원각에 친근하고 수순하는 길이니, 시방의 여래가 이로 인하여 성불했고, 시방의 보살들의 갖가지 방편이 일체와 같고 다를지라도 모두가 이와 같은 세 가지 사업에 의하나니, 만일 원만히 깨달으면 곧 원각을 이루리라. 가령 어떤 사람이 거룩한 도를 닦고서 백천만억 아라한이나 벽지불을 교화하여 과위를 얻게 하더라도 다른 어떤 사람이 이 원각의 무애법문을 듣고, 일찰나 사이에 수순하고 닦아 익힌 것만 같지 못하느니라.

【해설】 이 세 가지 관문은 불 보살의 인지법행(因地法行)이다. 시방의 여래는

이로 인하여 성불했고 삼현 십성(三賢十聖)도 이로 인하여 수행의 기점을 삼기 때문이다. "같고 다른 방편이라" 함은 지상보살(地上菩薩)은 평등의 법을 증득하기 때문에 같다고 하고, 지전보살(地前菩薩)은 평등성(平等性)을 얻지 못했기 때문에 다르다고 한다.

이를 좀 더 구체적으로 설명하면, 처음의 사마타관을 닦으면 아집(我執)을 끊고 상사각(相似覺)을 증득하니, 이는 2승의 방편이고, 다음의 삼마발제를 닦으면 아집과 법집을 조복하여 상사각을 증득하니, 이는 삼현보살(三賢菩薩)의 방편이며, 마지막으로 셋째의 선나를 닦으면 아집과 법집을 모두 끊고 수분각(隨分覺)을 증득하니, 이는 지상에 든 보살의 방편이다. 이와 같이 차츰차츰 닦아 들어가서 마침내는 구경각(究竟覺)에 이르게 되기 때문에 원만히 증득하면 곧 원각을 이루리라고 하였다.

다음은 이 법문을 닦아 지니는 공덕을 찬양했으니, 한 두 사람에게 관하여 5계나 10계를 지키게 하여도 그 복이 많다고 하는데 하물며 백천만억 사람들을 아라한이나 벽지불의 과위를 이루게 한다면 그 복이 얼마나 많겠는가. 그런데 이 무애법문(無碍法門)을 듣고, 마음으로 수긍하여 잠깐 사이만이라도 수행하면 그 복이 더 많다고 하시니, 이 무애법문에 대해 오래도록 수행하면 그 복됨이 얼마나 많겠는가는 짐작이 갈 것이다.

마. 게송(偈頌)

【원문】 爾時에 世尊이 欲重宣此義하야 而說偈言하셨다.
(이시 세존 욕중선차의 이설게언)

威德아 汝當知하라 無上大覺心이 本際無二相언바는 隨
(위덕 여당지 무상대각심 본제무이상 수)

順諸方便하야 其數卽無量하니 如來總開示함이 便有三種
(순제방편 기수즉무량 여래총개시 편유삼종)

類하니라 寂靜奢摩他는 如境照諸像하고 如幻三摩提는
(류 적정사마타 여경조제상 여환삼마제)

如苗漸增長 하고　禪那唯寂滅 은　如彼器中鍠 하나니　三種妙
여 묘 점 증 장　　선 나 유 적 멸　　여 피 기 중 굉　　삼 종 묘

法門 이　皆是覺隨順 이니　十方諸如來 와　及諸大菩薩 이
법 문　　개 시 각 수 순　　시 방 제 여 래　　급 제 대 보 살

因此得成道 하나니　三事圓證故 로　名 이　究竟涅槃 이니라.
인 차 득 성 도　　삼 사 원 증 고　　명　　구 경 열 반

【역문】 그 때 세존께서 이 뜻을 거듭 펴시기 위하여 게송으로 말씀하셨다.

위덕아, 마땅히 알아라.
위없는 대각의 마음은 본래 두 모습이 없지만,
온갖 방편에 따르건대
그 수효가 한정이 없느니라.

여래가 총괄해서 말한다면 세 종류가 있으니,
적정인 사마타는 거울 가운데 나타난 그림자와 같고
환과 같은 삼마제는 싹이 자라는 곡식과 같고
적멸인 선나는 퍼져나가는 종소리 같다.

위의 세 가지 묘한 법문은
모두가 원각에 수순하느니라.
온 세계의 여래들과 큰 보살들이
이를 인하여 도를 이루웠나니

세 가지 일을 원만히 증득하면
마지막 구경의 열반을 증득하리라.

【해설】 "적정인 사마타는 거울에 그림자가 미치는 것 같다"고 함은 망념을 쉰 자리에 지혜가 나타나는 현상을 뜻한다. 나머지는 모두가 앞에서 언

급된 바와 같다.

8. 변음보살장(辨音菩薩章)

(1) 변음보살이 삼관(三觀) 닦는 법을 묻다

【원문】
於是 에 辯辨菩薩 이 在大衆中 하사 卽從座起 하여 頂禮佛
어시 변음보살 재대중중 즉종좌기 정례불

足 하고 右繞三匝 하고 長跪叉手 하여 而白佛言 하시되 大悲
족 우요삼잡 장궤차수 이백불언 대비

世尊 이시여 如是法門 이 甚爲希有 하시 世尊 이시여 此諸
세존 여시법문 심위희유 나이다 세존 차제

方便 을 一切菩薩 이 於圓覺門 애 有幾修習 이니고 願爲大
방편 일체보살 어원각문 유기수습 원위대

衆 과 及末世衆生 하사 方便開示 하여 令悟實相 케 作是
중 급말세중생 방편개시 영오실상 하소서 작시

語已 하시고 五體投地 하야 如是三請 에 終而復始 하시니라.
어이 오체투지 여시삼청 종이부시

【역문】 이때 변음보살이 대중 가운데 있다가 곧 자리에서 일어나 부처님의 발에 정례하고, 오른쪽으로 세 번 돌고, 두 무릎을 세워 꿇고 합장하고 부처님께 사뢰었다.

"대비하신 세존이시여, 이런 법문은 심히 희유하옵니다. 세존이시여, 이 모든 방편은 일체 보살이 원각법문에 대하여 몇 가지로 닦아 익혀야 됩니까. 바라옵건대 대중과 말세의 중생들을 위하여 방편으로 보여 주시어 실상을 깨닫게 하옵소서."

이렇게 말하고는 5체를 땅에 던져, 이렇게 세 번 청하고 다시 처음과 같이 하였다.

【해설】 위의 금강장에서 정(靜)·환(幻)·적(寂)의 3관을 제시하시고, 그 장에 연결해서 말씀하시기를 이 세 가지 법문은 시방여래가 성불하신 인지(因地)이며, 시방 보살의 갖가지 같고 다른 방편들로서 모두가 이에 의해 전개된다고 하여, 위의 3관은 홑으로도 닦을 수 있고, 겹쳐서 닦을 수도 있는 가능성을 보이셨다. 그리하여 지금의 변음보살은 실제로 3관을 닦는 법을 물으시니, 3관을 홑으로, 또는 겹으로 닦아서 25종이 있으나 모두가 원각에로 돌아가는 길이라 하신 것이다.

≪능엄경≫에서 관세음보살 25원통 중에서 이근원통(耳根圓通)이 으뜸이라 하고, 그 이유 중의 하나로서 사바세계는 음성으로써 교체(敎體)를 삼기 때문이라 했다. ≪능엄경≫의 25원통과 ≪원각경≫의 25종륜(種輪)이 우연이 아닌 듯하고, ≪능엄경≫의 관음과 ≪원각경≫의 변음(辨音)이 역시 우연이 아닌 듯하니, 진의대비(眞意大悲)의 방편은 진실로 지극하고 지극하기 때문이다.

(2) 세존의 답

① 청허(請許)

【원문】 爾時(이시)에 世尊(세존)이 告辨音菩薩言(고변음보살언)하사되 善哉善哉(선재선재)과 善男子(선남자)야 汝等(여등)이 乃能爲諸大衆(내능위제대중)과 及末世衆生(급말세중생)하여 問於如來(문어여래)의 如是修習(여시수습)하니 汝今諦聽(여금체청)하라 當爲汝說(당위여설)하리라 時(시)에 辨音菩薩(변음보살)이 奉敎歡喜(봉교환희)하여 及諸大衆(급제대중)으로 默然而聽(묵연이청)하였다.

【역문】 이때 세존께서 변음보살에게 말씀하셨다.

"착하고 착하다. 선남자야, 그대들은 지금 대중과 말세의 중생들을 위하여 위와 같이 닦아 익히는 법을 여래에게 물었구나. 그대들은 자세히 들어라. 마땅히 그대들을 위하여 말해 주리라."

그 때 변음보살이 분부를 받잡고 기뻐하면서 대중들과 함께 조용히 귀를 기울였다.

【해설】 변음보살은 위의 3관이 말세 수행자의 기본방편이란 말씀을 듣고 이의 실제 수행방법으로서 한 사람이 세 가지를 함께 닦는가. 혹은 한 사람이 하나씩만 닦는가. 또는 전후의 차례가 있는가. 차례 없이 뛰어넘어 닦는가 하고 물었는데, 그 물음이 말세 수행자에게 가장 필요한 물음이기 때문에 부처님께서 좋은 말이라고 칭찬하시고, 이어 말씀해 주시겠다고 허락하시니, 첫째 3관을 바탕으로 하여 25륜이 벌어진다는 것, 둘째 25륜이 이루어지는 상호의 원리, 셋째 그것이 수행의 바른 바탕이라는 것, 넷째 닦아 익히는 요령 등으로 이야기를 진행시킨다.

② 즉답(卽答)

가. 25륜의 선행(禪行)

【원문】 善男子야 一切如來의 圓覺이 清淨하야 本無修習과 及
선남자 일체여래 원각 청정 본무수습 급

修習者이언만 一切菩薩과 及末世衆生이 依於未覺하야
수습자 일체보살 급말세중생 의어미각

幻力으로 修習할때 爾時에 便有二十五種의 清淨定輪이리라
환력 수습 이시 편유이십오종 청정정륜

【역문】 선남자야, 일체 여래의 원각은 청정하여 본래 닦아 익힐 것도 없고 닦아 익힐 이도 없지만, 일체 보살과 말세의 중생들이 깨닫지 못한 까닭에 환의 힘에 의해 닦아 익히므로 25종의 청정한 선정의 윤(輪)이 있

게 되었느니라.

【해설】 여래(如來)의 경지에서 본다면 닦을 것도, 닦을 이도 없지만, 깨닫지 못한 이가 환과 같은 지혜를 일으켜 수행을 쌓는 데는, 정(靜)·환(幻)·적(寂)의 3관에 의해 25종의 청정한 정륜(定輪)이 있게 된다고 하셨다. 윤(輪)이란 운반한다는 뜻이니, 일체 보살들을 운반해서 여래의 경지에 이르게 하기 때문이고, 또 무찌른다는 뜻이니, 일체 보살들이 이 윤을 굴리어 온갖 장애를 무찌르기 때문이다. 정(定)이란 이 25종륜이 모두가 선정(禪定)이기 때문에 정륜(定輪)이라 했으니, 정(定)의 윤(輪)이라 할 수 있다.

나. 단수삼관(單修三觀)

【원문】 若諸菩薩이 唯取極靜하야 由靜力故로 永斷煩惱하야 究
약제보살 유취극정 유정력고 영단번뇌 구

竟成就하면 不起於座하고 便入涅槃하나니 此菩薩者는 名
경성취 불기어좌 편입열반 차보살자 명

이 單修奢摩他니라.
단수사마타

若諸菩薩이 唯觀如幻하야 以佛力故로 變化世界의 種種
약제보살 유관여환 이불력고 변화세계 종종

作用하되 備行菩薩의 淸淨妙行하되 於陁羅尼의 不失寂
작용 비행보살 청정묘행 어다라니 부실적

念과 及諸靜慧하면 此菩薩者는 名이 單修三摩鉢提니라.
념 급제정혜 차보살자 명 단수삼마발제

若諸菩薩이 唯滅諸幻하야 不取作用하고 獨斷煩惱하야
약제보살 유멸제환 불취작용 독단번뇌

煩惱斷盡하고 便證實相하면 此菩薩者는 名이 單修禪那니라.
번뇌단진 편증실상 차보살자 명 단수선나

【역문】 만일 보살들이 지극한 조용함(極靜)만을 취하여, 고요함의 힘 때문에 영원히 번뇌를 끊고, 끝끝내 성취하고는 자리에서 일어나지 않고 그대로 열반에 들면, 이 보살은 홑으로 사마타를 닦는다 하느니라.

만일 보살들이 환과 같음(如幻)만을 관찰하고 부처님의 힘 때문에 세계의 갖가지 작용을 변화시켜, 보살의 청정한 묘행을 두루 닦아서 적념과 온갖 조용한 지혜를 잃지 않으면 이 보살은 홑으로 삼마발제를 닦는다 하느니라.

만일 보살들이 모든 환만을 멸하여 작용을 취하지 않고, 오직 번뇌만을 끊어 번뇌가 다하면 그대로 실상을 증득하나니, 이 보살들은 홑으로 선나를 닦는다 하느니라.

【해설】 우선 3관을 홑으로 닦는 법을 보이셨다. 규봉(圭峰)이 분류한 명칭에 따라 살펴보면

첫째는 징혼식용관(澄渾息用觀)이니, 홑으로 사마타를 닦는 관문으로서 조용함에 의해 번뇌의 요동을 끊고 열반을 증득함으로써 보살의 행을 이룩하나 행은 2승(乘)과 별로 다를 바가 없다.

둘째는 포정자인관(庖丁恣刃觀)이니, 홑으로 삼마발제를 닦는 관문으로서 모든 법이 환과 같은 것임을 깨닫는다는 부처님의 도우심을 받아 작용을 일으켜 청정하고도 묘한 행을 두루 행하되 마치 능숙한 백정이 칼을 놀리듯, 모든 만행을 두루 닦아도 적멸과 조용한 지혜를 잃지 않는 것이다.

셋째는 다음출애관(多音出碍觀)이니, 홑으로 선나를 닦는 관문으로서 아무런 작용도 가하지 않고, 번뇌를 끊기만 하면 여전히 2승의 행리(行李)인데 번뇌가 다 끊어지면 그대로 실상을 증득하나니 이는 보살의 작용이다.

보살이 이와 같이 번뇌를 끊고 보살의 지위에 머무는 것이 마치 막힌 울안에서 음향이 새어나오는 것과 같기 때문이다.

다. 운주제관(運舟齊觀) 등 7관

【원문】

若諸菩薩 이　先取至靜 하야　以靜慧心 으로　照諸幻者 하야
약 제 보 살　선 취 지 정　이 정 혜 심　조 제 환 자

便於是中 에　起菩薩行 하면　此菩薩者 는　名 이　先修奢摩
편 어 시 중　기 보 살 행　차 보 살 자　명　선 수 사 마

他 하고　後修三摩發提 니라.
타　후 수 삼 마 발 제

若諸菩薩 이　以靜慧故 로　證至靜性 하야　便斷煩惱 하야　永
약 제 보 살　이 정 혜 고　증 지 정 성　편 단 번 뇌　영

出生死 하면　此菩薩者 는　名 이　先修奢摩他 하고　後修禪那
출 생 사　차 보 살 자　명　선 수 사 마 타　후 수 선 나

니라.

若諸菩薩 이　以寂靜慧 로　復現幻力 하야　種種變化 로　度諸
약 제 보 살　이 적 정 혜　부 현 환 력　종 종 변 화　도 제

衆生 하고　後斷煩惱 하야　而入寂滅 하면　此菩薩者 는　名 이
중 생　후 단 번 뇌　이 입 적 멸　차 보 살 자　명

先修奢摩他 하고　中修三摩鉢提 하고　後修禪那 니라.
선 수 사 마 타　중 수 삼 마 발 제　후 수 선 나

若諸菩薩 이　以至靜力 으로　斷煩惱已 하고　後記菩薩 의　淸
약 제 보 살　이 지 정 력　단 번 뇌 이　후 기 보 살　구

淨妙行 하야　度諸衆生 하면　此菩薩者 는　名 이　先修奢摩他
정 묘 행　도 제 중 생　차 보 살 자　명　선 수 사 마 타

하고　中修禪那 하고　後修三摩鉢提 니라.
중 수 선 나　후 수 삼 마 발 제

若諸菩薩 이　以至靜力 으로　心斷煩惱 하고　復度衆生 하야
약 제 보 살　이 지 정 력　심 단 번 뇌　부 도 중 생

建立境界 면　此菩薩者 는　名 이　先修奢摩他 하고　齊修三摩
건 립 경 계　차 보 살 자　명　선 수 사 마 타　제 수 삼 마

鉢提 와 禪那 니라.
발 제 선 나

若諸菩薩 이 以至靜力 으로 資發變化 하고 復斷煩惱 하면
약 제 보 살 이 지 정 력 자 발 변 화 부 단 번 뇌

此菩薩者 는 名 이 齊修奢摩他 하고 三摩鉢提 하고 後修禪
차 보 살 자 명 제 수 사 마 타 삼 마 발 제 후 수 선

那 니라.
나

若諸菩薩 이 以至靜力 으로 用資寂滅 하고 後起作用 하야
약 제 보 살 이 지 정 력 용 자 적 멸 후 기 작 용

變化世界 하면 此菩薩者 는 名 이 齊修奢摩他 하고 禪那
변 화 세 계 차 보 살 자 명 제 수 사 마 타 선 나

하고 後修三摩鉢提 니라.
후 수 삼 마 발 제

【역문】 만일 보살들이 먼저 지극히 고요함을 취하고, 조용한 지혜로써 온갖 환이 되는 것(幻者)을 비추어 살피다가 문득 거기에서 보살행을 일으키면 이 보살은 먼저 사마타를 닦고, 나중에 삼마발제를 닦는다 하느니라.

만일 보살들이 조용함과 지혜에 의하여 지극히 조용한 성품을 증득하고는, 문득 번뇌를 끊고 영원히 생사를 벗어나면 이 보살은 먼저 사마타를 닦고, 나중에 선나를 닦는다 하느니라.

만일 보살들이 조용한 지혜로써 다시 환의 힘을 나타내고, 갖가지로 변화하여 중생을 제도하다가, 나중에 번뇌를 끊고 적멸(寂滅)에 들면 이 보살은 먼저 사마타를 닦고, 중간에 삼마발제를 닦고, 나중에 선나를 닦는다 하느니라.

만일 보살들이 지극히 조용한 힘으로써 번뇌를 끊은 뒤에, 나중에 보살의 청정하고 묘한 행을 일으켜 중생을 제도하면 이 보살은 먼저 사마타를 닦고, 중간에 선나를 닦고, 나중에 삼마발제를 닦는다 하느니라.

만일 보살들이 지극히 조용한 힘으로써 마음의 번뇌를 끊고, 다시 중

생을 제도하기 위하여 세계를 건립하면 이 보살은 먼저 사마타를 닦고, 가지런히 삼마발제와 선나를 닦는다 하느니라.

만일 보살들이 지극히 조용한 힘으로써 온갖 변화를 일어나도록 돕고, 나중에 번뇌를 끊으면 이 보살은 가지런히 사마타나 삼마발제를 닦고, 나중에 선나를 닦는다 하느니라.

만일 보살들이 지극히 조용함의 힘으로써 적멸을 돕고, 나중에 작용을 일으켜 세계를 변화하면 이 보살은 가지런히 사마타와 선나를 닦고, 나중에 삼마발제를 닦는다 하느니라.

【해설】 이상의 7륜(輪)은 사마타를 첫머리로 하여 삼마발제와 선나를 곁들여 닦는 관문이다.

첫째 운주겸제관(運舟兼齊觀)이니, 먼저 조용함의 지혜를 취득하고, 다시 그 지혜에 의해 자신이 번뇌에서 벗어나서 보살행을 일으켜 중생을 제도하는 것이 마치 배를 타고 다니면서 남까지를 구제하는 것 같은 것이다.

둘째 담해징공관(湛海澄空觀)이니, 조용함이 지혜에 의해 번뇌를 끊고 그대로 생사를 벗어남이 마치 맑게 가라앉은 바다에 맑은 하늘이 비친 것 같다는 관문이다.

셋째 수라삼목관(修羅三目觀)이니, 수라는 아수라인데 눈이 셋이라 한다. 이 세 가지 관(觀)을 한꺼번에 닦는 것이 마치 아수라가 세 개의 눈을 동시에 뜬 것 같다는 관문이다.

넷째 삼점제수관(三點齊修觀)이니, 3점은 범어의 이자(伊字 ; ∴)를 말한 것인데 이 세 개의 점이 균형있게 찍혔다 하여 여기에서 3관을 닦는다는 관문이다.

다섯째 품자단쌍관(品字單雙觀)이니, 먼저 사마타를 홀으로 닦고, 나중에 3마발제와 선나는 합쳐서 닦는 것이 마치 품자(品字)의 "구(口)가 배열된 것 같다는 관문이다.

여섯째 독족쌍두관(獨足雙頭觀)이니, 먼저 사마타와 삼마발제를 합쳐서 닦고, 나중에 선나를 홑으로 닦아, 마치 머리는 둘이고 발은 하나인 새와 같다는 관문이다.

일곱째 과락화부관(果落花敷觀)이니, 사마타의 지혜로써 적멸의 결과를 얻고는 다시 삼마발제를 닦아 중생을 위하는 만행의 꽃을 피운다는 관문이다.

라. 선무후문관(先武後文觀) 등 7관

【원문】

若諸菩薩 이 以變化力 으로 種種隨順 하야 而取至靜 하면
약제보살 이변화력 종종수순 이취지정

此菩薩者 는 名 이 先修三摩鉢提 하고 後修奢摩他 니라.
차보살자 명 선수삼마발제 후수사마타

若諸菩薩 이 以變化力 으로 種種境界 하야 而取寂滅 하면
약제보살 이변화력 종종경계 이취적멸

此菩薩者 는 名 이 先修三摩鉢提 하고 後修禪那 니라.
차보살자 명 선수삼마발제 제수선나

若諸菩薩 이 以變化力 으로 而作佛事 하야 安住寂靜 하야
약제보살 이변화력 이작불사 안주적정

而斷煩惱 하면 此菩薩者 는 名 이 先修三摩鉢提 하고 中修
이단번뇌 차보살자 명 선수삼마발제 제수

奢摩他 하고 後修禪那 니라.
사마타 제수선나

若諸菩薩 이 以變化力 으로 無碍作用 하고 斷煩惱故 로 安
약제보살 이변화력 무애작용 단번뇌고 안

住至靜 하면 此菩薩者 는 名 이 先修三摩鉢提 하고 中修禪
주지정 차보살자 명 선수삼마발제 중수선

那 하고 後修奢摩他 니라.
나 후수사마타

若諸菩薩 이 以變化力 으로 方便作用 하야 至靜 과 寂滅 의
약제보살 이변화력 방편작용 지정 적멸

二俱로 隨順하면 此菩薩者는 名이 先修三摩鉢提하고
이구 수순 차보살자 명 선수삼마발제

齊修奢摩他하고 禪那니라.
제수사마타 선나

若諸菩薩이 以變化力으로 種種起用하야 資於至靜하고
약제보살 이변화력 종종기용 자어지정

後斷煩惱하면 此菩薩者는 名의 齊修三摩鉢提하고 奢摩
후단번뇌 차보살자 명 제수삼마발제 사마

他하고 後修禪那니라.
타 제수선나

若諸菩薩이 以變化力으로 資於寂滅하고 後住淸淨한
약제보살 이변화력 자어적멸 후주청정

無作靜慮하면 此菩薩者는 名이 齊修三摩鉢提하고 禪那
무작정려 차보살자 명 제수삼마발제 선나

하고 後修奢摩他이니라.
후수사마타

【역문】 만일 보살들이 변화의 힘으로써 갖가지로 수순하되 지극히 조용함을 취하면 이 보살은 먼저 삼마발제를 닦고, 나중에 사마타를 닦는다 하느니라.

만일 보살들이 변화의 힘으로써 갖가지 경계에서 적멸을 취하면 이 보살은 먼저 삼마발제를 닦고, 나중에 선나를 닦는다 하느니라.

만일 보살들이 변화의 힘으로써 불사를 하고, 고요함에 머물러서 번뇌를 끊으면 이 보살은 먼저 삼마발제를 닦고, 중간에 사마타를 닦고, 나중에 선나를 닦는다 하느니라.

만일 보살들이 변화의 힘으로써 걸림없이 작용하다가 번뇌를 끊은 까닭에 지극히 조용함에 머무르면 이 보살은 먼저 삼마발제를 닦고, 중간에 선나를 닦고, 나중에 사마타를 닦는다 하느니라.

만일 보살들이 변화의 힘으로써 방편을 작용하여 지극히 조용함과 적멸의 두 가지에 수순하면 이 보살은 먼저 삼마발제를 닦고, 가지런히 사마타와 선나를 닦는다 하느니라.

만일 보살들이 변화의 힘으로써 갖가지 작용을 일으켜 지극히 조용함을 돕다가 나중에 번뇌를 끊으면 이 보살은 가지런히 삼마발제와 사마타를 닦고, 나중에 선나를 닦는다 하느니라.

만일 보살들이 변화의 힘으로써 적멸을 돕다가 나중에 청정하고 작위 없는 선정(靜慮)에 머무르면 이 보살은 가지런히 삼마발제와 선나를 닦고, 나중에 사마타를 닦는다 하느니라.

【해설】 이상의 7륜(輪)은 삼마발제를 첫머리로 하여 사마타와 선나를 곁들여 닦는 관문이다.

첫째 선무후문관(先武後文觀)이니, 변화의 힘이란 삼마발제의 환관(幻觀)을 말하는 것으로서, 온갖 현상을 긍정하고 시설하여 중생을 제도하는 것이다. 여기에서 먼저 환관을 닦아서 갖가지 경계에 수순하다가 나중에 지극히 조용함을 취한다 하니, 마치 무력을 써서 전쟁을 치룬 뒤에 무기를 버리고 조용한 평정을 회복하는 것 같다는 관문이다.

둘째 공성퇴직관(功成退職觀)이니, 환관의 힘으로써 갖가지 경계에서 중생을 이롭게 하고는 적멸을 취한다고 하니, 마치 큰 공을 세우고는 조용히 은퇴하는 것 같다는 관문이다.

셋째 환사해술관(幻師解術觀)이니, 먼저 변화의 힘으로써 불사를 하다가 나중에 고요함에 머물러 번뇌를 끊는 것이, 마치 요술쟁이가 요술을 부리다가 요술부리기가 끝나면 요술부리는 도구를 버리고 다시는 하지 않음과 같다는 관문이다.

넷째 신용은해관(神龍隱海觀)이니, 변화의 힘으로써 걸림없는 만행을 일으켜 중생을 제도하다가 나중에 조용함에 머무르는 것이 마치 용이 조화를 부려 비를 뿌리다가 할 일을 다하고는 바다에 숨는 것 같다는 관문이다.

다섯째 용수통진관(龍樹通眞觀)이니, 변화의 힘으로써 방편을 작용하여 정관(靜觀)과 적관(寂觀)에 들어가는 것이, 마치 용수(龍樹)가 처음에는 외도에서 요술을 부리다가 그것이 계기가 되어 불도에 들어온 것 같다는 관문이다.

여섯째 상나시상관(商那示相觀)이니, 변화의 힘으로써 갖가지 작용을 일으켜서 정관(靜觀)을 돕다가 나중에 적멸에 들어감이, 마치 상나화수(商那和修)가 그의 제자인 우바구다(優婆毬多)의 교만을 꺾고는 선정에 들어 열반함과 같다는 관문이다.

일곱째 대통적관(大通寂觀)이니, 변화의 힘으로 적관(寂觀)을 돕다가 나중에 정(靜觀)에 머무는 것이, 마치 대통지승불(大通智勝佛)이 침묵을 지키시어 16왕자가 모두 불과를 얻게 하고는 자신이 열반에 드신 것과 같다는 관문(觀門)이다.

마. 보명공해관(寶明空海觀) 등 7관

【원문】 若諸菩薩이 以寂滅力으로 而起至靜하야 住於淸淨하면
약제보살 이적멸력 이기지정 주어청정

此菩薩者는 名이 先修禪那하고 後修奢摩他하니라.
차보살자 명 선수선나 후수사마타

若諸菩薩이 以寂滅力으로 而起作用하야 於一切境에 寂
약제보살 이적멸력 이기작용 어일체경 적

用隨順하면 此菩薩者는 名이 先修禪那하고 後修三摩鉢
용수순 차보살자 명 선수선나 후수삼마발

提니라.
제

若諸菩薩이 以寂滅力으로 種種自性하여 安於靜慮하고
약제보살 이적멸력 종종자성 안어정려

而起變化하면 此菩薩者는 名이 先修禪那하고 中修奢摩
이기변화 차보살자 명 선수선나 중수사마

他하고 後修三摩鉢提니라.
타 후수삼마발제

若諸菩薩 이 以寂滅力 으로 無作自性 하야 起於作用 하고
약제보살 이적멸력 무작자성 기어작용

淸淨境界 로 歸於靜慮 하면 此菩薩者 는 名 이 先修禪那
청정경계 귀어정려 차보살자 명 선수선나

하고 中修三摩鉢提 하고 後修奢摩他 하니라.
중수삼마발제 후수사마타

若諸菩薩 이 以寂滅力 으로 種種淸淨 하야 而住靜慮 하야
약제보살 이적멸력 종종청정 이주정려

起於變化 하면 此菩薩者 는 名 이 先修禪那 라고 齊修奢摩
기어변화 차보살자 명 선수선나 제수사마

他 하고 三摩鉢提 니라.
타 삼마발제

若諸菩薩 이 以寂滅力 으로 資於至靜 하고 而起變化 하면
약제보살 이적멸력 자어지정 이기변화

此菩薩者 는 名 이 齊修禪那 가 奢摩他 하고 後修三摩鉢
차보살자 명 제수선나 되고 사마타 후수삼마발

提 이라.
제

若諸菩薩 이 以寂滅力 으로 資於變化 하고 而起至靜 淸明
약제보살 이적멸력 자어변화 이기지정 청명

境慧 하면 此菩薩者 는 名 이 齊修禪那 하고 三摩鉢提 라고
경계 차보살자 명 제수선나 삼마발제

後修奢摩他 니라.
후수사마타

【역문】 만일 보살들이 적멸의 힘으로써 지극히 조용함을 일으키어, 청정한 경지에 머무르면 이 보살은 먼저 선나를 닦고, 나중에 사마타를 닦는다 하느니라.

만일 보살들이 적멸의 힘으로써 작용을 일으키어 일체 경계에서 적멸

의 작용에 수순하면 이 보살은 먼저 선나를 닦고, 나중에 삼마발제를 닦는다 하느니라.

만일 보살들이 적멸의 힘인 갖가지 제 성품으로써 정려에 안정하고 변화를 일으키면, 이 보살은 먼저 선나를 닦고, 중간에 사마타를 닦고, 나중에 삼마발제를 닦는다 하느니라.

만일 보살들이 적멸의 힘인 작위가 없는 제 성품으로써 작용을 일으키고, 청정한 경계에서 정려에 돌아가면 이 보살은 먼저 선나를 닦고, 중간에 3마발제를 닦고, 나중에 사마타를 닦는다 하느니라.

만일 보살들이 적멸의 힘인 갖가지로 청정함으로써 정려에 머물러서 변화를 일으키면 이 보살은 먼저 선나를 닦고, 가지런히 사마타와 삼마발제를 닦는다 하느니라.

만일 보살들이 적멸의 힘으로써 지극히 조용함을 얻고, 변화를 일으키면 이 보살은 가지런히 선나와 사마타를 닦고, 나중에 삼마발제를 닦는다 하느니라.

만일 보살들이 적멸의 힘으로써 변화를 돕고, 조용하고 밝은 지혜를 일으키면 이 보살은 가지런히 선나와 삼마발제를 닦고, 나중에 사마타를 닦는다 하느니라.

【해설】 이상의 7륜은 선나를 우두머리로 하여, 사마타와 삼마발제를 번갈아 겸해 닦는 관법이다.

첫째 보명공해관(寶明空海觀)이니, 적멸의 힘이란 선나를 이르는 말이고, 지극히 고요함이란 사마타의 정관(靜觀)을 이르는 말이다. 먼저 선나의 고요함에서 출발하여 사마타의 조용함에 이르러 머무는 것이 마치 맑은 구슬이 허공에 비치는 것 같다는 관문이다.

둘째 허공묘용관(虛空妙用觀)이니, 묘용이라 함은 삼마발제의 환관(幻觀)을 뜻하는 말이다. 선나의 고요함 위에서 무작위의 작위(作爲)인 환관을 일으키어 중생을 제도하는 것이 마치 허공이 묘한 작용을 하여, 노을이나 무지개가 뜨는 것 같다는 관문(觀門)이다.

셋째 무약다신관(無若多神觀)이니, 갖가지 제 성품이란 일체 사물에 공통되는 적멸의 원리이고, 변화라 함은 중생을 제도키 위한 환이며, 정려(靜慮)라 함은 정관(靜觀)이다. 여기에서 적(寂)・환(幻)・정(靜)의 차례로 관행을 닦는 것이 마치 무약다허공신(舞若多虛空神)이니, 부처님의 광명을 받으면 잠시 형상을 드러내는 것과 같다는 관문(觀門)이다.

넷째는 음광귀정관(飮光歸定觀)이니, 먼저 적멸의 본체를 증득하고, 다음에 신통을 일으키고, 마지막에 선정에 드는 것이 마치 가섭이 심지(心地)를 깨닫고 행화(行化)를 하다가 계족산(鷄足山)에 들어간 것과 같다는 관문이다.

다섯째 다보정통관(多寶呈通觀)이니, 먼저 적멸을 닦고, 나중에 정(靜)과 환(幻)을 함께 닦는 것이 마치 다보여래가 불도를 성취한 뒤에 다보탑(多寶塔) 속(靜)에서 큰 소리를 내어 ≪법화경≫을 찬양하신(幻) 것과 같다는 관문이다.

여섯째 하방승화관(下方勝化觀)이니, 적멸(寂滅)과 정(靜)이 서로 돕고, 거기에서 다시 환관(幻觀)을 닦는 것이 마치 법화회상(法華會上)의 땅 속에서 대중이 솟아난 것 같다는 관문이다.

일곱째 제청함변관(帝靑含變觀)이니, 적멸과 신통이 서로 돕고, 거기에서 다시 정관을 닦는 것이 마치 제청주(帝靑珠)에 사물이 나타나면 곧 나타나나 나타났다는 그 자체 그대로가 공한 것 같다는 관문이다. 제청주(帝靑珠)는 제석천왕궁에 있는 구슬이니, 매우 영롱하다고 한다.

바. 원수삼종관(圓修三種觀)과 총결

【원문】 **若諸菩薩**이 **以圓覺慧**로 **圓合一切**하야 **於諸性相**에 **無離**
약제보살 이원각혜 원합일체 어제성상 무리

覺性하면 **此菩薩者**는 **名**이 **各爲圓修三種自性**의 **淸淨隨順**
각성 차보살자 명 각위원수삼종자성 청정수순

이니라

善男子야 是名이 菩薩의 二十五輪이니 一切菩薩이 修
선남자 시명 보살 이십오륜 일체보살 수

行如是하니라.
행여시

若諸菩薩이 及末世衆生이 依此輪者는 當持梵行하고 寂
약제보살 급말세중생 의차륜자 당지범행 적

靜思惟하야 求哀懺悔함을 經三七日하야 於二十五輪하고
정사유 구애참회 경삼칠일 어이십오륜

各安標記하고 至心求哀하야 隨手結取하야 依結開示하면
각안표기 지심구애 수수결취 의결개시

便知頓漸하나니 一念疑悔하면 卽不成就하리라
편지돈점 일념의회 즉불성취

【역문】 만일 보살들이 원각의 지혜로써 일체에 두루 합하고, 모든 성품과 형상에서 각성을 여의지 않으면 이 보살 세 가지를 원융하게 닦아서 자성의 청정함을 수순한다 하느니라.

선남자야, 이것이 보살의 25륜이니, 일체 보살의 수행이 이와 같으니라.

만일 보살들과 말세의 중생이 이 관문(輪)에 의하려면 범행을 닦고, 적멸하게 생각하고, 슬피 참회를 구하기를 3·7일이 지난 뒤에, 25륜을 각각 기록해 놓고, 지극한 마음으로 발원한 뒤에 손에 닿는대로 집으면 집혀진 표가 보여 주는 바에 따라 돈(頓)과 점(漸)을 알게 되리니, 한 생각이라도 망설이면 끝내 성취하지 못하리라.

【해설】 원각의 지혜 하나를 거점으로 하여, 일체 사물에 두루 합하니, 일체 사물 어느 하나가 원각 아닌 것이 없다. 그러므로 이 보살에게는 온갖 성(性)과 상(相)이 모두 원각 밖에 있다고 보지 않는다. 이것은 위에서 말한 바 일체 장애가 곧 구경각(究竟覺)이라 한 것과 같은 경지이다. 이것이 3종관을 동시에 원융하게 닦는 것이니, 모두가 원각의 청정한 자성(自性)에 수순한 것이다.

이상으로써 홑으로 3륜, 겹으로 21륜, 원융하게 1륜을 다 말씀하시고, 이 25륜이 보살의 바른 수행의 길임을 결론하신다.

이상은 관행을 닦을 때의 위의와 법식을 보인 것이니, "범행(梵行)"이란 계율(戒律)이고, "적멸은 선정"이며, "생각한다" 함은 바른 생각이니 지혜다. "참회"라 함은 예전의 죄를 뉘우치는 것이다. 이와 같이 3학(學)을 골고루 닦아야 3관(觀)에 들어갈 준비가 되는 것이다. "25륜을 각각 표에 기록한다" 함은 25륜의 명칭을 낱낱이 따로따로 방(榜)에 써서 도량에 두루 달고서 정성껏 기구하라는 뜻이다.

"손에 닿는대로 집는다" 함은 어느 한 관문이 확실히 마음에 들면 그 관문을 택하면 되고, 어느 관문이 더 좋은지 모르겠거든 부처님의 법력에 맡겨 점치듯이 종이 위를 손으로 집어서, 손닿는 자리에 쓰인 관문을 택하고 망설이는 생각을 내지 말라는 뜻이다. "집혀진 표가 보여 주는 바"라 함은 자기 손에 집혀진 관문의 명칭이란 뜻이고, "돈(頓)과 점(漸)을 알게 된다" 함은 자기 손에 잡힌 관문(觀門)이 돈기(頓機)의 것이면 자기도 돈기(頓機)인줄 알고, 점기(漸機)의 법문이면 자기도 점기(漸機)임을 알라는 것이다.

거기에서 조금이라도 망설이는 생각이 있으면 공부는 성취하지 못하리라 하셨으니, 이미 닦는 공덕도 잃어질 것은 물론이오, 다시 닦는다 하여도 성취하기 어렵다는 뜻이다. 어찌 사상참회(事相懺悔)인들 경(輕)하고 급(急)하게 하겠는가.

사. 계송(偈頌)

【원문】 **爾時**에 **世尊**이 **欲重宣此義**하야 **而說偈言**하시니라.
이시 세존 욕중선차의 이설게언

辯音아 **汝當知**하라 **一切諸菩薩**의 **無碍淸淨慧**는 **皆依禪**
변음 여당지 일체제보살 무애청정혜 개의선

定生이니 **所謂奢摩他**와 **三摩提**와 **禪那**니라 **三法**은 **頓**
정생 소위사마타 삼마제 선나 삼법 돈

漸修 에 有二十五種 하나니 十方諸如來 와 三世修行者 가
점수 유이십오종 시방제여래 삼세수행자

無不因此法 라고 而得成菩提 하나니 唯除頓覺人 과 幷法不
무불인차법 이득성보리 유제돈각인 병법불

隨順 하니라 一切諸菩薩 과 及末世衆生 이 常當持此輪 하야
수순 일체제보살 급말세중생 상당지차륜

隨順勤修習 하면 依佛大悲力 하야 不久證涅槃 하리라.
수순근수습 의불대비력 불구증열반

【역문】 이때 세존께서 이 뜻을 거듭 펴시기 위해 게송으로 말씀하셨다.

변음아, 그대는 알아라. 일체 보살들의
걸림없는 맑은 지혜는 모두가 선정에서 생각나니
이른 바 사마타와 삼마발제와 선나이니
세 가지 법을 돈과 점으로 닦으면 25종이 있으니라.

시방의 여래들과
3세의 수행자들이
이 법을 인하지 않고는
보리를 이루지 못하느니라.

그러나 당장 깨달은 사람과
법에 수순치 않는 이는 제하느니라.
일체 보살과 말세의 중생들이 항상 이 관문을 지니어
수순하고, 부지런히 닦아야 되나니

부처님의 대비의 힘에 의하여
오래지 않아서 열반을 증득하리라.

【해설】 게송에는 응송(應頌)과 고기송(孤起頌)이 있음을 이미 앞에서 말한 바 있으나, 여기의 13행에서 "몰록 깨달은 사람과 법에 수순치 않는 이는 제한다"고 한 것은 장행에는 없는 것으로서, 이른 바 고기송이다. "법을 당장 깨달은 이"라 함은 상근인(上根人)으로서 발심하자마자 원각을 깨달은 사람이고, "법에 수순치 않는다" 함은 믿음이나 지력이 부족해서 이런 법상(法相)에 순응할 수 없는 이를 말하니, 이들을 제하고는 모두가 이 25륜에 의해 닦아야 한다. 닦되 부지런히 힘쓰면 오래지 않아 열반을 증득할 것이라 하여 더욱 간곡히 권발(勸發)하셨다.

이상의 25륜을 간단히 도시하면 다음과 같다.

圭峰二十五觀

1. 單修三種觀 : ① 澄渾鬼用觀 ② 疱丁恣邊觀 ③ 多音出碍觀
2. 先奢七輪觀 : ① 運舟兼齊觀 ② 湛海澄空觀 ③ 修羅三目觀 ④ 三點齋修觀 ⑤ 品字配列觀 ⑥ 猲定雙頭觀 ⑦ 畢落花敬觀
3. 三・七輪觀 : ① 先無後文觀 ② 功成退職觀 ③ 幻歸解術觀 ④ 神龍陰海觀 ⑤ 龍樹通眞觀 ⑥ 商那示相觀 ⑦ 大通智寂觀
4. 後明空七觀 : ① 寶明空海觀 ② 虛空妙用觀 ③ 無若多神觀 ④ 飲光歸定觀 ⑤ 多寶呈通觀 ⑥ 下方勝化觀 ⑦ 帝青含變觀
5. 圓修三種觀

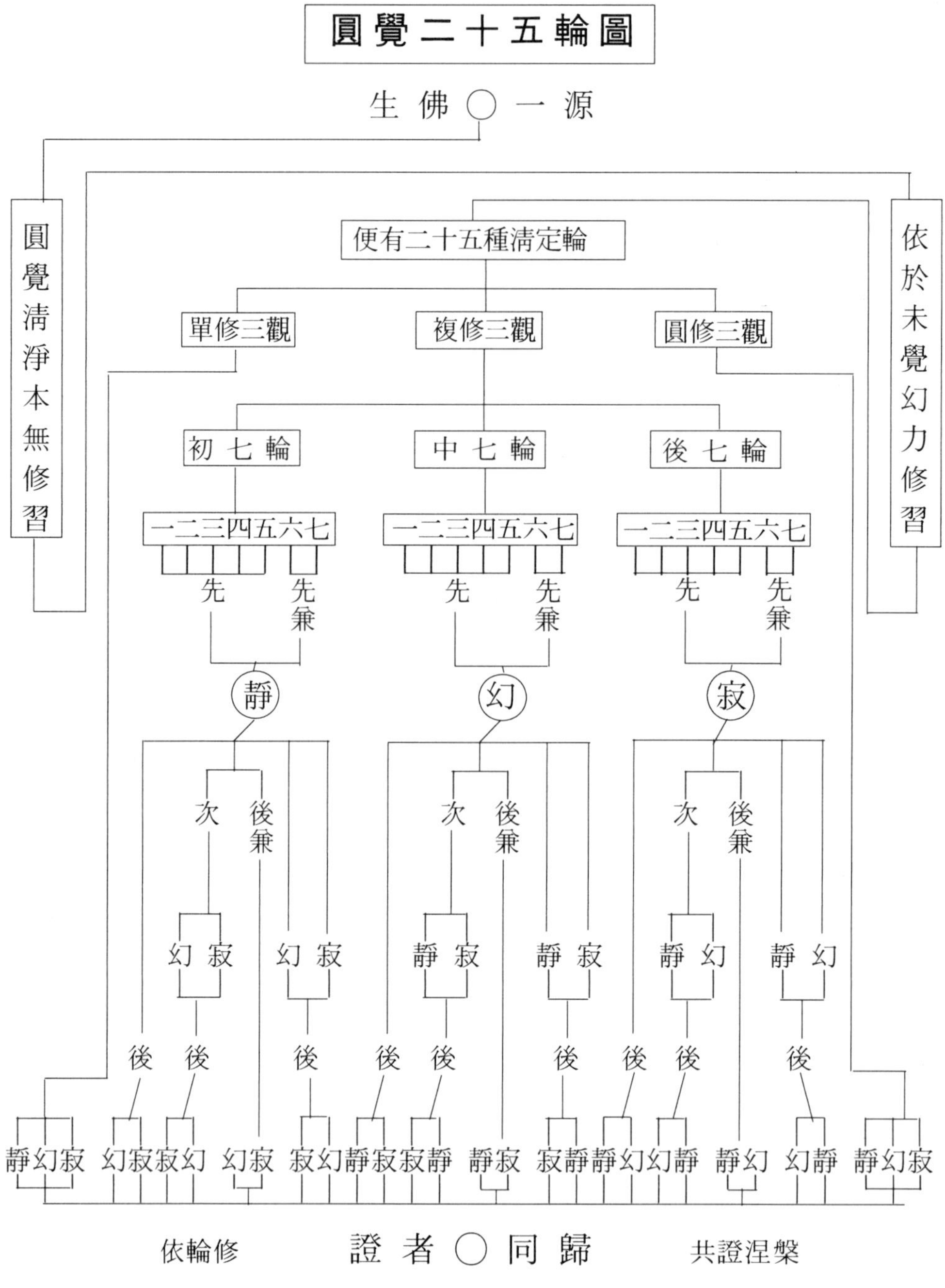
圓覺二十五輪圖
生佛○一源
圓覺淸淨本無修習
依於未覺幻力修習
便有二十五種淸定輪
單修三觀
複修三觀
圓修三觀
初七輪
中七輪
後七輪
一二三四五六七
先
先兼
靜
幻
寂
次
後兼
幻 寂
靜 寂
靜 幻
後
靜幻寂 幻寂寂幻 幻寂 寂幻靜寂寂靜 靜寂 寂靜靜幻幻靜 靜幻 幻靜 靜幻寂
依輪修
證者○同歸
共證涅槃

9. 정제업장장(淨諸業障章)

(1) 정제업장이 4상(相)을 없애는 방법을 묻다

【원문】

於是 에 淨諸業障菩薩 이 在大衆中 하다가 卽從座起 하야
어시 정제업장보살 재대중중 즉종좌기

頂禮佛足 하고 右繞三匝 하고 長跪叉手 하고 而白佛言 하시되
정례불족 우요삼잡 장궤차수 이백불언

大悲世尊 이시여 爲我等輩 하야 廣說如是 의 不思議事 하시고
대비세존 위아등배 광설여시 부사의사

一切如來 의 因地行相 하야 令諸大衆 으로 得未曾有 하야
일체여래 인지행상 영제대중 득미증유

親見調御 의 歷恒沙劫勤 하사 勤苦境界 의 一切功用 하시
친견조어 역항사겁근 근고경계 일체공용 기를

猶如一念 케 我等菩薩 이 深自慶慰 하나 世尊 이시여 若
유여일념 하시니 아등보살 심자경위 이다 세존 약

此覺心 이 本性淸淨 이면 因河染汚 하야 使諸衆生 으로 迷
차각심 본성청정 인하염오 사제중생 미

悶不入 이니고 唯願如來 는 廣爲我等 하사 開悟法性 令此
민불입 유원여래 광위아등 개오법성 영차

大衆 과 及末世衆生 으로 作將來眼 케 設是語已 하시고
대중 급말세중생 작장래안 하소서 설시어이

五體投地 하사 如是三請 에 終而復始 하시었다.
오체투지 여시삼청 종이부시

【역문】 이때 정제업보살이 대중 가운데 있다가 곧 자리에서 일어나 부처님의 발에 정례하고, 오른쪽으로 세 번 돌고, 두 무릎을 세워 꿇고, 합장하고 부처님께 사뢰었다.

"대비하신 세존이시여, 저희들을 위하여 이와 같이 부사의한 일인 일체 여래의 인지의 행상을 널리 말씀하시어, 대중들로 하여금 미증유(未曾有)를 얻어 조어(調御)로서 갠지스강의 모래수와 같은 겁을 지나도록, 애쓰신 경계에서 일체 공용을 두루 닦되, 마치 일념 사이와 같게 하신 것을 보게 하시니, 저희 보살들은 반가워 하나이다. 세존이시여, 만일 원각의 마음(본성)이 청정하다면, 무엇 때문에 더렵혀져서 중생들로 하여금 어리둥절하여 들어가지 못하게 하나이까. 바라옵건대 여래께서 저희들에게 법성을 널리 일깨워 주시어, 이 모임의 대중과 말세의 중생들로 하여금 장래의 안목을 삼게 하여 주옵소서."

이렇게 말하고는 5체를 땅에 던져, 이렇게 거듭 세 번 청하고 다시 처음과 같이 하였다.

【해설】 "정제업장"이란 업장을 깨끗이 제거한다는 뜻이다. 위에서 미혹을 끊는 일, 진여를 증득하는 일, 관행(觀行)을 닦는 일을 두루 말씀하시어 원융(圓融)과 행포(行布)의 두 문호가 뚜렷해졌다. 그러나 대원각 다라니문에 쉽사리 들어가지 못하는 이유는, 아(我)·인(人)·중생(衆生)·수명(壽命) 등 4상에 의해 부단히 업을 짓기 때문이다. 이제 그 업의 근본을 깨끗이 제거하여 중생들로 하여금 중도에서 방황하지 않게 하기 위해, 이 보살이 때를 맞추어 자리에서 일어난 것이다.

"부사의한 일"이란, 처음 원각은 하나인데 3관이 생기고, 3관에서 다시 21륜이 벌어지고, 마지막에 다시 원수 일륜(圓修一輪)으로 묶어서 25륜이 생겼는데, 이들은 모두가 언어나 심식(心識)으로 분별할 수 없기 때문에 부사의한 일이라 하였고, 이 부사의한 관문(觀門)들은 보살이나 여래들이 누구나 밟아 나아갈 궤도이므로 일체 여래의 인지(因地) 행상(行相)이라 하였다. 이런 법문을 듣고서 여래께서 여러 겁에 애써 닦으신 공용(功用)이, 한 생각을 떠나지 않았다는 사실을 똑똑히 보고 반가워한다고 하였다. "조어"는 부처님의 10호 중의 하나이니, 말을 길들이는 기술자라는 뜻으로서 부처님은 일체 중생들의 강한 고집을 잘 길들인다는 말이고, "미증유"는 일찍이 없었던 일이란 뜻으로 처음 있는 반갑다는 말이다.

이어서 본 장의 주제를 물었으니, "만일 원각의 마음이 본래 청정하다면 현재 수행하고 있는 사람들은 아무런 고생도 없이 깨달아 들어가야 될 터인데, 무엇 때문에 더럽혀져서 그들이 깨달아 들지 못하게 되었습니까? 바라옵건대 오늘날 수행인들이 쉽사리 깨달아 들지 못하는 까닭을 설명해 주시어, 그들로 하여금 장래에 바른 법을 깨달을 수 있는 바른 안목을 얻게 하옵소서"라고 하였다.

(2) 세존의 답

① 청허(請許)

【원문】 爾時에 世尊이 告淨諸業障菩薩言하시되 善哉善哉라 善
이시 세존 고정제업장보살언 선재선재 선

男子야 汝等이 乃能爲諸大衆과 及末世衆生과 諮問如
남자 여등 내능위제대중 급말세중생 자문여

來의 如是方便하나니 汝今諦聽하라 當爲汝說하리라 時에
래 여시방편 여금제청 당위여설 시

淨諸業障菩薩이 奉敎歡喜하여 及諸大衆으로 默然而聽하니라.
정제업장보살 봉교환희 급제대중 묵연이청

【역문】 이때 세존께서 정제업장보살에게 말씀하셨다.

"착하고 착하다. 선남자야. 그대들은 지금 대중들과 말세의 중생들을 위하여 여래에게 이와 같은 방편을 물었구나. 그대들은 자세히 들어라. 마땅히 그대들을 위해 말해 주리라."

그 때 정제업장보살이 분부를 받잡고 기뻐하면서 대중들과 함께 조용히 귀를 기울였다.

【해설】 말세 중생들로 하여금 원각에 들어가는 바른 안목을 얻게 하기 위한 방편을 물은 것은, 시의적절하기 때문에 옳은 말이라고 칭찬하셨다. 바른 방편이란 다름 아니라 4상(相)에 의해 짓는데 이 업의 정체는 무엇이며, 어떻게 끊어야 되는가 하는 방법이다. 다음의 문장을 보자.

② 즉답(卽答)

가. 사상(四相)의 장애

【원문】
善男子야 一切衆生이 從無始來로 妄想執有我人衆生과
선남자 일체중생 종무시래 망상집유아인중생

及與壽命하야 認四顚倒하야 爲實我體일때 由此로 便生
급여수명 인사전도 위실아체 유차 편생

憎愛二境하야 於虛妄體에 重執虛妄하야 二妄相依하야
증애이경 어허망체 중집허망 이망상의

生妄業道하나니 有妄業故고 妄見流轉하고 厭流轉者는
생망업도 유망업고 망견류전 염류전자

妄見涅槃하나니 由此로 不能入淸淨覺하나니 非覺이 違
망견열반 유차 불능입청정각 비각 위

拒諸能入者하여 有諸能入이면 非覺入故니라 是故로 動
거제능입자 유제능입 비각입고 시고 동

念과 及與息念이 皆歸迷悶하나니 何以故요 由有無始로
념 급여식념 개귀미민 하이고 유유무시

本起無明하야 爲已主宰하나니 一切衆生이 生無慧目일때
본기무명 위이주재 일체중생 생무혜목

身心等性이 皆是無明이라 譬如有人이 不自斷命하니 是
신심등성 개시무명 비여유인 부자단명 시

故로 當知하야 有愛我者이든 我與隨順하고 非隨順者는
고 당지 유애아자 아여수순 비수순자

便生憎怨 하야 爲憎愛心 하는 養無明故 로 相續求道 할때
편생증원 위증애심 양무명고 상속구도

皆不成就 하나
개불성취 니라

【역문】 "선남자야, 일체 중생이 끝없는 옛부터 망상 때문에 아·인·중생·수명이 있다고 집착하여, 네 가지 뒤바뀜을 잘못 알아 실제로 '나'의 본체가 있다고 여겼으니, 이 까닭에 미움과 사랑과 두 경계가 생기고, 허망한 몸 위에 거듭 허망하게 집착하고, 두 가지 허망함이 서로 의지하여 허망한 업이 생겨, 허망한 업이 있으므로 허망하게 유통하게 되고, 유전을 싫어하는 이는 허망하게도 열반이 있다고 여기느니라.

이 까닭에 청정한 각(覺)에 들지 못하니, 들어가는 이들을 각(覺)이 막는 것 아니며, 들어간다 할지라도 각(覺)이 들어가게 하는 것이 아니다. 그러므로 생각을 움직이거나 생각을 쉼에 모두 어리둥절할 뿐이니라. 무슨 까닭이겠는가. 끝없는 옛부터 일으켰던 무명으로써 자기의 주재를 삼았기 때문이니, 일체 중생이 태어날 때부터 지혜로운 눈이 없어서 몸과 마음들의 성품이 모두가 무명(無明)이니라.

비유하건대 사람이 스스로 자기의 목숨을 끊지 못하는 것 같으니라. 그러므로 분명히 알라. 나를 사랑하는 이에게는 내가 수순하고, 나에게 수순하지 않는 이에게는 원망을 품어 미워함과 사랑함이 무명을 자라게 하는 까닭에 상속하면서 도를 구하여도 모두 성취하지 못하느니라.

【해설】 "원각이 본래 청정한데 쉽사리 깨달아 들지 못하는 원인이 무엇입니까?" 하고, 물은데 대하여 그 주된 장본이 사상(四相)임을 말씀하신다. 일체 중생 누구나를 막론하고, 언제부터 미망이 시작되었는지 모르므로 끝없는 옛부터라 했고, 망상이란 6·7식의 작용이니, 실제로는 없는 것인데 있는 것으로 여기기 때문에 있다고 집착한다고 하였다.

4상이란 아상(我相)·인상(人相)·중생상(衆生相)·수명상(壽命相)이니,

여기에는 세간법을 잘못 아는 미세간법집(迷世間法執)과 깨달음의 법을 잘못 아는 미출세간법집(迷出世間法執)이 있다. 본 장에서 거론되는 사상은 미출세간법집이니 우선 일반적으로 알려진 미세간법집의 행상을 살펴보자.

첫째 5온으로 생긴 몸과 마음에 실제로 '나'가 있다고 여기고, 또 나의 소유라고 집착하는 소견을 아상(我相)이라 한다.

둘째 '나'는 인상이어서 다른 취(趣)의 중생과는 다르다고 집착하는 소견을 인상(人相)이라 한다.

셋째 '나'는 5온법등을 말미암아 생긴 존재로서 갖가지 고락과 변이가 '나'를 중심으로 해서 상속된다고 집착하는 소견이 중생상이다.

넷째 '나'는 일정한 기간 동안에는 목숨이 있어 존속하리라고 집착하는 소견이 수명상(壽命相)이다.

중생들이 이 4상의 뒤바뀜을 잘못 알아 '나'라는 실체가 있는 것으로 여기고, '나'가 있다고 집착하기 때문에 나를 사랑하고, 남을 미워하는 두 경계가 생겨, 나에게 순종하는 이는 사랑하고, 나에게 거슬리는 이는 미워하게 되었다. 그러나 4대와 5온은 본래 '나'가 없는데 지금 '나'가 있다고 집착하니, 이미 허망이었는데 허망한 몸 위에 다시 미움과 사랑을 일으키니 허망 위에 허망을 더하는 것이며, 머리 위에 머리를 더하는 것이다.

이렇게 두 가지 허망이 서로 의지하면서 존속하기 때문에 허망한 업이 생기게 되었고, 허망한 업이 있으므로 과보가 있어 생사에 유전하게 되었다. 거기에서 생사의 소용돌이를 싫어하는 이는 적멸의 도법을 좋아하여 허망하게도 열반이 있다고 여기게 된다. 이는 아상(我相)을 제하지 못하고, 좋아함과 싫어함의 분별을 여의지 못했기 때문이다. 그러므로 청정각(淸淨覺)에 들지 못할 뿐이지, 각(覺)이 사람들의 들어가는 길을 막는 것은 아니다. 다만 들어가려는 이가 바른 길을 말미암지 않기 때문이다.

그러므로 생각을 움직여서 무엇인가를 추구하는 이는 생사에 끄달림으로 들지 못하고, 생각을 쉬어서 세간을 벗어나려는 이는 열반의 과구(窠臼)에 얽매임으로 각에 들지 못해, 모두가 어리둥절 할 뿐이다. 무슨 까닭에 그렇게 되는가? 즉 생각을 움직이면 원각에 들지 못한단 말은 당연하겠지만 생각을 쉰 이도 들지 못한다는 까닭은 무엇인가? 끝없는 옛부터 일으켰던 무명으로 자기의 주인공을 삼고 있기 때문이니, 그 무명의 주인공에 의해 발동되는 현상인 생각의 움직임과 쉼은 모두가 무명의 범주를 벗어나지 못한다.

무명에는 근본무명(根本無明)과 지말무명(枝末無明)이 있는데 2승(乘)은 지말무명만을 끊고 근본무명은 끊지 못했다. 그 근본무명이 주제가 되어 있기 때문이다.

일체 중생은 이 근본무명 때문에 날 때부터 무명과 함께 태어난다. 그러므로 태어날 때부터 지혜의 눈이 없다고 했다. 배안의 소경에게는 어떠한 물건을 대했을 때 갖가지 방법으로 설명해도 아무런 도움이 되지 못하는 것과 같이, 날 때부터 지혜의 눈이 없는 우리들은 4대로 이뤄진 몸과 마음이 곧 원각의 성품이라는 것과 무명이 곧 중생의 생사의 근본이라는 것을 알 도리가 없다. 그러므로 우리들의 입장에서는 몸과 마음 등의 성품이 모두가 무명 투성이다.

눈먼 소경이 눈을 뜨기 위해서는 눈에 칼을 대어 수술해야 되는데 손을 쓰지 않는다면 눈을 뜰 기회는 멀어진다. 이와 같이 수행하는 사람도 생명을 걸고, 무명을 끊어야 되는데 그 일을 소홀히 하면 무명을 벗어날 길은 없어진다. 그런데 사람들이 자기의 목숨을 스스로 끊으려 하지 않는 것 같이, 무명 끊는 일을 소홀히 할 뿐 아니라 오히려 기피한다. 마치 자기의 생명을 아끼듯이…….

그런 까닭에 나를 사랑하는 이에게는 나도 수순하여 사랑해 주고, 나에게 거슬리는 이에게는 거역해서 미워하여 사랑함과 미워함이 생기고, 이 두 가지 마음 때문에 다시 근본무명을 자라게 하되 전혀 그런줄 모른다. 그러므로 2승은 비록 생각을 쉬었다 하더라도 무명만을 자라게 할 뿐, 끊지는 못한다. 이와 같이 무명에 의해 미움과 사랑을 일으키고 미움과 사랑이 다시 무명의 종자를 북돋아서 끊임없이 상속하게 하나니 이렇듯이 상속하는 생멸심(生滅心)으로는 불생불멸의 과위(果位)를 구할 수 없다. 마치 땅을 파면서 하늘을 보려는 것과 같다.

나. 아상(我相)의 정의

【원문】 善男子야 云何我相이고 謂諸衆生이 心所證者이니 善男
선남자 운하아상 위제중생 심소증자 선남

子야 譬如有人이 百骸調適하면 忽忘我身하다가 四肢弦
자 비여유인 백해조적 홀망아신 사지현

緩하야 攝養이 乖方커든 微加針艾하고 則知有我하나니
완 섭양 괴방 미가침애 즉지유아

是故로 證取에다 方現我體니라 善男子야 其心이 乃至
시고 증취 방현아체 선남자 기심 내지

證於如來의 畢竟了知하는 清淨涅槃하야도 皆是我相이니라
증어여래 필경요지 청정열반 개시아상

【역문】 선남자야, 어떤 것이 아상인가? 이른바 중생들이 마음으로 증득한 바이니라. 선남자야, 비유하건대 어떤 사람이 백해가 쾌적해서 내몸을 잊었다가 4지가 팽팽하거나 늦추어져서 조섭하는 방법이 어긋났을 때 조그만치 침을 놓거나 뜸을 뜨면 비로소 '나'가 있음을 알게 되나니, 그러므로 증득하여 취하는 곳에야 바야흐로 '나'의 정체가 나타나느니라. 선남자야, 그 마음이 여래에서 끝까지 분명히 아신 청정열반까지를 증득하였을지라도 모두가 아상이니라.

【해설】 4상에는 미세간법집(迷世間法執)과 미출세간법집(迷出世間法執)이 있다는 것을 앞에서 이미 말한 바 있다. 본 경문은 미출세간집에 준하여 말씀하셨다. 미출세간법집이란 수행인으로서 출세간법을 닦는 과정에서 자기가 얻은 바에 대해 집착하는 것을 이르는 말이니, 이는 인천(人天)

2승(乘) 뿐 아니라 삼현(三賢)·십지(十地)를 지나, 무명을 완전히 끊고 불지(佛地)에 오르기까지 무엇인가를 증득한 것이 있다고 생각하면 모두가 이 4상(相)에 얽매인다는 것이다.

그러므로 본문에서 부처님은 "어떤 것이 아상"인가 하고 물으신 뒤에 이어 "중생들이 마음으로 증득한 바"라 하셨다. 마음으로 증득했다는 것이 무슨 허물이 되겠는가는 증득하고서 증득했다는 티가 있으니 탈인 것이다. 이 '티'를 아상(我相)이라 하는데 쉽사리 발견하기 어려우므로 비유로써 설명하였으니, 누구나가 자기의 건강상태가 쾌적하면 자신이 있다는 것조차 전혀 의식하지 못하다가 갑자기 어느 부분에 이상이 생겨 침을 놓거나 뜸을 뜨면 비로소 자신의 존재를 깨닫게 되는 것같이, 사람들이 차라리 천치 바보 같아서 아무런 재주도 없을 땐 복장이 편안하여 아상이랄 것이 전혀 없다가, 홀연히 큰 뜻을 품고 학문을 시작하거나 기술을 익히노라면 따라서 희망도 커지는 반면에 고난도 많아져서 "나는 왜 이런가?" 하는 투로 자신의 존재, 또는 능력을 새삼 인식하게 된다. 이것이 아상인 것이다. 그러므로 무엇인가를 증득하여 취하는 곳에서 바야흐로 '나'의 정체가 나타난다고 하였다.

그리하여 나는 증득하는 자요, 열반은 증득할 바라는 장벽이 이루어진다. 규봉(圭峰)은 이런 현상을 약사험아(約事驗我)라 하였다. 즉 '나'의 정체를 설명하기 어려워서 주위에서 생긴 것에 의해 '나'의 존재를 인식한다는 뜻이다. 이런 아상의 '티'를 좀 더 정확히 말하면 2승(乘)의 성인들이 미세법집(迷世法執)인 인아사상(人我四相)을 끊고 사과(四果)를 얻었으나 아라한으로써 청정열반을 증득했다는 관념이 남아 있으므로 미출세법집(迷出世法執)인 법아(法我)에 걸리는 것이니, 위의 청정혜보살장에서 말한 바 청정한 지혜가 스스로 장애를 이룬다는 경우와 같다. 그러므로 소승과(小乘果)를 증하고서도 증득했다는 생각이 조그만치라도 남았으면 그는 곧 아상이요, 설사 여래의 위없는 열반까지를 증득하였을지라도 증득했다는 생각을 잊지 않으면 역시 아상인 것이다.

다. 인상(人相)의 정의

【원문】

善男子야 云何人相인고 謂諸衆生이 心悟證者이니 善男
선남자 운하인상 위제중생 심오증자 선남

子야 悟有我者는 不復認我하나니 所悟非我를 悟亦如是
자 오유아자 불부인아 소오비아 오역여시

하니 悟已超過一切證者라 悉爲人相이니라 善男子야 其
오이초과일체증자하면 실위인상 선남자 기

心이 乃至圓悟涅槃하야도 俱是我者며 心存少悟하야 備
심 내지원오열반 구시아자 심존소오 비

殫證理라 皆名이 人相이니라
탄증리하야도 개명 인상

【역문】 선남자야, 어떤 것이 인상인가? 이른바 중생들이 마음으로 증득한 것을 깨닫는 것이다. 선남자야, '나'가 있다고 깨달은 이는 다시는 '나'를 인취(認取)하지 않거니와 '나'가 아니라고 깨달았을 때의 깨달음도 그와 같나니, 깨달음이 이미 일체 경계를 초과하였더라도 모두가 인상이다. 선남자야, 그 마음이 열반을 두루 깨닫기까지 했을지라도 모두가 아상이고, 조그만치라도 깨달았다는 생각이 마음에 남았으면 진리를 증득했다는 생각을 모두 없앴다 하더라도 인상이라 하느니라.

【해설】 인상을 설명함에 있어 규봉(圭峰)은 오아성인(悟我成人)이라고 과(科)했다. 즉 아상의 정체를 깨닫고는 인상이 생겼다는 것이다. 먼저 부처님께서 무엇이 인상인가 하고 징문(徵問)하신 뒤에 중생들이 마음대로 증득하여 깨달은 것이다 라 하시니, 중생들이 생각하기를 내가 이미 증득한 것은 아상이어서 못쓸 것이다. 그러니 나는 이미 증득한 것이 그릇된 것임을 깨달은 사람이다 하면 이는 곧 인상이라는 것이다.

그러므로 부처님께서 직접 그 이유를 설명하시되 선남자야, 예전에 이미 증득했다는 집착 때문에 아상을 이루었으나, 그것이 그릇된 것임을 깨닫고는 증득했다는 생각을 일으키지 않았으므로 다시는 '나'를 오인 집착하지 않게 된다. 그러나 아상은 그릇된 것이어서 '나'가 아니라고 깨달은 그 자체가 인상임을 모르기 때문에 그 때의 깨달음도 역시 아상과 별다른 차이가 없다. 그 이유는 무엇인가? 설사 자기는 이미 아상을 이루게 했던 일체 허물에서 몽땅 초월했다 하더라도 도리어 인상에서 벗어나지 못하기 때문이다 라 하셨다.

그뿐 아니라, 자신이 열반의 경지까지를 원만히 증득했다 한다면 아상이요, 마음 속에 조그만치라도 깨달았다는 티가 있어서 생각하기를 "나는 진리를 증득했다는 분별이 조금도 남지 않고 다했다"고 한다면 이는 증득했다는 티를 떠나 깨달았다는 병에 걸리는 것이다. 이것이 인상인 것이다. 이는 삼현보살(三賢菩薩)이 중생을 교화하는 도상에서 일으키는 아상이다. 여기서 인취(認取)라 함은 어떤 사물의 존재를 인식하고 그를 마음 속에 받아들이는 일이며, '나'가 아니라고 깨달았을 때의 깨달음도 그와 같다 함은 아상이 그른 것인 줄로 깨달았을 때, 그 깨달음도 역시 인상 이어서 아상의 범주를 벗어나지 못한다는 뜻이다.

라. 중생상(衆生相)의 정의

【원문】 善男子야 云何衆生相인고 謂諸衆生이 心自證悟가 所不及
선남자 운하중생상 위제중생 심자증오 소불급

者니라 善男子야 譬如有人이 作如是言하되 我是衆生이라
자 선남자 비여유인 작여시언 아시중생 하면

則知彼人이 說衆生者가 非我非彼이 云何非彼오 我是
즉지피인 설중생자 비아비피 운하비피 아시

衆生이라 非彼我故니라 善男子야 但諸衆生의 了證了悟
중생 할때 비피아고 선남자 단제중생 요증료오

가 皆爲我人이다 而我人相에 所不及者에 存有所了하면
개위아인 이아인상 소불급자 존유소료

名이 衆生相이니라.
명 　중생상

【역문】 선남자야, 어떤 것이 중생상인가? 이른바 중생들이 마음으로 스스로 증득하거나 깨달음으로 미치지 못하는 것이다. 선남자야, 비유하면 어떤 사람이 말하기를 나는 중생이다고 한다면, 그 사람이 중생이라 말할 것은 '나'도 아니며, 남도 아니라는 것을 알 수 있으니, 어찌하여 '나'가 아니겠는가? 내가 중생이라 했기 때문에 '나'가 아니고, 어찌하여 남이 아니겠는가? 내가 중생이라 했기 때문에 남의 '나'가 아니니라. 선남자야, 중생들의 증득함과 깨달음은 모두가 아상·인상이니, 아상·인상이 미치지 못하는 곳에 조그만치라도 알았다는 생각이 있으면 중생상이니라.

【해설】 중생상을 설명함에 있어 규봉(圭峰)은 요적적생(了迹迹生)이라 과(科)했으니, 말하자면 어떤 법을 증득했다는 자취가 인상을 이루고, 인상은 옳지 못한 것이라고 깨달은 자취가 다시 중생상이 되었기 때문이다. 여기에서 중생이란 어떤 법을 깨닫고는 깨달았다는 자취가 여럿이 생겨나서 끝없는 집착을 이룬다는 뜻이니, 위의 아상·인상의 경우와 같이 집착의 대상이 단순하지 않고 복잡 다양하다는 말이다.

경의 첫머리에서 부처님은 "어떤 것이 중생상인가" 하고, 징문(徵問)하신 뒤에, 중생들이 마음으로 증(證)하거나 깨달은 바가 있으나 깨달으면 깨달을수록 잇달아 자취가 생기므로 깨닫는 것만으로는 미치지 못하는 곳을 가리키는 말이라고 자답하셨다.

부처님은 다시 비유로써 중생상의 정체를 증명하셨으니, "어떤 사람이 말하기를 나는 중생이다"고 하였을 때, 그가 중생이라 한 때는 결정코 '나'도 아니고 남도 아니니, 그 이유로서는 내가 중생이라 했으므로 중생일지언정 '나'가 아니요, 남도 아니라 하는 이유로서는 내가 중생이라 했으므로 '나'는 어디까지나 '나'이지, 남일 수는 없다. 즉 '나'는 남의 '나'가 아니라 나의 '나'가 아니라 나의 '나'인 것이다. 이와 같이 내가 중생이라 할 때, 그 중생이란 말은 '나'일 수도 없고, 남일 수도 없으니, '나'라 하면 남이 되고, 남이라 하면 '나'이어서 끝없는 자취의 티가 생겨나는 것이 중생상인 까닭이다.

이는 지상에 오른 보살들이 적멸(寂滅)의 경지를 깨달을 때 나타나는 아상(我相)이니, 소승(小乘)에서 아집(我執)만을 끊고서 증득했다는 마음이 남아, 아상을 이루는 것과는 같지 않으므로 '나'가 아니라 했고, 3현(賢)에서 아집(我執)과 법집(法執)을 모두 끊고서 깨달았다는 마음이 남아 인상(人相)을 이루는 것과는 같지 않으므로 남의 '나'가 아니라 했다. 그는 아집(我執)·법집(法執)의 거칠은 분별을 모두 끊었으므로 예전에 이미 증득한 아상이 되었다는 사실과 깨달은 것이 인상이 되었다는 사실을 확인하고 증득했다는 마음과 깨달았다는 마음을 모두 물리치고, 그것을 벗어난 경지에서 항상 밝게 깨닫는 마음의 광명을 발하리라고 여기나니, 설사 그의 깨달음이 적멸의 경지에 도달했다 하더라도 알았다는 생각이 조그만치라도 있다면 그 알았다는 마음은 티요, 자취이다. 이것들을 중생상이라 한다.

마. 수자상(壽者相)의 정의

【원문】 善男子야 云何壽命相고 謂諸衆生이 心照淸淨하야 覺所
선남자 운하수명상 위제중생 심조청정 각소

了者니 一切業智에 所不自見이 猶如命根하니 善男子야
료자 일체업지 소불자견 유여명근 선남자

若心이 照見一切覺者의 皆爲塵垢니 覺所覺者는 不離
약심 조견일체각자 개위진구 각소각자 불리

塵故니라 如湯에 銷氷하면 無別有氷하되 知氷消者하니
진고 여탕 쇄빙 무별유빙 지빙소자

存我覺我도 亦復如是이라.
존아각아 역부여시

【역문】 선남자야, 어떤 것이 수명상인가? 이른바 중생들이 마음의 비춤이 청정해졌을 때 각으로써 알아지는 것이니, 일체 업지로는 볼 수 없는 것이 마치 목숨과 같다. 선남자야, 마음으로 일체 깨달음을 비추어 보는 것은 모두가 티끌이니, 깨달은 이와 깨달은 바가 티끌을 여의지 못했기 때문이다. 마치 끓는 물로 얼음을 녹였을 때 얼음이 다 녹은 줄 알면 얼음이 따로 있지 않은 것 같나니, '나'를 남겨 두고서 '나'를 깨닫는 것도 이와 같느니라.

【해설】 마지막으로 수명상을 설명함에 있어 규봉은 잠속여명(潛續如命)이라 과(科)였다. 아무런 집착이 없이 오로지 수행에만 힘써, 마음을 일으키지 않게 됨으로써 앞의 세 가지 허물을 면하기는 했으나 이 집착없는 업의 지혜가 면면히 상속하여 끊이지 않음이 마치 눈에 보이지 않는 생명이 면면히 존속하는 것과 같다고 하였다.

본문의 첫머리에서 부처님은 "무엇이 수명상인가?" 하고 질문하신 뒤에 각만으로 알 수 있는 것이지, 업지(業智)로는 볼 수 없는 것이 마치 목숨과 같다고 하셨다. 업지는 움직이는 지혜란 뜻이니, 업상(業相)을 벗어나지 못한 지혜이다.

여기에서 이 보살이 마음의 작용이 뚜렷이 비춤을 깨닫고는 청정한 각을 얻어, 한 생각(一念)만 남아서 이미 깨달은 것이 옳지 못한 줄은 깨달았으나, 얻음도 없고 깨달음도 없는 경지에는 이르지 못했으니, 이 때의 깨달음을 수명상이라 한다. 이 수명상은 가장 미세하여서 범부로부터 등각(等覺)에 이르기까지 업상이 공(空)해지지 않았거나 업식을 바꾸지 못한 이는 아무도 발견하지 못하고, 오직 망념을 여의어 허공 같아서 마음의 첫 모습조차 없는 이라야 볼 수 있다. 마치 사람의 목숨이 눈에 보이지는 않지만 몸을 지탱하여 끊기지 않게 하는 것과 같으니, 이를 다시 간추려서 말하자면 수명상이다. 각으로는 알 수 없는 것이니 일체 업지(業智)로는 볼 수 없는 때문이다. 그 상태는 마치 목숨과도 같다 할 수 있다.

지상(地上)에 오른 보살이 예전의 수행이 옳지 못했음을 깨닫고는 항상 한 각에 머무르지 않다가, 등각(等覺)에 이르러서야 청정한 각으로써 지나온 10지를 되돌아보니, 항상 한 각에 머무르지 않던 것은 모두가 티끌이었다는 것을 깨닫고는 각으로써 알아진 각상만을 남겨두고자 하나니, 그럴지라도 역시 때를 여의지 못했다는 것이다. 그 이유를 설명하기에 앞서 탕(湯)과 얼음의 비유를 들었으니, 탕으로 얼음을 녹였을 때, 얼음이 다 녹은 뒤에 따로이 얼음이 남아 있다가 "나는 다 녹았구나" 할 존재가 있다면 얼음이 다 녹았다고 할 수는 없다.

지금의 깨달음으로써 전의 깨달음을 그르다 하면 이는 '나'를 남겨두고 '나'를 깨달았다 하는 것이니, 전의 깨달음이 잘못되었다고 여기는 것은 '나'를 깨달음이요, 새로이 깨달은 사실이 옳을 것이라고 여기는 것은 '나'를 두고 하는 것이다.

이 어찌 위의 비유에서 어름이 다 녹은 뒤에 "나는 다 녹았구나" 하는 생각을 할 존재가 있다는 것과 무엇이 다르겠는가. 그 이유로서는 깨닫는 이와 깨달은 바가 상대적인 것인데 깨닫는 이(能覺)에 속하는 위의 '나'와 깨달은 바(所覺)에 속하는 아래의 '나'가 상대하여 깨달았다는 티를 여의지 못했고, 따라서 본래의 청정각체(淸淨覺體)도 아니기 때문이다. 그러므로 위의 문수장에서 말씀하시기를 허공에 꽃이 있다고 여기는 것도 허망이요, 허공인줄 안다는 것도 허공꽃이라 하였다.

바. 사상(四相)과 성과(聖果)

【원문】 善男子야 末世衆生이 不了四相하면 雖經多劫하야 勤苦
선남자 말세중생 불료사상 수경다겁 근고

修道하야도 但名有爲라 終不能成一切聖果하리니 是故로
수도 단명유위 종불능성일체성과 시고

名이 名爲正法末世니라 何以故오 認一切我하야 爲涅槃
명 명위정법말세 하이고 인일체아 위열반

故며 有證有悟로 名이 成就故니 譬如有人이 認賊爲子
고 유증유오 명 성취고 비여유인 인적위자

하면 其家財寶를 終不成就하나니라 何以故오 有我愛者亦愛
기가재보 종불성취 하이고 유아애자역애

涅槃하나니 伏我愛根하야 爲涅槃相하여 有憎我者亦憎生
열반 복아애근 위열반상 유증아자역증생

死하나니 不知愛者는 眞生死故로 別憎生死할때 名이 不
사 불지애자 진생사고 별증생사 명 불

解脫이니라 云何當知法不解脫고 善男子야 彼末世衆生의
해탈 운하당지법불해탈 선남자 피말세중생

習菩提者가 以已徵證으로 爲自淸淨하나니 由未能盡我相
습보리자 이이징증 위자청정 유미능진아상

根本이니라 若復有人이 讚歎彼法커든 卽生歡喜하야 便欲
근본 약부유인 찬탄피법 즉생환희 편욕

濟度하고 若復誹謗彼所得者이면 便生瞋恨하나니 則知我相
제도 약부비방피소득자 편생진한 즉지아상

을 堅固執持하여 潛伏藏識하야 遊戲諸根하야 曾不間斷이니
견고집지 잠복장식 유희제근 증불간단

善男子야 彼修道者가 不除我相할때 是故로 不能入淸淨
선남자 피수도자 불제아상 시고 불능입청정

覺하나니라
각

【역문】 선남자야, 말세의 중생들이 4상을 알지 못하면 아무리 여러 겁을 지내도록 애써 수도하더라도 유위라 불리울 뿐이고, 일체 성과를 이루지 못하나니, 그러므로 정법의 말세라 하느니라. 무슨 까닭이겠는가? 온갖 '나'를 그릇 알고서 열반이라 여기기 때문이며, 증득함이 있고 깨달음이 있다는 마음으로써 성취했다 하기 때문이니, 마치 어떤 사람이 도적을 잘못 알아 아들로 여기면 그 집 재물이 온전하게 보존되지 못하는 것

같느니라. 무슨 까닭이겠는가? '나'의 애착이 있는 이는 열반도 사랑하여, '나'의 애착의 근원을 굴복시키고는 열반의 모습으로 여기고, '나'의 미워함(我憎)이 있는 이는 생사도 미워하거니와, 사랑함이 참 생사임을 알지 못하는 까닭에 따로이 생사를 싫어하나니, 법다운 해탈이 아니니라.

어찌하여 그것이 법다운 해탈이 아님을 알겠는가. 선남자야, 저 말세의 중생들이 보리를 익히다가 자기의 조그마한 깨달음으로써 스스로의 청정이라 여기나니, 아상(我相)의 근본을 다하지 못했기 때문이다. 만일 어떤 사람이 그의 법을 칭찬하면 곧 기뻐하는 생각을 내어서 제도하려 하고, 그가 얻은 법을 비방하면 성을 내나니, 이것으로써 아상을 굳게 집착하므로 장식(藏識)에 깊이 숨었다가 여러 감관에 넘나들기를 잠시도 쉬지 않는 줄 알 수 있느니라. 선남자야, 수도하는 사람들이 아상을 제거하지 못하기 때문에 청정 원각에 들지 못하느니라.

【해설】 다음으로 4상을 끊지 못하면 성과(聖果)를 이룰 수 없다는 것을 밝혔으니, 4상은 앞에서 누누이 말한 바와 같이, 아상(我相)·인상(人相)·중생상(衆生相)·수자상(壽者相)이다. 이 4상을 끊지 못한 이는 아무리 오래도록 온갖 고행을 닦아도 성과(聖果)를 이루지 못한다는 것이다.

성과란 거룩한 지위(地位)의 과(果)이니, 처음에 범부로부터 인아집(人我執)만을 끊고 2승의 과를 얻고 법아집(法我執)까지 조복시켜 3현(賢)의 과를 얻고, 다음에 아집과 법집의 분별을 모두 끊으면 인상을 끊어 초지의 과를 얻고, 아집과 법집의 구생(俱生)을 모두 끊으면 중생상(衆生相)을 끊어 8지(地)의 과를 얻고, 근본무명주(根本無明住)를 끊으면 수명상(壽命相)을 끊어 보리의 과를 얻는 것들이다. 이런 여러 가지가 있으므로 일체 성과(聖果)라 했다.

그런데 이런 여러 가지 과위를 증득하기 위한 수행에 있어서 4상(相)의 잔재를 버리지 못하면 아무리 각고의 정진을 쌓아도 유위법(有爲法)의 좋은 과위는 되지만 3과(果)를 벗어나는 일체 성과는 얻을 수도 없다. 그러므로 여래께서 생존해 계신 정법(正法)의 때이지만 4상(相)을 버리지 못한 수행자에겐 말세에 부과한 것이다.

정법 때에는 교리와 수행과 증득이 갖춰 있고, 상법(像法) 때에는 교리와 행만이 있고, 말법 때에는 교리만 있고 행과 증(證)은 없다고 했는데, 여기에서 정법의 말세라 함은 시기에 정법 속에 있으면서도 행리(行李)가 곧 말세중생이라는 뜻이다. 이어 부처님은 무슨 까닭인가 하고 징문(徵問)하신 뒤에, 온갖 '나', 즉 아상을 그릇 알고서 열반으로 여기어 진실한 수행과 진정한 깨달음이 없기 때문이며, 증득함과 깨달음이 있다는 마음으로써 성과를 성취했다고 여기기 때문이라 하셨다.

여기서 말한 성과의 정의를 핍진(逼眞)하게 말하면 10지 이상의 보살에 해당하는 것이고, 2승이나 3현은 유위(有爲)의 과(果)에 속하나니, 그들에게는 증득했다거나 깨달았다는 생각을 가지고 있으면서도 일체 성과(聖果)를 이루었다고 여기기 때문에 도적을 아들로 여기다가 가산을 몰실하는 비유와도 같다.

무슨 까닭에 증득함이 있고, 깨달음이 있다는 생각을 가지고는 일체 성과를 이루지 못한다고 하는가. 2승이나 3현의 보살들은 모두가 법아(法我)의 집착을 끊지 못했으므로, 자기는 무엇인가를 증득했거나 깨달은 바가 있다고 여긴다. 이 생각이 '나'라는 애착인 것이다. 이 '나'로라 하는 애착이 있으므로 열반의 경지를 혼돈하게 되어, 열반의 경지와 자기를 비교해 본 뒤에 열반의 경지에 이르르기 위해, '나'라는 애착의 근본을 찾아 굴복시키고는 완전한 열반에 이르렀다고 여긴다. 그러나 실제로는 법아를 끊지 못했으므로 겨우 3현에 머무를 뿐, 성과에 오른 것이 아니다.

이와 같이 '나'라는 애착이 있어서 '나'를 위주로 한 사랑하는 마음이 있으면, 그 사랑함에 반대되는 현상에 대하여 자연 미워하게 되나니 이것이 '나'를 미워한 것(我憎)이다. 이 미워하는 마음 때문에 열반의 경지가 아니라고 생각되는 생사를 미워하나니, 이것이 법애(法愛)인데 참으로 생사의 근본임을 알지 못한다. 그러기 때문에 마음에 드는 열반을 추구하고, 생사는 유달리 싫어하나니, 이는 마치 시궁창에 빠져 있으면서도 똥을 싫어하는 격이다. 법애를 그냥 두는 것이 이미 생사의 근본이었는데 다시 생사를 미워하니, 그가 얻은 법은 아상일 뿐이요, 법다운 해탈은 아니다.

그러면 어찌하여 이와 같이 법을 알았다는 견해가 있는 이는 참 해탈이 아닌 줄 알겠는가 하고 징문하신 뒤에, 그 이유로서는 말세의 중생들이 보리를 닦아 익히되 조그만치 무엇인가를 증득한 듯하면 이미 청정원각을 다 얻은 것이라고 자신하고서 자신의 마음 속에 애착의 근본이 도사리고 있음을 알지 못하기 때문이라 하시니, 법을 흠모하는 애착을 제하지 못하고 생사에서 벗어나지 못했기 때문에 법다운 해탈은 얻지 못하는 것이다.

그렇다면 무엇인가를 증득했다거나 깨달은 것이 있다고 여기는 법애가 있는 이에게는 아상이 있다는 사실을 무엇으로 증명할 수 있겠는가.

이에 대한 대답으로서 만일 어떤 사람이 그에게 와서 그대가 증한 법은 참으로 거룩하십니다고 하면 당장에 기뻐하면서 칭찬해 주는 이를 제도해 주려하고 만일 비방하면 성을 내어 원심(怨心)을 품으니, 이것만 보아도 아상을 굳게 지켜 놓지 않는 줄 알 수 있다. 따라서 아상이 장식(藏識) 속에 깊이 숨어서 종자가 되고, 그 종자가 6근의 감관을 통해 밖으로 나타나면 현행이 된다는 것도 알 수 있다. 그러므로 앞에서 말씀하시기를 일체 '나'를 잘못 알아서 열반으로 여긴다고 하셨다.

이상의 말씀들을 결론하면, 수도하는 이들이 아상을 제거하지 못하는 한 청정각에는 결정코 들지 못한다. 원각이 수행자를 들지 못하게 막는 것이 아니라 자신이 들지 못하는 것임을 알 수 있기 때문이다.

사. 아공(我空)과 법공(法空)

【원문】 善男子야 若知我空하면 無毀我者하여 有我說法하면 我
선남자 약지아공 무훼아자 유아설법 아

未斷故니 衆生壽命도 亦復如是하리라 善男子야 末世衆
미단고 중생수명 역부여시 선남자 말세중

生이 說病爲法할때 是故로 名爲可憐愍者이니 雖勤精進
생 설병위법 시고 명위가연민자 수동정진

하야 增益諸病할때 是故로 不能入清淨覺하나니라
증익제병 시고 불능입청정각

善男子야 末世衆生이 不了四相하고 以如來解와 及所
선남자 말세중생 불료사상 이여래해 급소

行處로 爲自修行할지 終不成就하면 或有衆生이 未得謂
행처 위자수행 라도 종불성취 혹유중생 미득위

得하여 未證謂證하야 見勝進者하면 心生嫉妬하나니 由彼
득 미증위증 견승진자 심생질투 유피

衆生이 未斷我愛일때 是故로 不能入清淨覺하나니라
중생 미단아애 시고 불능입청정각

【역문】 선남자야, 만일 '나'가 공한 줄 알면 나를 헐뜯을 이도 없나니, '나'라는 생각을 가지고 설법하는 이는 '나'가 끊어지지 않았기 때문이며, 중생상과 수명상도 그러하니라. 선남자야, 말세 중생이 병을 법이라 하리니, 그러므로 가엾다 하노라. 아무리 애써 정진할지라도 온갖 병은 더할 뿐이요, 청정각에는 들지 못하느니라.

선남자야, 말세 중생이 4상을 알지 못하므로 여래의 견해와 그의 행한 자취로써 자기의 수행인양 여기나니, 끝내 성취하지 못하느니라. 혹 어떤 중생은 얻지 못하고도 얻었다 하고, 증하지 못하고도 증했다 하며, 나보다 뛰어난 이를 보면 질투하는 생각을 내나니, 그 중생은 '나'라는 애착을 끊지 못했기 때문이다. 그러므로 청정한 원각에 들지 못하느니라.

【해설】 아상을 제거하지 못하면 성과(聖果)를 이루지 못할 뿐만 아니라 병을 법으로 여기게 되어, 치료할 길이 없다. 그러므로 '나'라는 생각, 즉 아상을 공하게 하여 헐뜯거나 칭찬하는 말에 동요됨이 없어야 한다. 뿐만 아니라 헐뜯는 사람까지도 눈에 보이지 않아야 된다. 만일 너는 헐뜯어도 나는 참는다 한다면 '나'가 공한 사람은 아니다. 그런데 지금 내가

얻은 법을 헐뜯는 이에게는 성을 내고, 나의 법을 칭찬하는 이에게는 고마워하는 생각을 낸다면 이는 '나'라는 생각, 즉 아상을 끊지 못한 증거이다. 어찌 아상 뿐이랴. 중생상(衆生相) · 수명상(壽命相)도 모두 끊지 못한 사람이다. 왜냐하면 아상은 거칠어서 끊기 쉬운 것인데도 여전히 남아 있으니, 그보다 미세하여 끊기 어려운 중생상(衆生相) · 수명상(壽命相)이야 끊을 생각이나 했겠는가. 이와 같이 아상 하나가 있으면 4상이 고스란히 남아 있다는 사실을 망각해서는 안된다.

그런데 4상을 하나도 끊지 못한 이가 열반의 경지를 운위(云謂)한다면 그 열반은 역시 4상의 범주를 벗어나지 못한 경지일 것이다. 이를 일러 병을 법이라 한다는 것이다. 병을 법으로 알고, 열반을 운위하는 이가 아무리 애써 수행한들 청정원각에 들 수 있겠는가. 연목구어의 우가 아닐 수 없다.

4상이 공해지지 않은 이는 병을 법으로 여길 뿐 아니라 대성(大聖)도 나와 별다른 차이가 없다고 여기거나, 나보다 나은 사람은 없으리라 뽐낸다. 그들은 여래의 견해나 여래의 행리로써 자기의 것인양 여기어, 부처님의 무상대법(無上大法)에 별다른 관심을 갖지 않고, 의례 내가 알고 있는 법문이거니… 한다. 그런 이는 부처님의 원각을 끝내 성취할 수 없다.

또 어떤 이는 아무런 증득한 바도 없는데 자기는 이미 보리를 얻었다거나 열반을 증했다고 여긴다. 이런 부류의 사람들을 증상만인(增上慢人)이라 하는데, 자기가 분명 증득한 줄로 알았으나 실제에는 아무런 소득도 없는 바보형의 증상만(增上慢)과, 자기가 분명 증득한 바가 없는 줄 알면서도 고의로 증득했다고 우겨보는 교만형의 증상만이 있다. 이 두 가지 가운데서 지금의 것은 후자에 속한다. 그러므로 자기보다 뛰어났다고 여겨지는 자를 보면 마음 속으로 질투하는 생각을 품는다. 이것으로 미루어 본다면 '나'라는 생각이 고스란히 남은 사람이다. 어찌 바로 증득했다고 하겠는가. 이들은 '나'라는 애착을 끊지 못해 스스로가 장애를 이루고 있으므로 청정원각에 들지 못한다.

아. 정각의 방법

【원문】 善男子야 末世衆生이 希望成道하되 無令求悟하고 惟益多聞하야 增長我見하나니 但當精勤하야 降伏煩惱하야 起大勇猛하야 未得令得하여 未斷令斷하야 貪瞋愛慢과 諂曲嫉妬에 對境不生하고 彼我恩愛를 一切寂滅하야 佛說是人이 漸次成就하리니 求善知識하야 不墮邪見하리라 若於所求에 別生憎愛하면 則不能入清淨覺海하리라.

(선남자 말세중생 희망성도 무령구오 유익 다문 증장아견 단당정근 항복번뇌 기 대용맹 미득령득 미단령단 탐진애만 첨 곡질투 대경불생 피아은애 일체적멸 불설 시인 점차성취 구선지식 불타사견 약 어소구 별생증애 즉불능입청정각해)

【역문】 선남자야, 말세의 중생들이 불도를 구하기를 희망하되 깨달음을 구하지는 않고, 오직 지식만을 더하여 아견을 자라게 하나니, 다만 부지런히 정진하여 번뇌를 항복시키고, 큰 용맹을 일으켜서 얻지 못한 것을 얻고자 하고, 끊지 못한 것을 끊고자 하여, 탐냄·성냄·애착·교만과 첨곡(諂曲)·질투 따위가 경계를 대하여도 나지 않게 되면 너와 나의 은애가 모두 적멸해지리니, 부처는 이 사람은 점차로 성취하리라 하노라. 선지식을 구하면 사견에 빠지지 않겠지만 만일 구하는 바에 대해 따로 미움과 사랑을 일으키면 청정각해(清淨覺海)에 들지 못하리라.

【해설】 이는 올바르게 깨닫는 방법을 마지막으로 보여주신 것이다. 말세의 중생들이 불도를 이루겠다고 희망을 하면서도 바른 깨달음을 구할 생각은 않고 오직 남의 말만 기억해서 말재주를 늘려, 아견(我見)만 자라게 하나니, 마치 남의 돈을 종일토록 세어도 자기의 몫은 한 푼도 없는 것과 같다. 아견이란 '나'라는 소견이니, 아상을 굳게 지키는 소견이다. 그러니 법문을 들은 뒤엔 오직 부지런히 노력해서 번뇌를 항복시키고

큰 용맹심을 내어, 수행에 전심 하여서 아직 얻지 못했던 과위는 꼭 얻으려 하고, 아직 끊지 못했던 번뇌는 꼭 끊으리라 하여, 탐·진·애·만(貪瞋愛慢)과 첨곡 질투(諂曲 嫉妬)가 자기의 경계를 대하여도 나지 않게 되면, 일체 은애는 자연 적멸해진다고 하셨다. 은애는 애욕 애착 등으로서 탐·진·애·만이거나 첨곡 질투 등 모든 번뇌가 환경을 따라 일어나게 하는 원흉인데 지금 이들 번뇌가 경계를 대하여도 전혀 일어나지 않으니, '나다' '너다' 하는 애착이 자연히 적멸해진다. 그러므로 부처님께서는 그런 사람은 점차로 불도를 성취하리라 하셨다.

여기에서 점차라 함은 즉각이 아니라는 뜻이니, 먼저 아상이 공(空)함을 깨닫고, 다음에 들은 법문에 의해 부지런히 노력해서 번뇌를 끊고, 그리하여 아견의 습기가 차츰 다하여 일체가 적멸해지면 마지막으로 불과(佛果)를 이루리라는 뜻이다. 그러나 수행인은 언제나 이와 같이 자신의 자세를 바르게 하는 정인(正因)을 갖추어야 할 뿐 아니라 밖으로 좋은 벗과 스승이 바르게 보도해 주는 외연(外緣)을 갖추어야 된다.

그러므로 이미 정인(正因)을 갖춘 수행자가 밖으로 선우(善友), 즉 선지식을 구해 만나면 그의 수행 과정에서 사견에 빠지는 일이 없다. 왜냐하면, 선지식이란 덕이 높고 지혜가 있어 능히 사람들을 지도할 능력이 있는 사람이라고 널리 잘 알려진 분이란 뜻인데, 그런 분이 곁에서 잘 지도해 주므로 자신의 수행이 확고한 경지에 이르지 못했을지라도 사견에는 빠지지 않게 된다는 것이다.

그러나 선지식을 구하면 사견을 면한다는 생각 하나만으로써 선지식을 구하되 그에게 허심탄회하여 공경히 섬기지 않고, 마음 한구석에 미워하는 마음이나 그를 사랑하는 생각이 존속한다면, 이는 여전히 아견(我見)의 뿌리가 남아있는 사람이라 여래의 청정원각에 들 수는 없는 것이다.

자. 게송(偈頌)

【원문】 爾時 에 世尊 이 欲重宣此義 하사 而說偈言 하시되.
이시 세존 욕중선차의 이설게언

淨業汝當知 하사 一切諸衆生 이 皆由執我愛 하야 無始妄流
정업여당지 일체제중생 개유집아애 무시망류

轉 하나니 未除四種相 하면 不得成菩提 하리라 愛憎生於心 하고
전 미제사종상 부득성보리 애증생어심

諂曲存諸念 할새 是故 로 多迷悶 하야 不能入覺城 하나니 若
첨곡존재념 시고 다미민 불능입각성 약

能歸悟刹 인댄 先去貪瞋痴 하라 法愛 도 不存心 하면 漸次可
능귀오찰 선거탐진치 법애 부존심 점차가

成就 하리라 我身本不有 어든 憎愛何由生 이리오 此人求善友
성취 아신본불유 증애하유생 차인구선우

하면 終不墮邪見 하려니 所求 에 別生心 으로 究竟非成就
종불타사견 소구 별생심 구경비성취

하리라.

【역문】 이때 세존께서 이 뜻을 거듭 펴시기 위해 게송으로 말씀하셨다.

정업아, 마땅히 알아라.
일체중생들 모두가 아애를 집착하기 때문에
끝없는 옛부터 허망하게 헤매였나니,
네 가지 상을 제하지 못하면 보리를 이루지 못하리라.

미움과 사랑은 마음에서 생기고 아첨과 사곡이 생각 속에 있으면,
그 까닭에 미진이 많아져서 각성에 들어가지 못하느니라.
만일에 깨달음의 국토에 들어가려면 먼저 탐진치를 버려야 되나니
법애까지도 마음에 남기지 않으면 점차로 성취할 수 있으리라.

내 몸도 본래 있는 것 아닌데 미움과 사랑이 어디서 생기랴.
이 사람이 선지식을 구하면 끝내 사견에 떨어지지 않거니와,
구하는 바에 별다른 생각을 내면
끝내 성취하지 못하리라.

【해설】 아애(我愛)란 '나'라는 애착이니, 2승(乘)들이 끊어야 할 대상으로서 번뇌장이라고도 하고, 법애(法愛)란 아애에 대치하는 말이니, 지상에 오른 보살이 끊어야 할 대상으로서 소지장(所知障)이라고도 한다. 그러므로 아애를 끊으면 소승과(小乘果)를 이루고, 법애(法愛)를 끊으면 보리를 이룬다. 각성(覺城)이나 깨달음의 국토는 모두가 법성(法城)의 국토를 이르는 말이다.

그런데 탐・진・치를 제거하고, 마침내는 법애까지도 다했다면 내 몸과 마음이 본래 없는 것임을 잘 알아 4상(相)에 끄달리지 않게 된다. 수행인이 이와 같이 4상을 여읨으로써 올바른 바탕으로 삼고, 다시 선지식을 구하여 바깥 인연을 갖추어 정도로 돌아가기를 희망한다면 사견의 구덩이는 면할 것이다. 그러나 자기가 구해서 뫼시는 선지식에 대하여 미움이나 사랑의 마음을 품는다면 청정각(清淨覺)에 들지는 못한다.

10. 보각보살장(普覺菩薩章)

(1) 보각보살이 치병(治病)의 방법을 물었다

【원문】 於是(어시)에 普覺菩薩(보각보살)이 在大衆中(재대중중)하야 卽從座起(즉종좌기)하야 頂禮(정례)佛足(불족)하고 右繞三匝(우요삼잡)하고 長跪叉手(장궤차수)하고 而白佛言(이백불언)하시되 大(대)

悲世尊이 快說禪病하사 令諸大衆으로 得未曾有하사와 心
비세존　 쾌설선병　 영제대중　 득미증유　 심

意蕩然하야 獲大安穩이로소이다 世尊이시여 末世衆生이 去佛
의탕연　 획대안온　 세존　 말세중생　 거불

漸遠하면 聖賢이 隱伏하고 邪法이 增熾하리니 使諸衆生
점원　 성현　 은복　 사법　 증치　 사제중생

으로 求何等人하며 依何等法하시니 行何等行하며 除去何
구하등인　 의하등법　 행하등행　 제거하

病하며 云何發心하야 令彼群盲으로 不墮邪見이고 作是語
병　 운하발심　 영피군맹　 불타사견　 작시어

已하시고 五體投地하사 如是三請에 終而復始하니라.
이　 오체투지　 여시삼청　 종이부시

【역문】 이때 보각보살이 대중 가운데 있다가 곧 자리에서 일어나 부처님의 발에 정례하고, 오른쪽으로 세 번 돌고, 두 무릎을 세워 꿇고, 합장하고 부처님께 사뢰었다.

"대비하신 세존이시여, 선병을 치료하는 방법을 말끔히 말씀해 주셔서 대중들로 하여금 미증유의 기쁨을 얻고, 마음과 뜻이 탕연하여 큰 안온을 얻게 되었습니다. 세존이시여, 말세의 중생들이 부처님과 거리가 점점 멀어지매 현성은 숨고 사법은 더욱 번성하오리니, 중생들로 하여금 어떤 사람을 구하고, 어떤 법에 의지하며, 어떤 행을 행하고, 어떤 병을 제거하며, 어떻게 발심케 하여야 그 뭇 소경들로 하여금 사견에 빠지지 않게 하겠나이까."

이렇게 말하고는 5체를 땅에 던져, 이렇게 거듭 세 번 청하고 다시 처음과 같이 하였다.

【해설】 본장의 대의는 바른 선지식에 의하여 바른 법을 배워서 4병을 여의라고 하는데 있으니, 상장(上章)까지에서 4상을 밝히고 병의 근본을 모두 드러냈으나 바른 안목을 가진 선지식을 만나지 못하거나, 바른 법을 만

나지 못하거나, 바른 행을 모르거나, 병의 정체를 모르거나, 발심이 바르지 못하면 완전한 성취가 될 수 없고, 그의 깨달음도 두루하지 못하므로 본장의 대기로서 보각보살이 등장한다.

선병(禪病)이란 위에서 말한 4상이니, 4상이 있음으로써 병을 법이라 여겨 바른수행을 하지 못했는데 지금 통쾌하게 해설해 주시니, 듣는 즉시에 마음이 탕연해진다. 탕연은 툭-트인다는 말이오, 안온은 안정됨이니, 의혹으로 인한 불안이 없어졌다는 뜻이다.

보각의 물음에는 대체로 5종이 있으니, 첫째 어떤 사람을 스승으로 삼아야 되는가. 둘째 어떤 법을 의지해야 하는가. 셋째 어떤 행을 닦아야 되는가. 넷째 어떤 병을 제거해야 되는가. 다섯째 어떻게 발심해야 되는가 하는 것이다. 이 다섯 가지를 잘 알면 자기의 안목이 밝아져서 다른 뭇 소경들을 바른 길로 인도할 수 있겠지만 자기의 안목이 밝지 못하다면 사견의 구렁이에 빠지지 않을 수 없을 것이다.

(2) 세존의 답

① 청허(請許)

【원문】 爾時에 世尊이 告普覺普薩言하시되 善哉善哉라 善男子
이시 세존 고보각보살언 선재선재 선남자

여 汝等이 乃能諮問如來의 如是修行하야 能施未來末世
여등 내능자문여래 여시수행 능시미래말세

一切衆生의 無畏道眼하야 令彼衆生으로 得成聖道케하려하나니
일체중생 무외도안 영피중생 득성성도

汝今諦聽이라 當爲汝說하리라 時에 普覺普薩이 奉敎歡喜
여금체청 당위여설 시 보각보살 봉교환희

하여 及諸大衆으로 默然而聽하니라.
급제대중 묵연이청

【역문】 이때 세존께서 보각보살에게 말씀하셨다.

"착하고 착하다 선남자야, 그대들은 여래에게 이와 같은 수행을 물어서 말세의 일체 중생들에게 무외도안을 베풀어 주고, 그들로 하여금 성도를 이루게 하니, 그대들은 자세히 들어라. 마땅히 그대들을 위하여 말해 주리라."

그 때 보각보살이 분부를 받잡고, 기뻐하면서 대중들과 함께 조용히 귀를 기울였다.

【해설】 무외도안은 모든 일에 두려워할 것이 없이, 자신을 갖는 것을 무외라 하고, 도안은 도를 바로 보는 안목이니, 이제 보각이 묻는 다섯 가지 일을 부처님께서 대답해 주심으로써 당대는 물론, 미래의 중생들로 하여금 도안을 바르게 열어 모든 일에 두려움이 없는 자신을 갖게 하라고 하신 것이다.

② 즉답(卽答)

가. 선지식을 친근하라.

【원문】

善男子야 末世衆生이 將發大心하야 求善知識하야 欲修
선남자 말세중생 장발대심 구선지식 욕수

行者는 當求一切正知見人하되 心不住相하여 不着聲聞緣
행자 당구일체정지견인 심불주상 불착성문연

覺境界하여 雖現塵勞하나 心恒淸淨하여 示有諸過하니 讚
각경계 수현진노 심항청정 시유제과 찬

嘆梵行하야 不令衆生으로 入不律儀니 求如是人하면 卽
탄범행 불령중생 입불율의 구여시인 즉

得成就— 阿耨多羅三藐三菩提하리라 末世衆生이 見如是
득성취 아뇩다라삼먁삼보리 말세중생 견여시

人이어든 應當供養하되 不惜身命하리라 彼善知識이 四威
인 응당공양 불석신명 피선지식 사위

儀中에 常現淸淨하여 乃至示現이니 種種過患하야도 心無
의중 상현청정 내지시현 종종과환 심무

橋慢이어든 況復摶財나 妻子眷屬이리요 若善男子가 於彼
교만 황부박재 처자권속 약선남자 어피

善友에 不起惡念하면 卽能究竟成就正覺하야 心華發明하야
선우 불기악념 즉능구경성취정각 심화발명

照十方刹하리라
조시방찰

【역문】 "선남자야, 말세 중생들이 대승의 마음을 일으켜 선지식을 구해서 수행코자 하는 이는 일체 바른 지견을 가진 사람을 구할지니, 마음은 상에 머무르지 않으며, 성문이나 연각에 정착하지 않으면 진노의 모습을 나타내나 마음이 항상 청정하며, 온갖 허물이 있는 듯이 보이나 범행을 찬탄하며, 중생들로 하여금 그른 율의에 들지 않게 하여야 하느니라. 이런 사람을 구하면 곧 아뇩다라삼먁삼보리를 성취하리라. 미래 중생이 이런 사람을 보거든 의당 공경 공양하되 몸과 목숨을 아끼지 말아야 하나니, 그 선지식이 4위의 가운데 항상 청정한 행을 나타내거나 내지는 갖가지 실수를 드러내더라도 교만한 생각이 없어야 되거늘 하물며 재물을 모았거나 처자와 권속을 가짐이겠는가. 선남자야, 그 선우에 대하여 나쁜 생각을 일으키지 않으면 마침내 정각을 성취하여 마음이 밝아져 시방세계를 비추리라.

【해설】 이는 첫 번째 물음인 어떤 사람을 구해야 되는가? 한 것에 답한 것이다. 물음에 답할 뿐 아니라 선지식을 구한 뒤에 어떤 마음씨로 섬겨야 되는가까지를 보여 주었다. 말세의 수행자가 대승을 희구하는 마음을 내어 선지식을 찾아 그를 의지해서 수행코자 하거든 첫째 지견이 바른

사람을 찾으라 하셨으니, 스승은 인간의 모범이어서 그 스승의 인격 여하에 따라 그 가르침을 받는 제자의 인격이 좌우되기 때문이다.

'바른 지견'이란 마음이 색상(色相)에 머무르지 않아 범부의 경계를 여의고, 마음이 '공(空)'에 머무르지 않아 2승(乘)의 경계를 여의며, 이와 같이 범부와 2승의 경계를 여윈 보살로서 세간진노(世間塵勞)에 끄달린 꼴을 보이나 마음이 항상 청정하여 그를 초월하니, ≪유마경≫에 말씀하신 바 "비록 처가 있으나 항상 범행을 닦고, 권속을 거느리고 있으나 항상 멀리 여읜다"고 한 것이고, "온갖 허물이 있는 듯이 보이나 범행을 찬탄한다" 함은 ≪유마경≫에 말씀하시기를 "음사(淫舍)에 들어가서 음욕의 허물을 보인다"한 것에 해당된다 하겠다.

이는 모두가 안으로는 보살의 덕을 갖추었으나 겉으로 실수를 보여 동사섭(同事攝)의 행을 닦는 일이다. 그리하여 중생들로 하여금 율의에 어긋나는 길에 들지 않게 하는 일들이다. 이런 덕목들을 두루 갖추면 지견이 빠른 사람이라 하나니, 그런 선우(善友)라야 범부를 교도해서 보리의 문에 들게 할 수 있는 것이다.

이런 선지식을 만나면 어떻게 섬겨야 되는가. 몸과 마음을 돌보지 말고 무조건 공경히 섬겨야 된다. 선지식은 중생들을 제도하기 위해 혹은 방편을 보이고, 혹은 실제를 보이어, 그 행적이 일정치 않으니 영가(永嘉)는 증도가(證道歌)에서 "역행과 순행은 하늘도 헤아릴 수 없다"고 하였다.

때로는 청정한 자비상으로 고결한 위치에 머물러 설법하기도 하고, 때로는 음방주사(婬坊酒肆)에서 추악한 파락호의 꼴로 행인을 득도하는데 선지식의 이런 두 측면에서 순행에 대하여는 의례 흔앙(欣仰)하는 생각을 내거니와 역행에 대하여는 자칫 교만한 생각을 일으키기 쉬우니, 이런 일을 경계하기 위하여 경에서는 갖가지 실수를 드러내고서라도 교만한 생각을 내지 말아야 한다고 했다.

음방주사(婬坊酒肆)에서 취주매인(醉酒罵人)하는 파락호를 경계하는 것은 어찌 보면 지극히 당연하여 진정한 선지식이라고 판명된 사람이거든 추호라도 교만한 생각을 내어서는 안된다. 그런데 재물을 가지고 있다거나 처자가 있다는 등, 아주 작은 이유로 인해 업신여기는 생각을 내어서는 안된다. 여기서 선지식이란 출가인에게만 국한된 것이 아니라 재가인에게도 있는 경우가 많으므로 재물이나 처자를 가졌다고 해서 경계할 이유가 되지는 않는다.

본문의 선우는 선지식이니, 이 선지식에 대해 나쁜 마음, 즉 교만한 마음을 내지 않으면 그 마음이 평탄하여 치우침이 없으므로 결정코 정각을 이룬다. 규봉은 이 대문의 해석에 있어 선지식이 허물을 드러내더라도 교만한 생각을 내지 말아야 하는데 하물며 재물이나 처자 권속을 바치는 일이겠는가, 하였는데 문의(文義)가 온편(穩便)치 못한 듯하다.

이상으로써 스승 되기가 얼마나 어렵고, 제자 되기도 쉽지 않음을 알았다. 그러므로 고인은 눈 속에서 팔을 끊기도 하고, 주린 아귀에게 몸을 던지기도 하였다. 그러나 옥과 돌은 가려야 한다. 아무에게나 목숨을 다해 공경하는 것이 어찌 진정한 구도자이겠는가. 스승 될 자질이 있음을 확실히 안 뒤에 섬겨야 하나니, 그러기에 스승 될 자질이 있는 사람을 고르는 법은 이미 위에서 말씀하셨고, 또 다음에 구체적으로 말씀하신다.

나. 네 가지 병(作・止・任・滅)을 치료하다

【원문】 善男子야 彼善知識의 所證妙法은 應離四病이리니 云何
선남자 피선지식 소증묘법 응리사병 운하

四病고 一者作病이니 若復有人이 作如是言하되 我於本
사병 일자작병 약부유인 작여시언 아어본

心에 作種種行하야 欲求圓覺이라 하면 彼圓覺性은 非作得故
심 작종종행 욕구원각 피원각성 비작득고

로 說名爲病이니라 二者는 任病이니 若復有人이 作如是
설명위병 이자 임병 약부유인 작여시

言 하되 我等 이 今者 에 不斷生死 하여 不求涅槃 하여 涅
언 아등 금자 부단생사 불구열반 열

槃生死 하여 無起滅念 하야 任彼一切 하야 隨諸法性 하야 欲
반생사 무기멸념 임피일체 수제법성 욕

求圓覺性 하여 彼圓覺性 은 非任有故 로 說名爲病 이리라
구원각성 피원각성 비임유고 설명위병

三者 는 止病 이니 若復有人 이 作如是言 하되 我今 에 自
삼자 지병 약부유인 작여시언 아금 자

心 이 永息諸念 하야 得一切性 이 寂然平等 하야 欲求圓覺
심 영식제념 득일체성 적연평등 욕구원각

이라 彼圓覺性 은 非止合故 로 說名爲病 이니라 四者 는 滅
하고 피원각성 비지합고 설명위병 사자 멸

病 이니 若復有人 이 作如是言 하되 我今 이 永斷 ─ 一切煩
병 약부유인 작여시언 아금 영단 일체번

惱 하야 身心 이 畢竟 ─ 空無所有 커니 何況根塵 의 虛妄境
뇌 신심 필경 공무소유 하황근진 허망경

界 리오 一切永寂 하야 欲求圓覺 이라 彼圓覺性 은 非寂相
계 일체영적 욕구원각 하면 피원각성 비적상

故 로 說名爲病 이니라 離四病者 는 則知淸淨 하리니 作是觀
고 설명위병 이사병자 즉지청정 작시관

者 는 名爲正觀 이요 若他觀者 는 名爲邪觀 이니라
자 명위정관 약타관자 명위사관

【역문】 선남자야, 그 선지식이 증득한 묘한 법은 네 가지 병을 여의어야 하니, 어떤 것이 네 가지 병인가. 첫째는 작병이니, 어떤 사람이 생각하기를 나는 본심에 갖가지 행을 지어서 원각을 구하리라 하면, 그 원각의 성품은 지어서 얻어지는 것이 아니므로 병이라 한다. 둘째는 임병이니, 어떤 사람이 생각하기를 우리들은 지금 생사를 끊지도 않고, 열반을 구하지도 않는다. 열반과 생사는 일어나거나 멸한다는 생각이 없나니, 저

일체에 맡기고, 모든 법성을 따름으로써 원각을 구하련다고 한다면 그 원각의 성품은 맡기어 둠으로써 있는 것이 아니므로 병이라 한다. 셋째는 지병이니, 어떤 사람이 생각하기를 나는 지금 내 마음의 모든 망념을 영원히 쉬어, 일체 법성이 숙연하고 평등해지게 됨으로써 원각을 구하련다고 하면, 그 원각의 성품을 그침으로써 부합되는 것이 아니므로 병이라 한다. 넷째는 멸병이니, 어떤 사람이 생각하기를 나는 지금 일체 번뇌를 영원히 끊어 몸과 마음이 끝내 공하여 아무 것도 없건대, 하물며 근과 진의 허망한 경계이겠는가. 모두 영원히 적멸해지는 것으로써 원각을 구하련다고 하면, 그 원각의 성품은 적의 모습이 아니므로 병이라 한다. 네 가지 병을 여읜 이는 청정함을 아는 것이니, 이렇게 관찰하는 이는 정관이고, 다르게 관찰하는 이는 사관이라 하느니라.

【해설】 이는 두 번째 물음인 어떤 법에 의하리까 한 것에 답한 것이니, 네 가지 병을 여읜 바른 법에 의지하라는 것이다. 이 네 가지 병인이란 공부하는 과정에서 생기는 집착이니, 위에서 말한 3관을 어떻게 닦느냐? 하는 문제와, 원각의 경지는 닦을 것도 없고 증득할 것도 없다는 두 가지 상반된 듯한 견해의 차에서 빚어진 집념이다. 그러니 이런 집념을 여읜 바른 법을 아는 선지식에 의지해야 된다.

첫째 작병(作病)이란 무엇인가를 지어야 되겠다는 생각의 병이니, 위의 3관(觀)에 의해 부지런히 닦아야 되겠다고 생각하지만 원각의 본성은 지어서 얻어지는 것이 아님을 모르기 때문에 병이라 한다.

둘째 임병(任病)이란 되는대로 버려둔다는 생각의 병이니, 원각은 본래 천진하여 닦을 것도 없고 증득할 것도 없으며, 생사를 끊을 필요도 없고 열반을 구할 필요도 없다고 생각한다. 그리하여 되는대로 언동하여 3업을 살피지 않으니, 마치 무애도인 같으나 남산의 돌이 어찌 모두 옥일 수야 있겠는가. 고르고 다듬고 빛내야 할 것을 그렇게 하지 않음으로써 소일방종(疎逸放縱)한 채 환화(幻化) 속에서 벗어나지 못하게 되니 병이라 한다. 규봉 선사는 이 대문의 소(疏)에서 말하기를 "앞의 것은 부처를 찾으려 헤매고, 이것은 몸과 마음을 방일한다. 설사 선악에 구애되지 않는다 하여도 역시 무기(無記)를 면치 못한다. 죽림칠현(竹林七賢)이 어찌 대도(大道)인이며, 상산사호(商山四皓)가 어찌 성인이겠는가. 6욕천(欲天)도 벗어나기 어렵거늘 어찌 본각을 깨달으랴. 그러니 수행인은 이 점을 유의하여 허탕을 치지 않도록 하라"고 경고했다.

셋째 지병(止病)이란 모든 것을 지식(止息)하려는 생각의 병이니, 위의 3관(觀) 중의 사마타에 의해 망상을 쉬어 목석 같이 되어야 본각에 계합하리라고 여기는 것이다. 그리하여 돌로 풀을 누르는 것같이 억지로 망상을 억누르거니와 원각의 성품은 거울 속의 그림자와 같고, 보석에 비친 빛깔과도 같아서 어느 일정한 망상을 억누른다 하여 발견되는 것이 아님을 모르기 때문에 병이라 하였다.

넷째 멸명(滅病)이란 완전히 소멸한다는 생각의 병이니, 위의 3관 중에서 선사를 잘못 이해한 것이다. 즉 지병(止病)이 모든 망념을 지식(止息)하려는 병인데 비해, 멸병(滅病)은 망념을 지식(止息)했다는 생각까지 소멸하여 근본·기말, 일체 무명이 영원히 없어지게 하려는 집념이다. 근본과 기말의 일체 무명이 다하면 내 몸도 없는데 하물며 세계가 있겠는가. 이와 같이 모두가 적멸해지는 것이 선나라 여기고, 그런 선나에 의해 원각을 희구하지만 원각의 본체는 일향에 적멸할 뿐 아니라 인연 따라 일체 사법을 성취하는 것이다. 그런 줄도 모르고 잘못된 수행을 일삼으니, 병이라고 단정하신 것이다. 선문어구(禪門語句)에도 말하기를 "집안에 있으면서도 도중의 일을 잊지 말라"고 하였으니, 과연 표현은 다를지언정 계합점은 하나임을 알겠다.

이와 같이 4병을 여의면 온갖 망념을 여의고, 망념을 여의면 청정한 원각을 보게 된다. 이렇게 확신하면 정관(正觀)이고, 이렇게 알지 않고 다르게 알기 때문에 모두가 사관(邪觀)이 된다 한 것이다. ≪반야경≫에 말씀하시기를 "반야는 커다란 불덩이와 같아서 어디로도 들 수 없다"고 하시고, 또 말씀하시기를 "반야는 서늘한 못 같아서 어디로도 들어갈 수 있다"고 하셨다. 이것으로 미루어 보면 작(作)·지(止)·임(任)·멸(滅)

이 되고 약도 되고 한다. 마음에 집착이 있는 이에게는 분명 병이지만 집착을 떠난 이에게는 더욱 깊이 닦아들게 하는 약이기도 하다.

다. 선지식을 섬기는 마음

【원문】 善男子야 末世衆生이 欲修行者는 應當盡命토록 供養善
선남자 말세중생 욕수행자 응당진명 공양선

友하며 事善知識하되 彼善知識이 欲來親近이어든 應斷憍
우 사선지식 피선지식 욕래친근 응단교

慢하며 若復遠離라도 應斷瞋恨하여 現逆順境에 猶如虛
만 약부원리 응단진한 현역순경 유여허

空하여 了知身心이 畢竟平等하야 與諸衆生同體無異하야
공 요지신심 필경평등 여제중생동체무이

如是修行하면 方入圓覺하리라
여시수행 방입원각

【역문】 선남자야, 말세의 중생이 수행을 하고자 하거든 목숨이 다하도록 선우에게 공양하고 선지식을 섬겨야 되나니, 그 선지식이 가까이 하려 하거든 교만한 생각을 끊고, 멀리 하더라도 성을 내거나 한을 품지 말며, 역순의 경계를 나타내더라도 허공과 같이 여기고, 몸과 마음이 끝내 평등하여 중생들과 동체 이어서 조금도 차이가 없는 줄로 분명히 알아야 된다. 이와 같이 수행하면 반드시 원각에 들 것이다.

【해설】 이는 세 번째 물음인 어떤 행을 행하리까? 한 것에 답한 것이니, 보살의 행이 어찌 선지식을 섬기는 일 하나에 그치겠는가마는 선지식은 도사이므로 그를 잘 섬기어 뫼시면 자기의 근기에 맞추어 인도해 주기 때문이다. 그러므로 화엄경 입법계품(入法界品)에서도 "선재가 문수에게 어떤 것이 보살행인가를 물었는데 문수는 선우를 가까이 하는 일 뿐이라"고 했다.

말세의 중생들이 자기에게 구유한 불성을 개발키 위해 보살행을 닦으려거든 선지식이라는 외연을 만나야 된다. 이 선지식을 섬김에 있어 일시적이 아니라 목숨이 다하도록 몸과 목숨을 아끼지 않고 섬겨야 한다.

그러나 선지식은 방편이 비일하여 혹은 자기를 가까이 하기도 하고, 혹은 자기를 멀리 하기도 하는데 가까이 한다 해서 교만한 생각을 내어 그가 나를 가까이 하는구나 하거나 멀리한다 해서 원망하여서는 안 된다. 내 비위에 순하는 경계를 나타내거나 내 비위에 거슬리는 경계를 나타내더라도 마음이 전혀 요동치 않아 허공과 같아야 된다. 이 어찌 쉬운 일이겠는가. 선지식의 친근이나 소외에 초연 할 뿐 아니라 내 몸과 내마음이 끝내 평등하고 너와 내가 둘이 아님을 철저히 안 이가 아니면 전혀 가능치 못한 일이다. 만일 이런 경지에 이른다면 바야흐로 원각에 들어갈 수 있는 것이다.

라. 원수를 사랑하라

【원문】 善男子야 末世衆生이 不得成道는 由有無始— 自他憎愛
선남자 말세중생 부득성도 유유무시 자타증애

하는 一切種子일새 故로 未解脫하나니 若復有人이 觀彼怨
일체종자 고 미해탈 약부유인 관피원

家하되 如已父母하야 心無有二하면 卽除諸病하리니 於諸
가 여이부모 심무유이 즉제제병 어제

法中에 自他憎愛도 亦復如是하니라
법중 자타증애 역부여시

【역문】 선남자야, 말세의 중생이 도를 이루지 못하는 까닭은, 비롯함이 없는 옛부터 나와 너를 미워하거나 사랑하든 일체 종자 때문이니, 그러기 때문에 해탈치 못하느니라. 그러나 어떤 사람이 원수를 대하되 자기의 부모와 같이 하여, 두 가지 마음이 없으면 곧 병이 없어지나니, 모든 법 가운데서 나와 너를 미워하거나 사랑함도 이와 같으니라.

【해설】 이는 네 번째 물음인 어떤 병을 제거하리까? 한 것에 답한 것이니, 말세중생의 병이란 사랑함과 미워함이다. 그러므로 아무리 부지런히 수행해도 도를 이루지 못하고, 따라서 해탈치도 못한다. 이와 같이 미워함과 사랑함, 즉 증애의 씨앗이 가슴 깊이 도사리고 있는 한, 평등한 진리에 부합되기 어렵다.

그러나 누구라도 원수와 친척들을 평등이 보아 마음에 두 가지가 없으면 병의 뿌리는 뽑힌다. 원수와 친한 이의 관계 뿐 아니라 모든 법에 대해서도 마찬가지이다. 생사를 미워하고 열반을 사랑한다거나 진여를 사랑하고 망혹을 미워하는 끝없는 증애관계가 있으면 병이고, 이들 증애를 초월하면 병의 뿌리가 뽑히어 불이법문(不二法門)에 쉽게 들어간다.

라. 보리심(菩提心)을 발하라

【원문】
善男子 야 末世衆生 이 欲求圓覺 하되 應當發心 하야 作如
선남자 말세중생 욕구원각 응당발심 작여

是言 하되 盡於虛空 한 一切衆生 을 我皆令入 ― 究竟圓覺
시언 진어허공 일체중생 아개영입 구경원각

하되 於圓覺中 에 無取覺者 하니 除彼我人一切諸相 하리라
어원각중 무취각자 제피아인일체제상

如是發心 하면 不墮邪見 하리라
여시발심 불타사견

【역문】 선남자야, 말세의 중생들이 원각을 구하고자 하거든 먼저 발심하고서 맹서하되, 허공이 끝나기까지의 일체 중생들을 내가 모두 구경원각에 들게 하되, 원각에서 깨달음을 취할 이도 없고, 나다 너다 하는 등의 일체상을 제하라. 이렇게 발심하면 사견에 빠지지 않으리라.

【해설】 이는 다섯 번째 물음인 어떻게 발심하리까? 한 것에 답한 것이니, 네 가지 마음을 내라고 하였다. 네 가지 마음이란 광대심(廣大心)·제일심

(第一心)・상심(常心)・불전도심(不顚倒心)이니, 모두가 보살이 중생을 교화하는 분상에서 가져야 하는 마음씨이다.

본문에서 허공이 끝나기까지의 일체 중생들을 대상으로 한 것은 광대심(廣大心)이다. 보살의 마음은 한 두 사람을 상대로 하는 것이 아니라 온 누리의 중생 모두를 염두에 두고 구제하려는 광대한 생각이어야 한다.

마음의 본문에서 모두를 구경원각(究竟圓覺)에 들게 하리라고 한 것은 제일심이니, ≪금강경≫에서는 "무여열반(無餘涅槃)에 들게 하리라"고 하였다. 구경원각은 궁극적인 원각의 경지로서 ≪금강경≫의 무여열반과 같다. 이와 같이 보살은 온 누리 안의 끝없는 중생을 모두 이 구경원각에 들게 하리라고 하는 마음을 제일 수승한 마음으로 생각하는 것이다.

다음의 본문에서 원각에서 깨달음을 취할 이도 없다 한 것은 상심(常心)이니, 내가 원각에 깨달아 들어갔을 때나 자신이 원각이고, 나 밖에 원각이 따로이 있어 나에게 증취되는 것이 아니다. 왜냐하면 원각은 절대의 경지이기 때문이다. 보살은 이와 같이 절대 평등한 경지에 자신만이 깨달아 들어갈 뿐 아니라 일체 중생들 모두를 그런 경지에 인도하려는 마음이 끝이 없다. 이것이 상심이다. ≪천친론(天親論)≫에 말씀하시기를, "보살은 일체 중생 거두기를 자기의 몸과 같이 여기니, 자기의 열반이 중생의 그것과 다름이 없다. 이와 같이 중생 거두기를 내 몸같이 하여 항상 버리지 않나니, 이것이 항상한 마음이라" 하였다.

다음의 본문에서 나다 너다 하는 등의 일체상을 제하고 한 것은 불전도심(不顚倒心)이니, 제도해 주었다고 생각되나 나나 제도를 받는다고 생각되는 너가 존재하는 한 전도를 면치 못한다. 그러나 여기서는 모든 중생들을 제도하여 구경원각에 들게 하되, 원각에 깨달아 들었다는 관념도 없게 하고, 또 나는 제도한 이, 너는 제도를 받은 이라는 상대적 관념도 없다고 하니, 전도가 아닌 불전도심이다.

이상으로써 최초에 바른 지견을 가진 스승을 구하되, 4병(病)을 여읜 이를 찾아서 목숨이 다하도록 공경히 섬김으로써, 무시이래로 너와 나를 사랑하고 미워하던 일체 종자를 끊고, 자신이 청정원각에 깨달아 든다. 그리고는 마지막으로 네 가지 마음을 써서 일체 중생을 끝까지 구제할 서원을 세워, 자각각타(自覺覺他)의 보살행이 두루해진다는 것이다.

바. 계송(偈頌)

【원문】 爾時 에 世尊 이 欲重宣此義 하야 而說偈言 하시니라.
이시 세존 욕중선차의 이설게언

普覺汝當知 하라 末世諸衆生 이 欲求善知識 인댄 應當求
보각여당지 말세제중생 욕구선지식 응당구

正見 하야 心遠二乘者 니라 法中 에 除四病 이니 謂作止任
정견 심원이승자 법중 제사병 위작지임

滅 이라 親近 에 無憍慢 하고 遠離 에 無瞋恨 하야 見種種
멸 친근 무교만 원리 무진한 견종종

境界 하야도 心當生希有 하야 還如佛出世 하리라 不犯非律儀
경계 심당생희유 환여불출세 불범비율의

하야 戒根 이 永淸淨 하여 度一切衆生 하야 究竟入圓覺 하며
계근 영청정 도일체중생 구경입원각

無彼我人相 하야 常依正智慧 하면 便得超邪見 하라 證覺般
무피아인상 상의정지혜 편득초사견 증각반

涅槃 하리라
열반

【역문】 이때 세존께서 이 뜻을 거듭 펴시기 위하여 게송으로 말씀하셨다.

보각아, 마땅히 알아라.
말세의 중생들이 선지식을 구하려 하거든,
바른 소견을 가진 이로서 2승이 생각을 떠난 이를 구하라.
그의 법은 네 가지 병이 없어야 되니 작·지·임·멸이다.

내게 가까이 하여도 교만치 말고
나를 멀리 하여도 성내지 말고
갖가지 경계를 나타내 보이거든 희유한 생각을 내어
부처님을 만난 듯이 공경하여라.

그릇된 계율을 범하지 않으면
계행의 근본이 영원히 맑아지리니,
일체 중생을 제도하여
마침내는 원각에 들게 하라.

나다 너다 하는 상이 없이
마땅히 바른 지혜에 의지하면
당장에 아견을 초월해서
원각을 증득하고 열반에 든다.

【해설】 첫째 연(聯)은 첫 번째 물음, 내지 다섯 번째 연은 다섯째 물음에 답한 것이니 알기 쉬울 것이다. 그런데 네 번째 연에서는 장행(長行)은 버려야 할 병을 들어 중생들이 도를 이루지 못하는 까닭은 너와 나를 미워하거나 사랑하기 때문이라 했는데 게송에서는 닦아야 할 수행방법을 제시했다. 그 수행방법으로서 그릇된 계율을 범하지 않으면 미움과 사랑이 소멸하고, 계행이 청정해져서 해탈을 얻는다는 것이다.

11. 원각보살장(圓覺菩薩章)

(1) 원각보살이 참회하는 법을 묻다

【원문】 於是 에 圓覺菩薩 이 在大衆中 하다가 卽從座起 하여 頂禮
어시 원각보살 재대중중 즉종좌기 정례

佛足 하고 右繞三匝 하고 長跪叉手 하여 而白佛言 하사되 大
불족 우요삼잡 장궤차수 이백불언 대

悲世尊 이시여 爲我等輩 하사 廣說淨覺 의 種種方便 하사
비세존 위아등배 광설정각 종종방편

令末世衆生 으로 有大增益 케 하소서 世尊 이시어 我等 이 今者
영말세중생 유대증익 세존 아등 금자

에 已得開悟 하사옵거니와 若佛滅後 의 末世衆生 이 未得悟者 면
이득개오 약불멸후 말세중생 미득오자

云何安居 하야 修此圓覺 의 淸淨境界 하여 此圓覺中 에 三
운하안거 수차원각 청정경계 차원각중 삼

種淨觀 은 以何爲首 이니고 惟願大悲 하사 爲諸大衆 과 及
종정관 이하위수 유원대비 위제대중 급

末世衆生 하사 施大饒益 하소서 作是語已 하시고 五體投地 하사
말세중생 시대요익 작시어이 오체투지

如是三請 에 終而復始 하니라.
여시삼청 종이부시

【역문】 이때 원각보살이 대중 가운데 있다가 곧 자리에서 일어나 부처님의 발에 정례하고, 오른쪽으로 세 번 돌고, 두 무릎을 세워 꿇고, 합장하고 부처님께 사뢰었다.

"대비하신 세존이시여, 저희들의 무리를 위하시어 청정원각의 갖가지 방편을 널리 말씀하시어, 말세 중생들로 하여금 큰 이익을 얻게 하셨나

이다. 세존이시여, 저희들은 지금 이미 깨달음을 얻었으나 부처님께 멸도하신 뒤, 말세 중생이 깨달음을 얻지 못한 이는 어떻게 안거하여 이 원각의 청정한 계를 닦으며, 이 원각의 세 가지 청정한 관행에서는 어느 것으로 첫머리를 삼아야 되나이까. 바라옵건대 대비하신 마음으로 오늘의 대중들을 위하여 큰 이로움을 베풀어 주소서."

이렇게 말하고는 5체를 땅에 던져, 이렇게 세 번 거듭 청하고 다시 처음과 같이 하였다.

【해설】 이는 도량가행(道場加行)의 방법을 물은 것이다. 도를 얻는 장소를 도량이라 하는데, 상래의 법문으로 깨달음을 얻지 못한 하근들로 하여금, 도량에 안좌(安座)하여 일정한 기간 동안 마음을 가다듬게 하면 자연히 업장이 녹아져서 마음이 안정되기 때문이다. 물음의 내용으로서는 어떻게 도량을 차리고 안거할 것인가 하는 것과 전에 말한 3관을 어느 것부터 닦아 가행할 것인가 하는 것이다.

(2) 세존의 답

① 청허(請許)

【원문】 爾時에 世尊이 告圓覺普薩言하시되 善哉善哉라 善男子
이시 세존 고원각보살언 선재선재 선남자

야 汝等乃能問於如來의 如是方便하야 以大饒益으로 施
여등내능문어여래 여시방편 이대요익 시

諸衆生하리니 汝今諦聽하라 當爲汝說하리라 時에 圓覺普
제중생 여금체청 당위여설 시 원각보

薩이 奉敎歡喜하여 及諸大衆으로 默然而聽하니라.
살 봉교환희 급제대중 묵연이청

【역문】 이때 세존께서 원각보살에게 말씀하셨다.

"착하고 착하다 선남자야, 그대들은 여래에게 이와 같은 방편을 물어서 큰 이로움으로써 중생들에게 보시하는구나. 그대들은 자세히 들어라. 그대들에게 말해 주리라."

그 때 원각보살이 분부를 받잡고, 기뻐하면서 대중들과 함께 조용히 귀를 기울였다.

【해설】 상근(上根)과 중근(中根)의 수행방편을 다 말씀하였으나, 하근(下根)은 시시각각으로 일어나는 업장의 싹을 억제하기 어려울 것인데, 이 문제를 들어 물었으므로 좋은 말이라 하시고, 말세의 하근중생이 일정한 기간에 도량을 설정하고 정진하여, 업적을 극복하는 방법을 보여주어 큰 이익을 주시려고 자세히 들어라고 하셨다.

② 즉답(卽答)

가. 도량수증의(道場修證儀)

【원문】 善男子(선남자)야 一切衆生(일체중생)이 若佛住世(약불주세)어나 若佛滅後(약불멸후)어나 若法末時(약법말시)에 有諸衆生(유제중생)이 具大乘性(구대승성)하여 信佛秘密(신불비밀) — 大圓覺心(대원각심)하고 欲修行者(욕수행자)는 若在伽藍(약재가람)에 安處徒衆(안처도중)하여 有緣事故(유연사고)어든 隨分思察(수분사찰)하되 如我已說(여아이설)하여 若復無有(약부무유) — 他事因緣(타사인연)이어도 卽建道場(즉건도량)하되 當立期限(당립기한)이리니 若立長期(약립장기)면 百二十日(백이십일)이고 中期百日(중기백일)이며 下期八十日(하기팔십일)하야 安置淨居(안치정거)하리니

若佛現在 어든 當正思惟 하고 若佛滅後 어든 施設形像 하고
약불현재 당정사유 약불멸후 시설형상

心存目想 하야 生正憶念 하되 還同如來常住之日 하야 懸諸
심존목상 생정억념 환동여래상주지일 현제

幡華 하고 經三七日 하되 稽首十方諸佛名字 하야 求哀懺悔
번화 경삼칠일 계수시방제불명자 구애참회

하면 遇善境界 하야 得心輕安 하리니 過三七日 이어든 一向
우선경계 득심경안 과삼칠일 일향

攝念 하리라
섭념

若經夏首 하야 三月安居 하되 當爲淸淨 한 菩薩止住 하야 心
약경하수 삼월안거 당위청정 보살지주 심

離聲聞 하며 不假徒衆 하고 至安居日 하야 卽於佛前 에 作
리성문 불가도중 지안거일 즉어불전 작

如是言 하되 我比丘 — 比丘尼 — 優婆塞 — 優婆夷 인 某甲
여시언 아비구 비구니 우바새 우바이 모갑

이 踞菩薩乘 하야 修寂滅行 하야 同入淸淨實相住持 하야 以
거보살승 수적멸행 동입청정실상주지 이

大圓覺 으로 爲我伽藍 하면 身心安居 하여 平等性智 와 涅
대원각 위아가람 신심안거 평등성지 열

槃自性 이 無繫屬故 로 今我敬請 하시 不依聲聞 하고 當與
반자성 무계속고 금아경청 오되 불의성문 당여

十方 과 如來及大菩薩 로 三月安居 하시 爲修菩薩 의 無上
시방 여래급대보살 삼월안거 오니 위수보살 무상

妙覺 — 大因緣故 로 不繫徒衆 하나이다 善男子 야 此名菩薩
묘각 대인연고 불계도중 하라 선남자 차명보살

의 示現安居 니 過三期日 하야도 隨往無碍 하나니라
시현안거 과삼기일 수왕무애

【역문】 선남자야, 일체 중생이 부처님 계실 때나 열반에 드신 뒤 말법 때에 대승의 성품을 갖춘 이가, 부처님의 비밀한 대원각의 마음을 믿어 수행코자 하거든, 가람에 있게 되면 무리 속에 조용히 앉아야 하며, 거연(擧緣)되는 일이 있거든 분수에 따라 자세히 생각하되 내가 이미 말한 것과 같이 해야 하느니라. 만일 별다른 일이나 반연이 없거든 도량을 꾸미고 기한을 정할 것이니, 긴 기한은 백 20일이고, 중간 기한은 1백일이며, 짧은 기한은 80일로 하고, 깨끗한 거처를 꾸밀 것이다.

만일 부처님이 계실 때이거든 바르게 생각하고, 부처님이 입적하신 뒤이거든 형상을 시설하여 마음을 기울이고 눈으로 상상하되, 여래가 계실 때와 같게 하고, 온갖 번과 꽃을 달아 3·7일 동안 시방 부처님들의 명호 앞에 머리를 조아려 애절히 참회하면, 좋은 경계를 만나 마음이 편안할 것이니, 3·7일이 지난 뒤에도 한결같이 마음을 거두어야 되느니라.

만일 첫여름을 당하여 석 달 동안 안거를 하려거든 청정한 보살이 머무는 법칙을 따라야 되나니, 마음이 성문을 여의기만 하면 무리에 의할 필요가 없느니라. 안거하는 날에 부처님 앞에서 서원하되 나 비구·비구니, 우바새·우바이 아무는 보살승에 걸터앉아 적멸의 행을 닦아 청정한 실상에 함께 들어가며, 대원각으로써 나의 가람을 삼아 몸과 마음의 평등성지(平等性智)에 편안히 머무르려 하오니, 열반의 자성은 얽매임이 없기 때문입니다. 저는 지금 성문에 의지하지 않고, 시방의 여래와 보살들과 함께 석 달 동안 안거하기를 공경히 청하옵나니, 보살의 위없는 묘각을 닦으려는 큰 인연 때문에 무리에 매이지 않나이다 하라. 선남자야, 이것이 보살이 안거하는 법을 보여주는 것이니, 세 종류의 기한을 지내면 어디를 가나 걸림이 없으리라.

【해설】 이는 안거하는 법을 설명하신 것이다. 부처님 계실 때는 정법시대(正法時代)이니, 수행하기도 쉽고, 깨닫기도 쉽고, 열반에 드신 뒤는 상법시대(像法時代)이니, 행하는 이는 많아도 깨닫기 어렵고, 말법(末法) 때

는 수행하기도 어렵고 깨닫기도 어렵다. 이런 세 가지 시대를 통하여 전생부터 선근을 심어 대승의 자질을 갖춘 이가 있다면 상래(上來)의 법문(法門)을 듣고 수행할 생각을 낼 것이다. '부처님의 비밀한 대원각의 마음을 믿는다'고 함은 문수장에서 원각의 성품 이야기를 한 것을 듣고 자기도 수행하면 반드시 그 원각을 체증(體證)할 것으로 확신하는 것이다. 이렇게 믿음을 갖추면 수행을 할 수 있고, 수행을 하면 깨달아 들어갈 수 있기 때문에 믿음은 모든 수행의 근본이라 하였다.

이와 같이 수행할 자세가 갖추어진 이는 우선 가람을 선정해서 무리 속에 들어앉아야 된다. '가람(伽藍)'은 승가람(僧伽藍)의 준말이니, 중원(衆園)이라 번역하며, 큰 절이란 뜻이다. '반연'이란 볼일이니, 중생을 건지기 위한 사업으로서 한가히 앉아 있기만 할 수 없는 사건들이다. 그럴 때는 틈틈이 형편에 따라 조용한 시간을 만들어, 마음을 가다듬어 자세히 생각하되, 생각할 내용은 위의 여러 장에서 말씀하신 바, 즉 특히 보안장이나 위덕장에 준하라는 것이다.

그러나 보살에게는 항상 일이 있는 것이 아니라 때에 따라서는 아무런 반연이 없어 한가한 때도 있으니, 이럴 때엔 조용히 앉아 수행할 도량을 차리고 세 종류의 기한을 정하라는 것이며, 그 기한도 형편과 근기에 맞추어 상·중·하로 나눈다. 그리고는 반드시 조촐하고 조용한 거처를 마련하고 앉아야 된다.

보살이 도량을 차리고 기한을 세워 결제한 때가 부처님 생존시이거든 아무런 시설도 필요치 않다. 그저 진여를 똑똑히 생각하고 있기만 하면 어디를 가나 모두가 성경(聖境)이요, 불전(佛前)인 것이다. 그러나 부처님이 입적하신 뒤인 불법(佛法)이나 말법(末法) 때이거든, 부처님의 얼굴을 뵐 수 없으므로 그의 형상을 시설하여 단을 꾸미고, 그 밖의 장엄구(莊嚴具)도 차리어 자못 엄숙히 한 뒤에 마음을 기울이고 눈으로 상상하되 부처님이 눈앞에 생존하신 것과 같이 하라 하시니, 단을 차리는 것은 마치 장엄의 설단가궤(設壇假軌)에서 말한 것 같고, 마음과 눈으로 상상하는 것은 마치 ≪16관경≫에서 아미타불을 염하는 예와 같다. 이렇게 하여야 형상을 통해 형상 없는 부처의 참모습을 접하고 몸과 마음이 산란치 않게 되는 것이다.

우선 이와 같이 3·7일 동안을 시방에 계신 부처님들의 각호 앞에 간절히 참회하면, 부처님의 서상이 나타나거나 서광이 나타나서 마음이 편안할 것이다. 3·7일이 지난 뒤에도 마음을 놓지 말고 계속해서 마음을 바르게 거두어야 된다.

이는 도량을 차린 뒤에 예불하는 방법을 보이신 것이니, ≪이구혜보살소문예불법경(離垢慧菩薩所問禮佛法經)≫에 의하면 "공양(供養)·찬불(讚佛)·예불(禮佛)·참회(懺悔)·근청(謹請)·수희(隨喜)·회향(廻向)·발원(發願) 등 8종의 예불이 있다"고 하였는데, 여기서는 참회를 열거했을 뿐이나 사실은 8종 예불을 다 포함한 것이다. '참회'는 참마회과(懺摩悔過)의 준말로서 참마(懺摩)는 범어의 뉘우친다는 뜻이고, 회과(悔過) 역시 지난날의 허물을 뉘우친다는 뜻이다. 그러므로 참(懺)은 참마(懺摩)의 첫 글자요, 회(悔)는 회과(悔過)의 첫 글자이니, 이런 경우를 화범쌍창(華梵雙唱)이라 한다.

지난날의 허물이란 청정원각에서 까닭없이 일탈하여 탐·진·치 등 3독에 끄달려, 신·구·의 등 3업으로 선·악·무기(無記) 등 3업을 지어, 5고(苦)·8고(苦) 등 고과(苦果)를 받게 만든 자신의 지난날의 잘못된 행위를 말하는 것이니, 이상은 사마타를 닦아 안거하는 법식을 보인 것이다.

때마침 여름철을 당하여 삼하결제(三夏結制)를 하려면 청정한 보살이 머무는 법칙에 따라야 되나니, 마음은 성문의 경지를 벗어나야 되고, 몸은 대중의 규칙에 얽매일 것이 아니라 혼자서 자유로이 수행에 전념하면 된다. 안거를 시작하는 날에 서원을 세우되, 자기는 보살의 지위에 머물러 보살들과 함께 청정원각에 들어가기를 원해야 된다.

이 원각의 청정한 경지로 불·보살·중생이 함께 존립하는 곳이며, 따라서 나의 큰 가람인 것이다. 이런 큰 가람을 나의 주처로 삼는데 어찌 쇄쇄한 대중규칙에 얽매일 필요가 있겠는가. 원각이 속박이 없듯이 열반의 자성도 속박이 없다. 이런 원각가람에 안주하였으니, 소승의 행리(行李)와는 판이하게 다르다. 이상은 보살이 선나를 닦으면서 안거하는 법칙이다.

본장의 첫머리에서 "위의 3종 관행에서는 어느 것으로 첫머리를 삼아야 되나이까" 하였는데 이상으로써 사마타·선나만을 말씀하시고, 삼마발제는 말씀하지 않으셨으니, 삼마발제는 만행을 닦는 관문이므로 안거의 법칙이 필요치 않기 때문이다.

나. 삼기수행(三期修行)

【원문】

善男子야 若彼末世一 修行衆生이 求菩薩道하야 入三期
선남자 약피말세 수행중생 구보살도 입삼기

者는 非彼所聞의 一切境界어든 終不可取니라 善男子야
자 비피소문 일체경계 종불가취 선남자

若諸衆生이 修奢摩他인댄 先取至靜하야 不起思念하야
약제중생 수사마타 선취지정 불기사념

靜極便覺하라 如是初靜이 從於一身으로 至一世界하야
정극편각 여시초정 종어일신 지일세계

覺亦如是하리니 善男子야 若覺이 徧滿一世界者면 一世
각역여시 선남자 약각 변만일세계자 일세

界中에 有一衆生의 起一念者를 皆悉能知하리니 百千世
계중 유일중생 기일념자 개실능지 백천세

界도 亦復如是하니라 非彼所聞의 一切境界어든 終不可
계 역부여시 비피소문 일체경계 종불가

取니라
취

善男子야 若諸衆生이 修三摩鉢提인댄 先當憶想十方如來
선남자 약제중생 수삼마발제 선당억상시방여래

와 十方世界의 一切菩薩하고 依種種門하야 漸次修行하야
시방세계 일체보살 의종종문 점차수행

勤苦三昧 하여 廣發大願 하면 自熏成種 하리니 非彼所聞 이면
근고삼매 광발대원 자훈성종 비피소문

一切境界 이어도 終不可取 니라
일체경계 종불가취

善男子 야 若諸衆生 이 修於禪那 이면 先取數門 하야 心中
선남자 약제중생 수어선나 선취수문 심중

에 了知 면 生住滅念 의 分劑頭數 하야 如是周徧 하야 四威
요지 생주멸념 분제두수 여시주변 사위

儀中 에 分別念數 를 無不了知 하야 漸次增進 하야 乃至得
의중 분별염수 무불료지 점차증진 내지득

知百千世界 에서 一滴之雨 하되 猶如目睹 이니라 所受用物
지백천세계 일적지우 유여목도 소수용물

하리니 非彼所聞 의 一切境界 어든 終不可取 리니 是名 이
비피소문 일체경계 종불가취 시명

三觀 의 初首方便 이니라 若諸衆生 하야 徧修三種 하야 勤行
삼관 초수방편 약제중생 변수삼종 근행

精進 하면 卽名如來出現於世 니라
정진 즉명여래출현어세

【역문】 선남자야, 말세에 수행하는 중생으로서 보살도를 구하기 위하여 세 가지 기한에 든 이는 이미 들은 경계가 아니거든 끝내 취하지 말지니라.

선남자야, 중생들이 사마타를 닦으려면 먼저 지극히 고요함을 취하여 딴 생각을 일으키지 않으면 고요함이 극진하여 문득 깨달으리라. 이와 같이 처음의 고요함이 한 몸으로부터 한 세계에 이르나니, 깨달음도 이와 같느니라.

선남자야, 깨달음이 한 세계에 두루하면 한 세계 안의 한 중생이 한 생각을 일으키는 것까지를 다 알고, 백 천의 세계도 그러하리니, 이미 들은 일체 경계가 아니거든 끝내 취하지 말지니라.

선남자야, 중생들이 삼마발제를 닦으려면 먼저 시방 여래와 시방 세

계의 일체 보살을 기억해 생각하고서 갖가지 법문에 의하여 점차로 수행하여 삼매를 애써 익히며, 큰 서원을 두루 일으켜 스스로가 훈습하여 종지를 이룰 것이니, 이미 들은 경계가 아니거든 끝내 취하지 말지니라.

선남자야, 중생들이 선나를 닦으려면 먼저 수문(數門)에 의하여 마음 속에서 나고 머무르고 멸하는 갈피와 수효를 잘 알며, 이렇게 두루하여 네 가지 위의(威儀) 가운데서, 분별하는 생각의 수효를 잘 알지 못하는 것이 없으며, 점차로 더 나아가서는 백 천 세계 안의 한 방울의 물까지를 알되 마치 수용하는 물건을 눈으로 보는 것같이 할 것이니, 이미 들은 경계가 아니거든 끝내 취하지 말지니라.

이것이 3관의 첫 방편이니라.

만일 중생들이 세 가지를 두루 닦아서 부지런히 정진하면 여래께서 세상에 나타나셨다 하느니라.

【해설】 이는 이미 도량을 차린 뒤엔 어떻게 가행할 것인가에 대하여 답하신 것이니, 보살도를 구하기 위해 세 가지 기한 중 어느 하나를 택해서 정리를 시작한 사람이라면, 중간에 딴 생각을 일으키지 말고 시종일여해야 된다. 만일 정진하는 도중에 이상한 경계가 나타나더라도 그것이 이미 들은 경계가 아니거든 절대로 홀리지 말라는 것이다. 이미 들은 경계란 앞의 여러 장에서 말씀하신 법문을 그대로 믿고, 믿은대로 이해하고 이해한대로 행하고, 행한대로 증득하는 과정을 말한다. 이렇게 전일한 마음으로 정진할 것을 원칙으로 한 다음에는 3관의 하나하나를 들어서 실제로 수행하는 방법을 보이신 것이다.

"첫째 사마타에서 고요함을 취하여 고요함이 극진하면 문득 깨닫는다"고 함은 고요함이 극진해질 때에 깨달음이 한 몸에 두루하고, 한 세계가 고요하면 깨달음이 한 세계에 두루한다고 한 것과 같다. 이와 같이, 고요함만을 취할지언정 그밖의 다른 것은 취하지 말라는 것이다. 그 까닭은 이리저리 마음이 헛갈리면 공부가 전일하지 못하게 될까 염려하기 때문이다.

둘째 "삼마발제를 닦는 방법을 보이셨으니, 갖가지 법문"이란 6도 만행을 가리키는 말이다. 이러한 법문을 점차로 닦아서 삼매를 익히고는 이어 큰 서원을 일으키라는 것이다. 앞의 위덕자재장에서도 원을 세운 뒤에 행을 닦으라 했고, 여기서는 행을 닦은 뒤에 원을 세우라 하시니, 원과 행은 상부상조의 관계에 있어 어느 하나가 없어도 안되고 일정한 선후의 차례가 있어도 안된다. 이와 같이 원과 행이 서로 도와 위로 보리를 구하고 아래로 중생을 제도하는 마음의 종자를 훈습하여 이룩하면 실천하는 현행은 자연히 성취되는 것이다.

셋째 "선나를 닦는 방법을 보이시니, 먼저 수문에 의하라"고 하셨다. 수문(數門)이란 두 가지로 해석할 수 있다. 첫째는 수식관문(數息觀門)이니, 자기의 호흡을 세면서 마음을 가라앉히는 방법이고, 둘째는 마음이 일어나고 멸하는 갈피의 수효를 살피는 방법이다. ≪기신론≫에 말하기를 "무념(無念)을 얻은 이는 마음의 생(生)·주(住)·이(異)·멸(滅)을 다 안다"고 하였으니, 깜짝하는 한 생각 사이에 9백 찰나가 있고, 한 찰나 사이에 생·주·이·멸이 구족한데, 행(行)·주(住)·좌(坐)·와(臥) 등 4위의를 통하여 일어나는 마음의 갈피를 밝게 알아서 백 천 세계의 구석구석에서 빗방울 하나가 떨어지는 것까지 소상히 알게 된다는 것이다.

그렇지만 이미 들은 경계가 아니거든 취하지 말라고 경고하셨으니, 삿된 길에 들까 염려하신 때문이다. 그리고 끝으로 이것이 3관의 첫 방편이라고 결론을 내리시니, 방편이란 3관을 닦는데 있어서 먼저 알아야 할 사항으로서 한 마디로 말해 이미 들은 경계가 아니거든 취하지 말라는 것이다.

이는 3관을 동시에 골고루 닦는 것이니, 이 공부가 성취되면 그 사람은 망념을 이미 멀리 여의어 부처님의 경지에 이르는 것이다. 그러므로 여래께서 세상에 나타나셨다고 한 것이다.

다. 둔근수행(鈍根修行)

【원문】 若後末世 에 鈍根衆生 이 心欲求道 하되 不得成就 는 由昔
약후말세 둔근중생 심욕구도 부득성취 유석

業障 이니 當勤懺悔 하야 常起希望 하야 先斷憎愛 와 嫉妬
업장 당근참회 상기희망 선단증애 질투

諂曲 하고 求勝上心 하야 三種淨觀 에 隨學一事 하야 此觀
첨곡 구승상심 삼종정관 수학일사 차관

을 不得 이어든 復習彼觀 하야 心不放捨 하야 漸次求證 이니라
부득 부습피관 심불방사 점차구증

【역문】 말세의 어떤 둔한 중생들이 도를 구하려 하나 성취하지 못한다면 그 까닭은 옛날의 업장 때문이니, 부지런히 참회해서 항상 희망을 일으킬 것이며, 미워함·사랑함·질투함·아첨함·굽음 따위 생각을 먼저 끊고 훌륭하고 드높은 마음을 일으키어, 세 가지 청정한 관법에서 어느 하나를 형편 따라 배우되, 이 관법으로 얻지 못하거든 다시 저 관법을 익히어 잠시도 방일치 않으면 차츰차츰 증득하게 되리라.

【해설】 이는 마지막으로 둔근중생(鈍根衆生)을 위하여 3관을 번갈아 닦는 방법을 보이신 것이다. 이 관법을 닦아서 성취하지 못하거든 다시 다른 관법을 닦아서 성취케 한다고 하시니, 마치 변음보살장에서 말씀하신 것과 같다. 앞에서는 들은 바가 아니거든 취하지 말라 했는데, 여기서는 이것을 닦다가 안 되거든 다른 것을 닦으라고 한 것이다. 앞에서는 전일하게 수행케 하기 위한 것이고, 여기에서는 겹쳐서 닦게 하기 위한 뜻이니, 모두가 진자(眞慈)의 방법이라 하겠다.

라. 게송(偈頌)

【원문】 爾時 에 世尊 이 欲重宣此義 하사 而說偈言 하셨다
이시 세존 욕중선차의 이설게언

圓覺아 汝當知하라 一切諸衆生이 欲求無上道인댄 先當
원각　여당지　일체제중생　욕구무상도　선당

結三期하야 懺悔無始業하야 經於三七日한 然後에 正思
결삼기　참회무시업　경어삼칠일　연후　정사

惟하리니 非彼所聞境이어든 畢竟不可取니라 奢摩他至靜과
유　비피소문경　필경불가취　사마타지정

三摩正憶持요 禪那明數門의 是名이 三淨觀이니 若能勤
삼마정억지　선나명수문　시명　삼정관　약능근

修習하면 是名이 佛出世니라 鈍根未成者는 常當勤心懺
수습　시명　불출세　둔근미성자　상당근심참

하야 無始一切罪에 諸障若消滅하면 佛境便現前하리라
무시일체죄　제장약소멸　불경편현전

【역문】 이때 세존께서 이 뜻을 거듭 펴시기 위해 게송으로 말씀하셨다.

원각아, 마땅히 알아라. 일체 중생들이
위없는 도를 구하려거든 먼저 세 기한을 택하라.
비롯함이 없는 옛부터의 업을 참회하여 3·7일 동안을 지내고,
그런 뒤에 바르게 생각되어 들은 바가 아니거든 끝내 취하지 말라.

사마타는 지극히 고요하고 삼마제는 바르게 기억하며,
선나는 수문을 밝히니 이것에 세 가지 청정한 관법이다.
만일 부지런히 닦아 익히면
이는 부처님이 나타나신 세상이다.

둔근(鈍根)이 성취하지 못했거든 항상 부지런한 마음으로
끝없는 옛부터의 죄를 참회하라.
모든 업장이 소멸하면
부처의 경계가 당장에 나타나니라.

【해설】 "바르게 기억한다" 함은 이미 세운 서원을 잊지 않고 기억하여 중생 제도 하는 사업을 계속하는 것이고, "수문(數門)을 밝힌다" 함은 마음의 생멸하는 갈피의 수효를 분명히 안다는 것이다.

제3장 유통분(流通分)

12. 현선수보살장(賢善首菩薩章)

(1) 현선수보살이 후세의 유통을 묻다

【원문】

於是에 賢善首菩薩이 在大衆中하다가 即從座起하야 頂
어시 현선수보살 재대중중 즉종좌기 정

禮佛足하고 右繞三匝하고 而白佛言하사되 大悲世尊이시여
례불족 우요삼잡 이백불언 대비세존

廣爲我等과 及末世衆生하사 開悟如是不思議事하시니 世
광위아등 급말세중생 개오여시부사의사 세

尊이시여 此大乘教의 名字는 何等이며 云何奉持이되 衆
존 차대승교 명자 하등 운하봉지이고 중

生修習하면 得何功德이며 云何使我로 護持經人이며 流
생수습 득하공덕 운하사아 호지경인 유

布此教하야 至於何地하리 作是語已하시고 五體投地하여
포차교 지어하지잇고 작시어이 오체투지

如是三請에 終而復始하였다
여시삼청 종이부시

【역문】 이때 현선수보살이 대중 가운데 있다가 곧 자리에서 일어나 부처님의 발에 정례하고, 오른 쪽으로 세 번 돌고, 두 무릎을 세워 꿇고, 합장하고 부처님께 사뢰었다.

"대비하신 세존이시여, 저희들과 말세의 중생들을 위하여 이와 같이 부사의한 일을 말씀해 주셨나이다. 세존이시여, 이 대승경전을 무엇이라 부르오며, 어떻게 받들어 지니오리까? 중생들이 받들어 지니면 어떤 공덕을 얻으며, 이 경을 지니는 사람을 저희들은 어떻게 보호하리까? 그리고 이 경전을 퍼뜨리면 어떤 경지에 이르겠나이까."

이렇게 말하고는 5체를 땅에 던져, 이와 같이 세 번 청하여 다시 처음과 같이 하였다.

【해설】 이상의 11품으로써 서분과 정종분이 끝나고, 마지막의 이 일품은 유통분에 해당한다. 서상(敍上)의 정종분(正宗分)에서 대승의 법의(法義)를 모두 말씀하셨으나, 그것이 먼 후대에까지 전파되어야 많은 중생에게 이익을 줄 수 있을 것이다. 만일 어느 한 시점에 머무르고 있다면 이는 정체요 유통은 아니다. 이 일의 필요성을 인식한 현선수보살이 대중을 대표해서 물었으니, 처음에는 이미 들은 법을 경하하고, 다음에 다섯 가지 조항을 들어서 물었다. 첫째는 이 경의 이름을 무엇이라 부르리까 함이니, 뜻이 있으면 반드시 그에 따른 이름이 있어야 하기 때문이고, 둘째는 어떻게 이 경전을 받들어 지녀야 유실하지 않겠는가 함이며, 셋째는 이 경을 닦아 익히면 어떤 공덕을 얻는가 함이요, 넷째는 경을 지니는 사람을 어떻게 보호하는가 함이고, 다섯째는 이 경을 잘 받들어 지니면 어떤 경지에 이르는가 함이다.

(2) 세존의 답

① 청허(請許)

【원문】 爾時에 世尊이 告賢善首菩薩言하사되 善哉善哉라 善男子야 汝等乃能爲諸菩薩과 及末世衆生하여 問於如來의 如是經敎와 功德名字하리니 汝今諦聽하라 當爲汝說하리라 時에 賢善首菩薩이 奉敎歡喜하야 及諸大衆으로 默然而聽하니라

이시 세존 고현선수보살언 선재선재 선남자 여등내능위제보살 급말세중생 문어여래 여시경교 공덕명자 여금체청 당위여설 시 현선수보살 봉교환희 급제대중 묵연이청

【역문】 이때 세존께서 현선수보살에게 말씀하셨다.

"착하고 착하다 선남자야, 그대들이 보살들과 말세의 중생들을 위하여 여래에게 이 경의 공덕과 이름을 물으니, 그대들은 지금 자세히 들어라. 그대들에게 말해 주리라."

그 때 현선수보살이 분부를 받잡고, 기뻐하면서 대중들과 함께 조용히 귀를 기울였다.

【해설】 현선수보살의 물음이 가장 적절한 까닭에 부처님께서 좋은 말이라고 칭찬하셨다.

② 즉답(卽答)

가. 여러 가지 경명

【원문】 善男子야 是經은 百千萬億恒河沙諸佛所說이며 三世如
선남자 시경 백천만억항하사제불소설 삼세여
來之所守護시며 十方菩薩之所歸依이며 十二部經淸淨眼
래지소수호 시방보살지소귀의 십이부경청정안
目이니라 是經은 名이 大方廣圓覺陁羅尼이고 亦名이
목 시경 명 대방광원각다라니 역명
修多羅了義이고 亦名이 秘密王三昧이고 亦名이 如來決
수다라료의 역명 비밀왕삼매 역명 여래결
定境界며 亦名이 如來藏自性差別이니 汝當奉持하라
정경계 역명 여래장자성차별 여당봉지
善男子야 是經은 唯顯如來境界니 唯佛如來能盡宣說하시
선남자 시경 유원여래경계 유불여래능진선설 나니라
若諸菩薩과 末世衆生이 依此修行하고 漸次增進하면 至
약제보살 말세중생 의차수행 점차증진 지
於佛地하리라
어불지

【역문】 "선남자야, 이 경은 백천만억 항하사 수효 같은 부처님들께서 설하신 바이고, 3세의 여래께서 수호하시는 바이며, 시방의 보살들이 귀의하는 바이고, 12부경의 청정한 안목이다. 이 경은 대방광원각다라니라 하며, 또는 수다라요의라 하며, 또는 비밀왕삼매라 하고, 또는 여래결정경계라 하고, 또는 여래자차성차별이라 하나니, 그대들은 잘 받들어 지니라. 선남자야, 이 경은 여래의 경계만을 드러 내었나니, 부처님·여래만이 능히 다 설할 수 있느니라.

만일 보살들과 말세의 중생들이 이에 의하여 수행하면 차츰차츰 나아가서 부처의 경지에 이르리라.

【해설】 이 경의 이름을 말씀하셨으니, 이 경은 부처님의 호흡과도 같은 것이어서, 아무리 많은 부처님이 출현하시더라도 동일한 내용을 말씀하시므로, 여러 부처님이 말씀하신 것이라 하고, 모든 보배 가운데서도 법보가 으뜸이므로 3세의 여래께서 수호하시던 것이라 하고, 보살들이 이 경에 의해 도를 얻고, 이 경에 의해 중생을 제도하므로 보살들이 귀의하는 것이라 하고, 이 경은 대·소승경전을 망라해서 안목과 같이 고귀한 존재이므로 청정한 안목이라 하였다.

이어 이 경전 명칭을 말씀하셨으니, 모두 다섯 가지가 있다. '대방광원각(大方廣圓覺)'은 해제에서 이미 언급하였고, '다라니'는 총지(摠持)라 번역하니, 일체 법을 총괄해서 무량한 이치를 유지한다는 뜻이다. '요의'도 해제에서 이미 언급하였고, '비밀왕'이라 함은 눈앞에 있는 듯 하되 찾으면 보이지 않으며, 가까이 있는 듯 하나 들어가려면 더욱 멀기 때문이고, '여래의 결정경계'라 함은 여래께서 내심 얻으신 진리는 어떠한 사물이나 저항에도 확고부동하기 때문이다. 5명(名) 중 처음부터 네 가지는 모두가 여래장의 실체를 표현한 불변의 진리이고, 마지막의 하나 만이 여래장의 현상을 표현한 수연의 법칙이니, 여래장이 자성에만 국한되어 있지 않고, 인연 따라 5성(性)의 차별을 나타내므로 여래장의 자성 위에 생긴 차별상이라고 하였다.

이러한 다섯 가지 명칭을 가진 5종명을 가진 이 경은 우리들과 같은 구박범부(具縛凡夫)가 아니라 이미 지상(地上)에 오른 12보살들이 지심청문(至心請問)해서 부처님으로 하여금 여래의 경계만을 드러내기 위하였다. 그러므로 이 경은 부처님을 제하고는 아무도 완벽하게 말할 수 없다고 하셨다.

이는 다섯째 물음인, 이 경을 퍼뜨리면 어떤 경지에 이르겠습니까? 한 말씀에 답한 것이니, 수행인이 이 다섯 가지 명칭을 가진 경에 의해 발심해서 수행하면, 그의 덕은 차츰차츰 늘어나서 마침내는 부처의 경지에 이르게 되나니, 이 경에는 부처의 경지만이 말씀해졌기 때문이다. 여기서 퍼뜨린다 함은 의지해 수행하는 일 그대로가 퍼뜨리는 일이다.

나. 경의 공덕

【원문】 善男子야 是經은 名爲頓教大乘이니 頓機衆生이 從此開
선남자 시경 명위돈교대승 돈기중생 종차개

悟하여 亦攝漸修一切群品하나니 譬如大海라 不讓小流어든
오 역섭점수일체군품 비여대해 불량소류

乃至蚊蝱과 及阿修羅가 飮其水者는 皆得充滿하나니라
내지문맹 급아수라 음기수자 개득충만

【역문】 선남자야, 이 경은 돈교대승이라 돈기의 중생이 이에 의해 깨달음을 얻을 것이며, 점차로 닦는 일체 무리들도 포섭하나니, 마치 큰 바다는 작은 개울도 거절하지 않는데, 모기·깔다귀·아수라들이 그 물을 마시기만 하면 모두가 배가 부른 것과 같느니라.

【해설】 이는 어떻게 받들어 지니오리까? 한 물음에 답한 것이니, 이 경은 돈교(頓教)에 속하는 대승법(大乘法)이어서 원칙적으로 돈기(頓機)의 유정(有情)들이 이에 의해 발심할 것이나, 점차로 닦아 나아가는 점기(漸機)의 유정도 버리지는 않는다. 그리하여 이 경은 상·중·하 3근에 골고루 혜택을 주고 대·소승이 모두가 닦아 들어갈 수 있다. 그러므로 이 경은 대·소승을 막론하고 누구나가 받들어 지니라는 것이다. 마치 큰 강물도 받아들이며 작은 개울도 거절하지 않는다. 그러기에 큰 바다이다. 또 큰 바다에는 거북이나 고래 따위 큰 고기만 사는 것이 아니라 모기·깔따귀까지라도 그 물을 먹기만 하면 제각기 배가 부른다. 그러기에 큰 바다라고 한다. 큰 고기나 작은 고기가 모두 바다를 여의지 않으면 이익을 얻는다.

다. 이 경의 수행공덕

【원문】 善男子야 假使有人이 純以七寶로 積滿三千大天世界하야
선남자 가사유인 순이칠보 적만삼천대천세계

以用布施 하야도 不如有人 이 聞此經名 과 及一句義 하니
이용포시 불여유인 문차경명 급일구의

善男子 야 假使有人 이 敎百恒河沙衆生 하야 得阿羅漢果
선남자 가사유인 교백항하사중생 득아라한과

하야도 不如有人 이 宣說此經 하야 分別半偈 하니라 善男子 야
불여유인 선설차경 분별반게 선남자

若復有人 이 聞此經名 하고 信心不惑 하면 當知是人 은 非
약부유인 문차경명 신심불혹 당지시인 비

於 에 一佛二佛 에 種諸福慧 니라 如是乃至一盡恒河沙 의
어 일불이불 종제복혜 여시내지일진항하사

一切佛所 에 種諸善根 하야 聞此經敎 니라
일체불소 종제선근 문차경교

汝 들 善男子 야 當護末世 에 是修行者 하야 無令惡魔 와
여 선남자 당호말세 시수행자 무령악마

及諸外道 로 惱其身心 하야 令生退屈 케
급제외도 뇌기신심 영생퇴굴 하리라

【역문】 선남자야, 가령 어떤 사람이 삼천대천세계에 순전히 칠보만을 가득히 쌓아두고 보시하더라도, 다른 어떤 사람이 이 경의 제목이나 한 구절의 이치를 들은 것만 못하느니라. 선남자야, 가령 어떤 사람이 백 항하사 수효의 중생을 교화하여 아라한의 과위를 얻게 하더라도, 다른 어떤 사람이 이 경을 설명하여 반 게송을 분별한 것만 못하다. 선남자야, 또 어떤 사람이 이 경의 제목을 듣고도 신심이 줄지 않으면, 이 사람은 한 부처님이나 두 부처님께 복과 지혜를 심었을 뿐 아니라, 항하사 수효같이 많은 여러 부처님께 선근을 심으면서 이 경의 법을 들었던 것으로 알지니라.

그대 선남자야, 말세의 이 수행자를 보호해서, 악마나 외도들이 그의 몸과 마음을 홀리어 뒤로 물러서는 일이 없게 하라."

【해설】 이는 "이 경을 닦아 익히면 어떤 공덕을 얻습니까" 한 물음에 답한 것이니, 항하사 세계에 가득찬 7보로써 보시한다면 이미 그 복이 무한한데, 이 경의 제목이나 한 구절의 교리를 들은 것만 못하다 하니, 7보는 세간 보배이다. 세상 보배는 다할 때가 있거니와 이 경을 들은 복은 법보이다. 법보는 무너지지 않기 때문이다. 또 갠지스강의 모래알 수와 같은 중생이 모두 4과(果)를 얻게 한다면 그 복이 무한하겠는데, 이 경의 반 게송을 설명한 것만 못하다고 하니, 4과는 소승(小乘)이니 이 경의 대승과는 비교가 되지 않기 때문이다. 그러므로 이 경은 전편을 다 믿고 이해하는 사람 뿐 아니라, 다섯 가지 제목을 듣고서 신심에 유동치 않는 사람이라면, 그도 역시 갠지스강의 모래알 수와 같은 부처님께 선근을 심은 것이 분명하다고 결론하시니, 박복한 우리들로서 이 경을 손에 접한 것이 어찌 경하스럽지 않겠는가?

이는 "이 경을 지니는 사람을 어떻게 보호하오리까" 한 물음에 답한 것이니, 말세의 유정이 누구나가 이 경에 의해 수행하거든, 그대들은 신력으로 그를 보호하여 후퇴하지 않게 하라 하시니, 이에 이어 화수금강(火首金剛) 등 선신이 각각 자기의 입장에서 이 경을 지니는 사람을 보호할 것을 다짐한다.

③ 게송(偈頌)

【원문】 爾時에 世尊이 欲重宣此義하사 而說偈言하사대
이시 세존 욕중선차의 이설게언

賢善首하야 當知하라 是經은 諸佛說이며 如來善護持며
현선수 당지 시경 제불설 여래선호지

十二部의 眼目이라 名爲大方廣圓覺陁羅尼니 現如來境
십이부 안목 명위대방광원각다라니 현여래경

界니라 依此修行者는 增進至佛地함과 如海納百川하야
계 의차수행자 증진지불지 여해납백천

飮者皆充滿 이니라 假使施七寶 를 積滿三千界 라도 不如聞
음 자 개 충 만 가 사 시 칠 보 적 만 삼 천 계 불 여 문

此經 이며 若化河沙衆 하야 皆得阿羅漢 이라도 不如宣半偈
차 경 약 화 하 사 중 개 득 아 라 한 불 여 선 반 게

이니 汝等 은 於來世 에 護是宣持者 하야 無令生退屈 케하라
여 등 어 내 세 호 시 선 지 자 무 령 생 퇴 굴

【역문】 이때 세존이 이 뜻을 거듭 펴시기 위해 게송으로 말씀하였다.

현선수야 마땅히 알아라.
이 경은 모두 부처님이 설한 것이고
여래가 호지하고 12부경의 안목이며
대방광원각다라니이니 여래의 경계를 나타낸다.

이대로 닦아 행하는 자는
부처님의 지위에 나아가는 것이
백천이 바다에 들어가듯이
마시는 자는 모두 충만해진다.

삼천대천세계에 가득찬 보배를 보시하더라도
이 경을 듣는 것만 같지 못하며
갠지스강 모래알 수와 같은 중생을
아라한이 되게 할지라도 반 게송만 같지 못하다.

너희들은 내세에 이 경 가진 자들을
보호하여 퇴굴심을 내지 않게 하라.

④ 옹호성중(擁護聖衆)

가. 금강(金剛)의 보호

【원문】

爾時에 會中에 有火首金剛과 摧碎金剛과 尼藍婆金剛等
이시 회중 유화수금강 최쇄금강 니람바금강등

八萬金剛이 並其眷屬과도 即從座起하야 頂禮佛足하고
팔만금강 병기권속 즉종좌기 정례불족

右繞三匝하고 而白佛言하사되 世尊이시여 若後末世의 一
우요삼잡 이백불언 세존 약후말세 일

切大衆이 有能持此 — 決定大乘하면 我當守護如護眼目하야
체대중 유능지차 결정대승 아당수호여호안목

乃至 — 道場所修行處에 我等金剛이 自領徒衆하야 晨夕
내지 일도량수행처 아등금강 자령도중 신석

守護하야 令不退轉케하여 其家에 乃至永無災障하여 疫病
수호 영불퇴전 기가 내지영무재장 역병

鎖滅하고 財寶豊足하야 常不乏少케하리이다
쇄멸 재보풍족 상불핍소

【역문】 이때 모임 가운데 화수금강·최쇄금강·니람바금강 등 팔만금강과 그들의 권속들이 자리에서 일어나 부처님의 발에 정례하고, 오른쪽으로 세 번 돌고, 부처님께 사뢰었다.

"세존이시여, 이 뒤에 말세 중생들로서 이 결정적인 대승경전을 지니는 이가 있으면, 저희들이 눈을 아끼듯이 보호할 것이며, 내지 그가 수행하는 도량까지라도 저희 금강들이 무리를 이끌고 가서, 아침 저녁으로 수호하여 물러서지 않게 할 것이며, 그 집에는 영원히 재앙이 없어지고 질병이 소멸하며, 재물이 풍족하여 항상 모자람이 없게 하겠습니다."

【해설】 화수금강(火首金剛)은 ≪능엄경(楞嚴經)≫에 나오는 오추슬마(烏芻瑟

摩)이고, 니람바(尼籃婆)는 청금강(靑金剛)이라 번역한다. 금강은 힘이 센 신장으로서 정법을 보호하기 위해 원을 세웠으므로 이제 이와 같은 금강이 되었다. 이 경은 대승돈교(大乘頓敎)의 말씀이어서 멸하지 않는 진리이므로 금강신이 수호하여, 이 경을 지니는 자는 누구나 퇴전치 않고, 재장(災障)이 없고, 재보(財寶)가 풍족하게 된다.

나. 천왕(天王)의 수호

【원문】 **爾時**에 **大梵王**과 **二十八天王**과 **幷須彌山王**과 **護國天**
이시 대범왕 이십팔천왕 병수미산왕 호국천

王等이 **卽從座起**하야 **頂禮佛足**하고 **右繞三匝**하고 **而白**
왕등 즉종좌기 정례불족 우요삼잡 이백

佛言하사되 **世尊**이시여 **我亦守護是持經者**하야 **常令安穩**하야
불언 세존 아역수호시지경자 상령안온

心不退轉케하리이다
심불퇴전

【역문】 이때 대범천왕(大梵天王)과 28천왕과 그리고 수미산왕(須彌山王)과 호국천왕(護國天王) 등이 자리에서 일어나 부처님의 발에 정례하고, 오른쪽으로 세 번 돌고, 부처님께 사뢰었다.

"세존이시여, 저희들도 이 경을 지니는 사람들을 수호하여 항상 편안해서 물러설 마음이 나지 않게 하겠습니다."

【해설】 앞의 금강신에 이어 천왕 등이 수호하기를 맹서한다. 대범천왕은 초선천(初禪天)의 왕이니, 사바세계의 주인이고, 28천은 욕계의 6천과 색계의 18천에 왕은 무색계의 4천을 총칭하는 말이며, 수미산왕은 수미산 정수리 높이에 있는 도리천(忉利天)의 왕인 제석천왕을 이르는 말이고, 호국천왕은 사천왕천의 사천왕을 가리키는 말이다. 그들은 모두가 이 경을 지니는 사람을 잘 보호하여 마음이 흔들리지 않게 하리라고 했다.

다. 길반다(吉槃多)의 진호

【원문】 爾時에 有大力鬼王이 名吉槃茶 — 與十萬鬼王과 卽從座
이시 유대력귀왕 명길반다 여십만귀왕 즉종좌

起하야 頂禮佛足하고 右繞三匝하고 而白佛言하사되 世尊
기 정례불족 우요삼잡 이백불언 세존

이시여 我亦守護是持經人은 朝夕侍衛하여 令不退屈하고
아역수호시지경인 조석시위 영불퇴굴

其人所居에 一由旬內에 若有鬼神이 侵其境界어든 我當
기인소거 일유순내 약유귀신 침기경계 아당

使其碎如微塵하리이다
사기쇄여미진

【역문】 이때 힘이 센 길반다 귀왕이 있다가 10만 귀왕들과 함께 자리에서 일어나 부처님의 발에 정례하고, 바른쪽으로 세 번 돌고, 부처님께 사뢰었다.

"세존이시여, 저희들도 이 경 지니는 사람을 수호하되 아침과 저녁으로 시중하여 물러서지 않게 할 것이며, 그 사람이 사는 곳에서 한 유순 이내에 어떤 귀신이 그 경계를 침노하면, 저희들이 그를 먼지와 같이 부수어 버리겠나이다."

【해설】 이는 귀왕들의 수호이다. 길반다(吉槃茶)는 ≪능엄경≫에 나타나는 구반다(鳩槃茶)이니, 사람의 정기를 빨아 먹고 살며, 동작이 바람같이 빠르고 모든 귀신을 통솔하는 귀신이다. 한 유순은 60리이니, 이 경을 지니는 사람의 주변에는 60리 이내에는 악귀가 침노하지 못한다고 하였으니, 그 공덕을 짐작할 수 있다.

라. 봉행유통(奉行流通)

【원문】 佛說此經已 하시니 一切菩薩 과 天龍鬼神 과 八部眷屬 과 及諸天王梵王等 一切大衆 이 聞佛所說 하고 皆大歡喜 하야 信受奉行 하니라
불설차경이 일체보살 천룡귀신 팔부권속 급제천왕범왕등 일체대중 문불소설 개대환희 신수봉행

【역문】 부처님께서 이 경을 다 말씀하시니, 일체 보살과 하늘·용·귀신·8부의 권속들과 천왕·범왕 등 일체 대중이 부처님의 말씀을 듣고 모두가 매우 기뻐하면서 믿고 받들어 지녔다.

【해설】 부처님의 설법이 끝났다. 부처님의 설법이 많은 대중에게 감명을 주었다. 일체보살·성문은 물론 천·용·8부중 및 천왕·범왕 등이 모두 기뻐하면서 부처님의 말씀을 받들어 지녔다. 경초(經初)에서 청중이 운집할 때엔 천룡팔부가 없었는데 말끝에만 나오는 까닭은 무엇일까. 거개(擧皆)의 설에 따르면 전후영락(前後影畧)이라 하여, 경초에도 천룡팔부가 있었던 것이 생략되었다는 것이다. 8부는 4천왕에 딸린 귀신 무리이니, 동쪽에 건달바·비사사, 남쪽에 구반다·폐려다, 서쪽에 나가·부단나, 북쪽에 야차·나찰 등이다.

이들 모든 대중은 부처님이 아무런 사념 없이 말씀하시고, 그 법이 가장 청정하여 그에 의해 수행하면, 반드시 큰 이익을 얻을 것이 확실하므로 모두가 기뻐하면서 받들어 지닌 것이다. 어찌 그 때의 대중 뿐이겠는가. 3천 년이 지난 지금에도 박복한 우리로서 받들어 뵙게 되니 곰곰이 생각하면 말세를 위하신 부처님의 은덕에 새삼 감사를 드리지 않을 수 없다.

圓覺經 講義

초판 발행 2007년 4월 10일
2판 발행 2020년 6월 10일

발행인 / 불교정신문화원
발행처 / 불교통신교육원
편　저 / 活眼 韓 定 燮 講義
天眞 金 益 淳 編撰
인　쇄 / 이화문화출판사
T.02)738-9880

발행처 / 12457 경기도 가평군 청평면 남이터길 65
전화 : 031)584-0657
등록번호 76.10.20 경기 제 6호

총　판 / 02488 서울시 동대문구 왕산로 43가길 6
전화 : 02)969-2410

값 20,000원